カベルナリア吉田の

沖縄バカ一代 ②

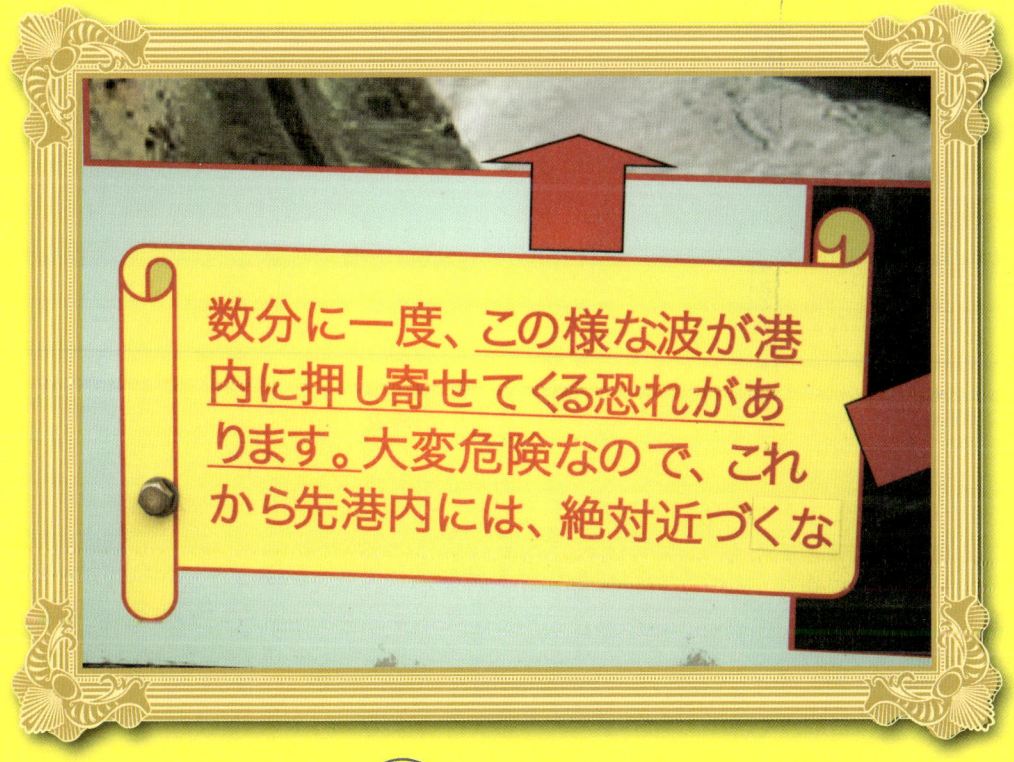

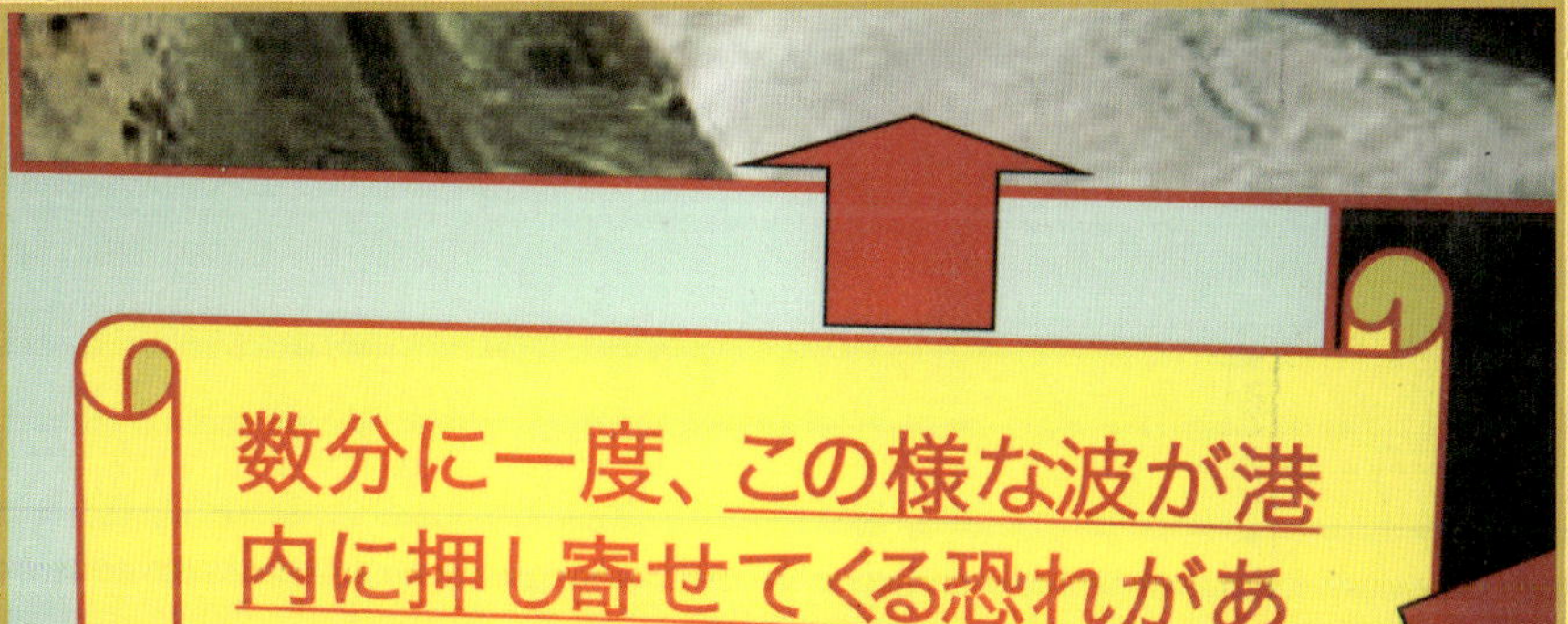

数分に一度、この様な波が港
内に押し寄せてくる恐れがあ
ります。大変危険なので、これ
から先港内には、絶対近づくな

沖縄・街角
のんき写真館

↑ 豹変する態度

カベル「〈あります。〉から突然の〈近づくな〉。途中で何があったのかね」 **セイウチ**「〈くな〉を貼り直してるけど、最初は1文字だったはずだね。何て書いてあったのかな、文字数的に」

カベル「……わかんねー」 **セイウチ**「……近づけ?」

カベル「そんなはずないけど……かもな」

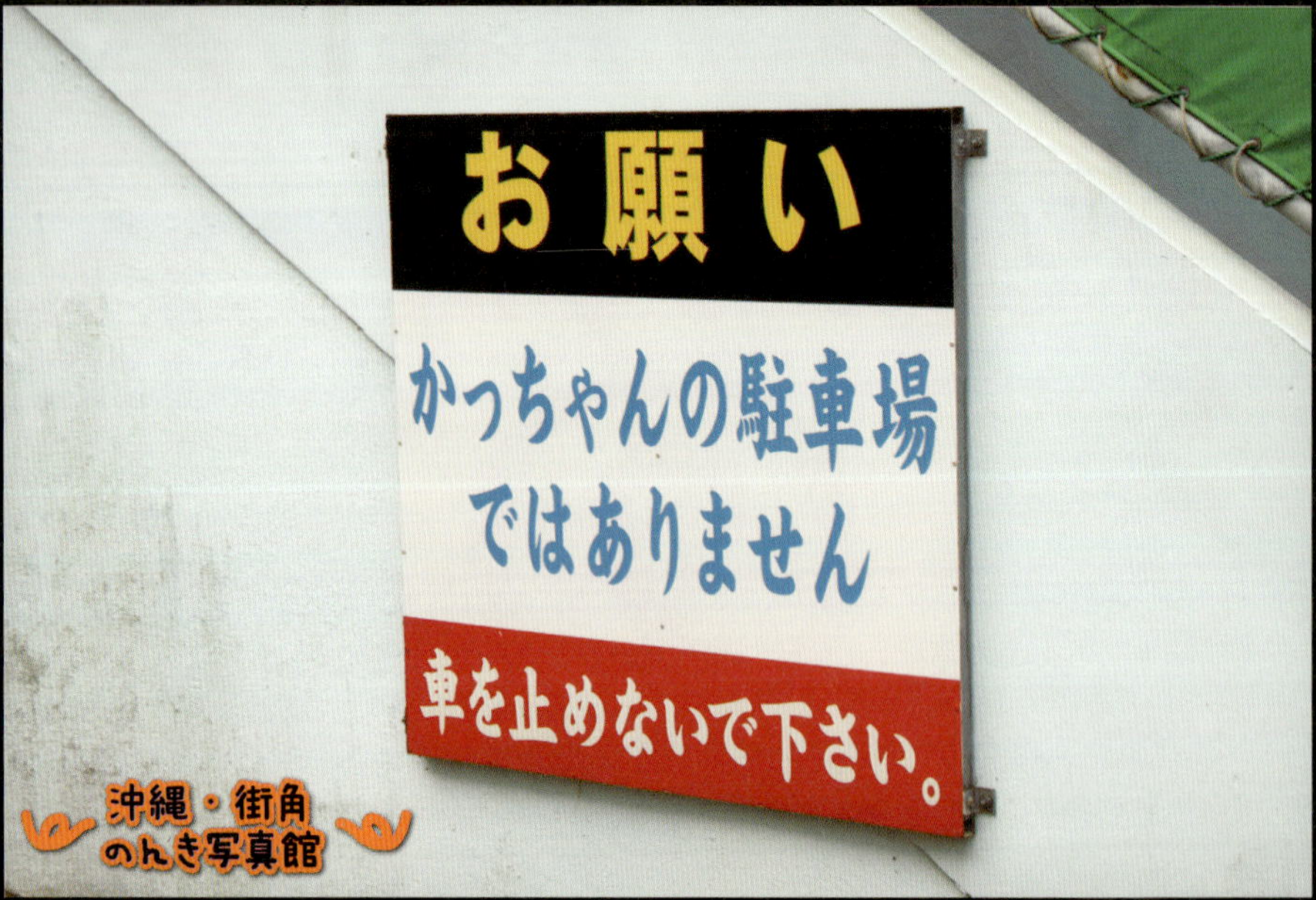

かっちゃんは止めちゃだめ

カベル「これはコンディショングリーンのかっちゃん？」
セイウチ「かもね。ヘビの頭とか食いちぎるから、駐車させてもらえないんだよ」

写真はこれくてぃっど by カベルナリア吉田！

よう久しぶり！　元気か？　そうか、そりゃ良かった！　というわけでオレだよオレ、カベルナリアだよ！『沖縄バカ一代』出してから、たった2年でバカ写真がワンサカワンサとたまっちまったから、『沖縄バカ一代2』を出して大放出しようってことだからヨロシクな！ 2年前と変わらずコメント相棒はトベ セイウチだけど文句ねーよな！　ほんじゃ最後まで突っ走って読んでちょんまげ！

〈撮った人〉
カベルナリア吉田
175cm×85kgの肉体派紀行ライター。趣味はバイオリンとレスリング。「なんでその組み合わせ？」って聞かれても俺もわかんねーや！　2013年1月の全日本マスターズレスリング大会・フレッシュマンズの部85kg級で銀メダル獲得！「すごーい！」とか言ってオレに惚れるなそこの女！　オレの出場枠に4人しか選手がいなくて、しかも1回戦の相手が来なくていきなり決勝に出ちまった末の銀メダルだってことは、くれぐれもナイショにしてくれよな！　最近好きな沖縄のメシ？　東横イン那覇美栄橋の朝バイキングかな、って日本全国どこの東横インで食べてもほぼ同じなんだよそれじゃヨロシク！

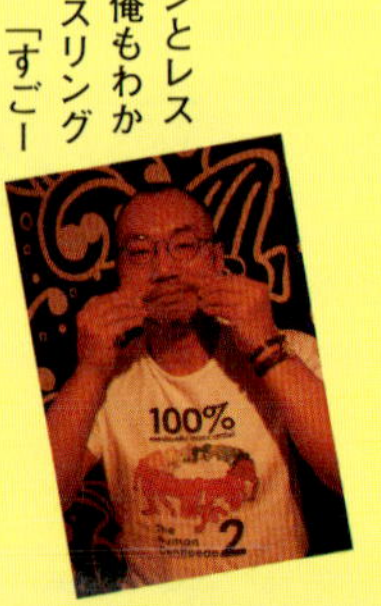

〈ときどきコメント人〉
トベ セイウチ
5年前に知り合ったときはスマートで、角度によっては一瞬松田龍平に見えなくもなかったのに、「沖縄の男＝中年に差しかかると凄い勢いで太り始める」法則に逆らえずメタボ街道まっしぐら！　首里生まれ首里育ちのお坊ちゃま生活の反動か、その後は松山ホストクラブ店長→農連市場で珈琲屋店長→デザイン事務所勤務ほかを経て、今はとりあえず「経営コンサルタント」なんだってよ！　デザイン事務所勤務時代に「マフィンを入れるケースのデザインして」と依頼されて、ケースの底の底まで果てしなくマフィンが見えるようにデザインしたらカミナリ落とされた経験アリ。今回も漫画2ページ描いてるから探して読んでやってくれねーかな！

「つ」のあとが気になる

セイウチ「につき？　そしてヒガシとかっちゃん？」 **カベル**「少年隊の連絡先は、花とみどり課なのか？」 **セイウチ**「しかもかっちゃんは駐車禁止だし（右ページとつながってんだよ！）」 **カベル**「そーいえばいたな、そのかっちゃんも」

沖縄・街角
のんき写真館

俺に構うな!

カベル「毎日食べなきゃいけないのか?沖縄そば」 **セイウチ**「この強制する感じ、ちょっと逆らいたくなるね」

途中棄権した奴は泊めねー!

トライアスロンの宮古島にて。一見して素っ気無いビジネスホテルでも、スタッフ悪ふざけ

アメリカ風和風

カベル「結局ナニが出てくんのかな?」 **セイウチ**「全部がわかんないね。やきとりと言いつつ、上のほうにチキン500円とかあるし」

えー、俺ともやし!?（ダチョウ談）

セイウチ「日替わりダチョウランチって何? ランチは毎日ダチョウが出てくんの?」 **カベル**「そーいうありえないことが、この県では起こるからな」

森の狂室！
（日直は生肉だし！）

馬と人間の間に生まれた娘なのか!?　スカートのイヤらしいめくれ上がり、そして「ワルリン」に「甘味姫」って？　ユッケが禁止されたことを、カズはたぶんまだ知らない……

源氏パイ巨大化

セイウチ「これはどーいうこと?」
カベル「泊のパン屋で〈源氏パイ／大〉として売られていたぞ」
セイウチ「こんなにデカいと義経もビックリだね」

沖縄レア&珍品CD大集合!!

というわけで『沖縄バカ一代』恒例の珍品CD、今回も探してきたぜい！　っていうか沖縄CDも最近は「珍品ぶってて聴いてみたら普通の腐れJ-POP」みたいなの増えてて、心に染みる楽曲を探すのに苦労したね！

ちなみに最初に紹介する2枚『島唄レアグルーヴィン』『琉球レアグルーヴ2』は、銀座わしたショップのお姉さんに教えてもらったレア物で、もしかしたら廃盤かもしれないって聞いたけど俺は見つけたからみんなも見つけてねん！　今回はこの9枚を紹介するよーん！

『島唄レアグルーヴィン ～マルタカ特選エキゾチカ～』

戦後アメリカ統治下の沖縄で生まれたレコード会社「マルタカ」作品を復刻した、オムニバス・アルバム。「民謡」とも「歌謡曲」とも言い切れない60年代の楽曲たちは、初めて聞くのになぜか懐かしい。帯に書かれた「島の唄で、こんなに、ずぶぬれ！」のキャッチ通り、小雨に降られつつ沖縄のスージグヮーをウロつく気分になれる一枚。2曲目『交通安全の歌』のブッ飛びぶりも素晴らしい！

1. 桜坂ブルース／山内たけしビクター・オーケストラ
2. 交通安全の歌／でいご七人娘
3. 糸満浜育ち／山内たけし
4. 島の美童／山内たけし
5. 酒小飲み／外間義光 with 大城志津子とヤングスターズ
6. 沖縄観光小唄／前川朝昭民謡クラブ
7. 沖縄ジントヨー／山内たけし
8. 与那国ぬマヤー小／ひめゆり娘
9. あなた恋街ネオン街／高野伸
10. 恋のはりみず港／高野伸
11. 島の盆踊り／山内たけし
12. 塩屋ぬパーパー／親泊良安
13. 伊佐ヘイヨー節／テイチク・レコーディングオーケストラ
14. 新八重山音頭／伊波貞子フォークシスターズ
15. 恋ぬ赤電話／座安美江子 with 山内昌徳
16. スンガー節／奥間政文 with ひめゆり娘
17. 二見情話／座安美江子、石原恵美子

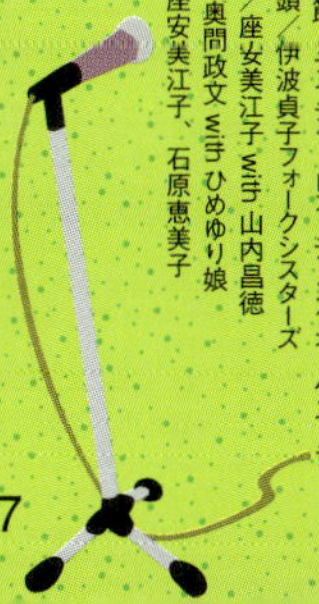

『琉球レアグルーヴ2』

こちらも60年代～70年代の沖縄歌謡を集めたオムニバス集だが……いやー、今聴いても新しい曲がズラリ！ 1曲目「むる判からん」を歌う高安六郎さんの「あれ、麻生太郎さんが歌ってるの？」と錯覚しちゃうダミ声歌唱から、早くもグルーヴィな世界に巻き込まれる。11曲目「おしゃれなツル子」で、オジさんが入れる合いの手（イヤがらせ？）が耳について離れない！「2」ってことは「1」もあるはず。探してやるぞ！ 沖縄歌謡曲の奥深さを「これでもか」と思い知る1枚である。

1．むる判からん／高安六郎　2．軽音楽てぃんさぐぬ花／木下秀夫と楽団ブルーリズム　3．ニイマの主／平良悌子　4．林助の沙汰ン成ラン呉屋主／照屋林助　5．かてーむん／高安勝男　6．待ちかんてぃ／仲宗根孝子　7．くがり節／饒辺愛子　8．県道節／三田信一、渡辺洋　9．ましゅんく節／喜納啓子、徳田まさ子　10．涙の大阪／伊波和子　11．おしゃれなツル子／喜瀬ハツエ　12．南国育ち／でいご娘　13．さらば中の町／玉栄政昭　14．美童花染小／玉城一美&玉城清美、りんけんバンド

『恋のどぅるるんぱ』

「この人ねー、死んじゃったんだよー」…コザの「キャンパスレコード」でなんか面白いCDないかなーと探していたら、社長のビセカツさんがポツリとつぶやいた。コザを拠点に頑張り続けた芸人・ヨシ坊こと我喜屋良光さんが、芸歴25年目にしてリリースしたファースト・ミニアルバムにしてたぶん遺作。『東京ドドンパ娘』をカヴァーした表題作『恋のどぅるるんぱ』を始め、明るい曲ばっかなのに、なんか泣けてくるわー。

歌／我喜屋良光　1．Yuntiti のテーマ　2．恋のどぅるるんぱ　3．琉球男児の唄　4．油断　5．Koza　6．Yuntiti のテーマ／インスト

『家庭《ちねー》ぬ栄《さけ》い』

前作『沖縄バカ一代』で看板紹介した「田舎乙女」さん、なんと実在する歌手だったんっすね～。お詫びも兼ねて1枚紹介させていただきやす。「乙女」と言いつつジャケ写には、太鼓お姉さんと三線オジさんが並んで写り、沖縄のチェリッシュ状態。ラスト曲『田舎乙女』は、オジさん歌唱の男唄から始まってけっこうビックリだ、「乙女」なのに。歌唱はかなり本格的な沖縄民謡で、通好みの1枚だよん。

歌／田舎乙女　1．家庭ぬ栄い　2．鶴亀節　3．(巣飼)勝連節　4．月と男心　5．浮世坂　6．ヤッチャー小・仲島節　7．下千鳥　8．比翼節　9．海ぬチンボーラー・赤山節　10．新里前とよ　11．ナークニー・山原汀間とー　12．新昭和節　13．アキトーナ・海ヤカラ　14．すみなし節　15．白雲節　16．田舎乙女

『沖縄CMソング全曲集』

沖縄はローカルCMの宝庫！ しかも音楽大好き県だから、まあユニークなCMソングが多いな～、と思っていたらついにやっぱり出たぞCM全曲集が！ 個人的には3曲目「ボンベくんのうた」が収録されたことが、いやはや喜ばしい。しかし最近、本土ではCMからヒット曲が生まれてないね。緩い曲作っても社長が「こんなフザけた曲は、我が社のイメージにどうのこうの」とか言って認めないんだろうね。いいね沖縄は、企業も心に余裕があって。

1．UNION ですから！／ミヤギマモル　2．オジー自慢のオリオンビール／BEGIN　3．ボンベくんのうた／湧上高浩　4．さんかくお屋根／カラハーイ　5．忠孝の歌／登川誠仁　6．ゆけ!フリマガアグレ!／城間ケンイチ&アグレキッズ　7．りゅうちゃんのうた♪／みな子♡　8．琉球泡盛残波／前川守賢　9．ワ・ワ・ワ・ワラビー／高良莉李子　10．お母さんの味　11．ろうきん相談節／大城直也　12．パッパ パイナップル！／パイナップル合唱団　13．ワイドー／下地勇　14．ミルクでゲンキ／miwa&genki-kids　15．空の風／しゃかり　16．古酒琉球王朝　17．太陽の花／神谷千尋　18．夢の花／All Japan Goith　19．中部美容専門学校 CM ソング／湧上高浩　20．海の彼方／パーシャクラブ

『燃えろ！闘牛！ファイティーン ギュー』

闘牛が盛んな沖縄だけに、闘牛CDを2枚も発見！まずこちらはボーカル・大城友弥さん以下「太陽風オーケストラ」も男だらけ。闘牛は男の世界、女の出る幕じゃない？と思わせて曲はけっこうポップな仕上がり。収録後に「お疲れ様っしたー！」と言った瞬間、大・飲み会に突入する場面が俺は目に浮かぶ。

歌・演奏／大城友弥／太陽風オーケストラ
1. 燃えろ！闘牛！ 2. 燃えろ！闘牛！（エイサーバージョン）
3. 燃えろ！闘牛！（カラオケ）

『伝説のチャンピオン～闘牛ソング～』

「この曲は売れなかったね～」と、これまたキャンパスレコード・ビセカツ社長が、しみじみと薦めてくれた1枚。でもボーカルのかでかるさとしさん、とにかく歌が上手い！東京で『天才たけしの元気が出るTV』に出ていただけあって、歌唱も垢抜けて思わぬメジャー感にビックリなのだ。ちなみにジャケットの裏は「牛の塗り絵」、そしてピカピカのステッカー付きとオマケ満載。それでも売れなかったなんて世の中キビしいね！

歌／かでかるさとし
1. 伝説のチャンピオン～闘牛ソング～ 2. 伝説のチャンピオン～闘牛ソング～（実況入り） 3. マンブリソング 4. チムどん体操（顔編） 5. 伝説のチャンピオン～闘牛ソング～（カラオケ）

『さーたーあんだぎーのうた』

経歴が凄いぞシューベルトまつださん。なんと『日本全国酒飲み音頭』バラクーダーのベートーベン鈴木さんの弟子なのだ（凄いのかって？　凄いんだよ！）。市場で流れたら思わず体操しそうな曲だけど、そんなわけでまつださん、歌上手いよ。ちなみに3曲目「レシピ付き」でレシピをしゃべってるヒヤ小林さんは、俺と一緒に『沖縄24時間』っていう本を書いた共著者である。世の中狭いねまったく。

歌／シューベルトまつだ　1. さーたーあんだぎーのうた　2. 美ら海の風　3. さーたーあんだぎーのうた（レシピ付きバージョン）　4. さーたーあんだぎーのうた（カラオケ）

『ゆいレール 発車チャイム音集 ちゅらSun』

おおーっ、ゆいレールの発車チャイムだあっ！っていうか、どの駅も同じメロディかと思ってたら、どの駅もそれぞれ違うメロディだったのね、と今まで気づかなかったのは俺だけ？　そして16曲目のアナウンス入り発車チャイムは、まさに現場で聞くチャイムとアナウンスそのまんま！チャイムは現場で鳴ってるんだよ！と今すぐ沖縄に飛んで行きたくなるので、「仕事サボって沖縄行っちゃおうかにゃー」とか思っている人は要注意だね！

編曲・演奏／SAENO（名城さえの）　1. 合茶前（那覇空港駅）　2. 花の風車（赤嶺駅）　3. 小禄豊見城（小禄駅）　4. ジンジン（奥武山公園駅）　5. 唐船ドーイ（壺川駅）　6. 海のチンボーラ（旭橋駅）　7. ティンサグの花（県庁前駅）　8. ちんぬくじゅーしー（美栄橋駅）　9. いちゅび小（牧志駅）　10. 安里屋ゆんた（安里駅）　11. だんじゅかりゆし（おもろまち駅）　12. 月の美しゃ（古島駅）13. くいちゃー（市立病院前駅）　14. 芭蕉布（儀保駅）　15. 赤田首里殿内（首里駅）　16. 各駅発車チャイム（アナウンス入り）

かべるっちの
沖縄スキマ観光

「絶品そば屋」は世を忍ぶ仮の姿

エロ版画の館で「縛り」を熱く語る！

▲ここのそばは本当に美味いぞ！ 大800円、中700円！

本島南部・東風平（こちんだ）に、その店「西森美術《ニシムイ》」はシレッと立っている。「こちんだ」だよ！ どこかって？ 「こちんだ」はこっちんだ！ このバッグ、ドイツんだ？ オランだ！ ってなわけで「なーんで〈美術〉なのに〈沖縄そば〉ノボリが揺れてんのかにゃー」って思いながら入ってみたわけ。

あ、なるほどね、って最初は思ったよ。店の半分が焼き物ギャラリーで、半分がそば屋。んで黄色い作務衣姿のオジさんが作るそばが、まあ美味いのなんの南野陽子ナメたらあかんぜよ！ そんなわけで、そばもズズイと食べて、あとはギャラリーをヒョヒョイと見て帰ろうと思ったら。

▲そばを作るのは左の松本さん

「どうぞ、ゆっくり見ていってくださいい〜イヒヒ」

もうひとり、ギャラリー担当のオジさんを見て俺は直感した。「この人は変態だ」ってね！ 名刺には「美術商」とかチャランと書いてあるけど……目がエロい！ タダ者じゃないぞ、このオジさんは！

そしてギャラリー隣に小さな和室があり、版画の作業場になっている。オジさん・大和田邦治さんは版画家で、ここで作業するのだそーだ。んで、

「奥にも作品があります。ご覧ください」

って書いてあるんで俺はご覧になった。和室の隅から隅までズズイとご覧になった。そしたら！

いちばん奥のタンスの引き出しに、それはさりげなく並んでいた。

東京に行くたびガチャポンでゲットするという
大和田さんのコレクション。あは〜ん

▲店の奥の奥の作業場のさらに奥のタンスの奥に、緊縛絵はがきがズラリ！

▲男前で気品漂う大和田さんだが実は……

和服をはだけた日本髪の婦人が、後ろ手に縛り上げられている版画絵はがき！

ペタンと腹ばいになって、お尻をこちらに向けている婦人の版画絵はがき！

縛られて身悶えして、でもどこか恍惚の表情を浮かべる婦人の版画絵はがき！

緊縛！　縛り！　団鬼六と谷ナオミ！　普通のギャラリーそば屋と見せかけて、奥の奥に禁断の作品群が！

「変態だ」と直感したのは間違っていなかったのだ！

「よく見つけましたね。あそこまでたどり着いたのは、アナタが初めてですよ！」

緊縛絵はがきの全絵柄を2枚ずつレジに持っていくと、大和田さんはニヤリと笑った。それから2時間、俺はこの店にいた。大和田さんのエロい本コレクション見せてもらい、毎日1枚描かなきゃ生きていけない緊縛画のスケッチも見せてもらい、縛りの素晴らしさを語り合い2時間いた！

某地方のバーで、隣り合ったSM調教師のオジさんから、俺はSMの素晴らしさを聞いた。望まれて縛られるのは本当のSMじゃない。あ、何をするの？　やめて！　どうしてこんな恥ずかしいことをするの！　そんな「イヤ、やめて！」な気持ちが最高潮に達したその先に、真の悦楽が待っている。縛りは日本が生んだエロ文化の極致なのだと！

なーんて話がさんざん弾み、俺はその後も南部に行くと、必ずこの店に寄っている。大和田さんは変態だけど、自分の持ち物に「くにはる」って名前書いたり可愛い面もあって良い。最近はそばの美味さが評判になって繁盛しているらしいが、ギャラリーの奥まで行って緊縛版画を自力で見つけた人、まだいないんだって。

「最近の日本は、エロに完全にフタをしようとするね。覗けるスキマを残しておかなきゃダメだよ！」

とエロを熱く語る男・大和田さんの白い歯が眩しい。そば屋の奥に潜む禁断の扉を、さあアナタも開けに行ってごらん。大丈夫、怖いのは最初だけだよ。さあ男気を出してムフフフ……。

●西森美術
八重瀬町字東風平1013—9
☎098（987）0915
営業：11時～17時　火曜定休　市外バス35番、235番「第二東風平」下車、徒歩3分
http://www.nisimuibijutu.com/

ヒロシ屋一族の野望！

それは「ヒロシ」と名づけられた男がたどる宿命

那覇の古島《ふるじま》と宜野湾を結ぶパイプライン通りで、俺はその店を見つけたよ。え、なんで「パイプライン通り」かって？　それは絶賛発売中の『さらにひたすら歩いた沖縄みちばた紀行』（彩流社）を読んでおくれよ！

んで、何よりも店名に、俺は目を奪われたね！

ヒロシ屋！　『バカ一代1』で紹介した「パン子」にヒケをとらない強烈インパクト！　じゃあ店にはもちろんヒロシさんがいるのかと思ったら……。

「ゴメンなさいね。ヒロシは父なんだけど、ちょっと体調崩しちゃって」

と娘さんの沼野明美さん。それでもいただいた名刺に、ちょっと太めのパティシエ風似顔絵が。ヒロシさんはこんな感じですか？

「ううん、単なる沖縄のオジーよ」

ってドテッ。ヒロシさんには会えなかったけど、せっかくなんでパンの撮影をさせていただくことにしたわけ。パンがいちばんたくさん並ぶのは、何時ごろですか？

「6時半よ、朝の」

ろ、ろくじはん？　ちなみにお店は何時から？

「3時からよー」

明美さんはサラッと言うが、さささんじって!?　高齢者介護施設の朝食用にパンを卸すため、逆算すると3時開

本格クロワッサンからアンパンマンまでズラリ70種類！　ヒロシの実力を甘く見るなよ！▶

沖縄各地に展開するひろし屋グループ店(?)の数々

▲名護ひろしは制服作り　▲ヒロシは油圧ホースも扱う

▲散髪(ダンパチ)もするヒロシは那覇

▲沖縄のタタミを総代理するひろし

▲ひろしは沖縄の伝統的な豆腐も受け継いでいる

店になるのだそーだ。ヒロシ屋看板を掲げるその向こうに、タダごとじゃない努力あり。ってなわけで翌日6時半、俺は「ヒロシ屋」を再び訪ねてみた。

すっげー並んでるよパン！　その数なんと70種類！　チョコレート入りハワイメロン！　サックサクロワッサン！　とろったまトースト！　エビチリバーガー！

そして早朝にも関わらず、お客さんがぞっくぞくやってきて、皆さん3000円分くらいのパンをドバッと買っていく！　大家族が多い沖縄で、早朝から開くパン屋は庶民の強い味方なのだ。そして深夜3時過ぎの開店直後はタクシー運転手、お巡りさん、飲み屋のお姉さんなどがご来店するとか。いやはや素晴らしい！

最近の沖縄は、やったら小じゃれたパン屋も増えた。でも毎日食べるなら、こんな素朴な「町のパン屋さん」のパンがいい。そして「ヒロシ」名義について明美さんから、こんな情報が。

「沖縄だけで、ヒロシ屋が10何軒もあるんだって」

ひょえーっ！　ヒロシと名づけられた男は店を開き会社を興し、屋号を「ヒロシ」と名づける宿命なのだろーか。ってなわけでブラブラ歩いたらほかにも5軒「ヒロシ屋」を見つけちゃった。でももっとあるはずだから、みんなも探してねん！「ヒロシ屋」のパンは、特に「ターンムパン」が美味いからこっらもよろぴくね！

●焼き立てパンの店　ヒロシ屋
浦添市内間1―10―16　☎098（879）2665　営業AM3時～20時、日曜定休
市外バス55番、56番「沢岻《たくし》入口」下車すぐ

かべるっちの
沖縄大実験

戦後沖縄県民のチャレンジ魂に学ぶ！

バターで天ぷら、揚げてみたのよね

▲いもっ♡持ち方がいやらしくなっちゃった♡

▲天ぷらの材料、…って見りゃわかるかしら♡

「やってみたら面白いじゃねー?」なーんて軽率な気持ちでは断じてない！　こーんな俺だけど、たまには大学とかで「沖縄の食文化」について語っちゃうこともあって、んでいろいろ調べてて知ったのだよ。戦後、沖縄の人がバターで天ぷらを揚げようとしたってね！

どーんな俺なのかしらっ！

さりげなく自慢かしらっ！

　ご存知の通り、戦後の沖縄にはアメリカの食料がいーっぱい入ってきたわけ。ポーク缶とかは、そのままスグ食べられるから問題なかったけど、バターを見た県民の皆さんは困惑したんだね。なんだこの、見たことのない黄色くて四角い物体はって。んでどーも「油の一種らしい」ってことがわかり、んじゃ天ぷら揚げてみるか！ってことになったらしい。天ぷらは沖縄の県民おやつ、だからそこに油があれば、そりゃ揚げるよ。当然の流れだね。

　で、揚げてみたら……食べられた代物じゃなかったそーな。でも凄いね、チャレンジ魂が。その精神に少しでもあやかろうと、俺もバターで天ぷら揚げに挑戦してみようと思ったわけさ！

　まずバターの準備。沖縄で「バター」といえば、それは「ホリデーマーガリン」のことだからヨロシクな！　結局天ぷらに向かなかったマーガリンを、当時の沖縄人はご飯のオカズにして食べたそーで、今もばーちゃんがやってる食堂行くと漬物と一緒にマーガリンが出てきたりするからすげーな沖縄は！　んで揚げ揚げするのはサツマイモと、ヘルシーに春菊うふっ、そして1100g残ってるポーク（66ページを見てちょんまげ）。

これで揚げる！▶

▲熱したナベでバターを溶かすっ♡

▲だんだん溶けていくのはいいとして♡

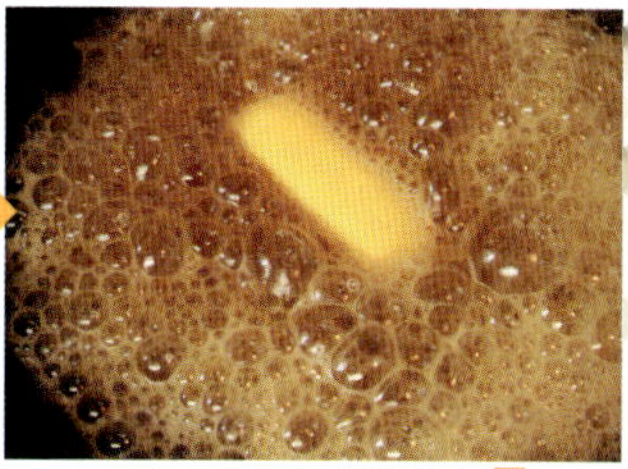

▲だんだん茶色くなってイクぅっ♡

▲ケムリモウモウなのよねっ♡

▲こんなんなっちゃったっ♡

▲できあがりなのよねっ♡

小麦粉と卵を冷水で溶いて、食材を食べやすい大きさに切って、ここまでは普通の天ぷらレシピと同じだわね（なんだかわかんにゃいけどオカマ言葉が止まらないの）。んでお鍋にいよいよマーガリンを入れて火にかけるっちゃ！　ちなみにホリデーマーガリン、一箱に長方体のやつが4つ入ってて使いやすいのだ。そのひとつを鍋にポン、点火シュポッ！

↑カマ的な演出がスタンダードになりそう♡

のわっ！　凄い勢いでマーガリンが溶けて……しかも黒くなっていく！　すぐ揚げ揚げしないと！　お芋と春菊とポークを衣にくぐらせて、鍋にボンッ！　ひょえーっ、煙がモウモウ！　そんでもって春菊とポークはまだしも、芋になかなか火が通らん！

あひゃあああああっ！！！

そんなわけで3種の天ぷらが揚がったとき、お鍋の中のマーガリンは、マグマのような黒い灼熱の物体と化していたのだった。

あ〜あ。昔の沖縄の人も、やっぱり同じ状態になって「あ〜あ」って思ったのかな。せっかく待ちに待った天ぷら食べられると思ったのに、ショックでかかったろーねきっと。

でもせっかく揚げたんだし、食べてみよ。パクッ。

……え？　けっこう美味いよ。食べられなくはないよ！　サクサクしてるし！

まあマーガリン長方体1個をいっぺんに使っちゃうので、それがもったいないと思う人にはオススメしないけど。コツは強火だと真っ黒になっちゃうんで火は弱めで、すぐ火が通る食材を使って、マーガリンを熱したらすぐ揚げてすぐ取り出す！

……って、そんな気を遣うなら、小麦粉つけて普通量のマーガリンで焼いてムニエルにしたほうがいいかもね。以上、グラハム・カーがお送りしましたスティーブまた来週！（←世界の料理ショーだってば）

▲あら？ けっこうおいしいわ♡
（でも、あとで胸やけ）

かべるっちの沖縄スキマ観光

ムフフ社交街・真《ま》栄《え》原《はら》で 通行人を惑わす「本日のテーマ」！

▲出入り口のドアと比べるほどに、「さしみ」の３文字がデカい！　「テーマ」はどんどん新作が作られるんで、頻繁に行かないと傑作を見逃すから気をつけろよ！

淳子「あなた、大変よ！」

志村「どうしたんだ淳子!?」

淳子「真栄原のおもしろ看板が全部、撤去されてしまったの！」

志村「なんてこった！　そういえば俺たちが紹介したあと、どこかのテレビが〈沖縄には看板だらけの街がある！〉とか勝手に紹介したら宜野湾市のエラい人が怒って撤去させたって聞いたな」

淳子「あなた、その番組は渡嘉敷島のホーミーのネタもパクッたのよ！　でもさすがにテレビじゃ〈ホーミー〉って言えなくてザマー見ろだわ！」

志村「淳子、あまり大きな声でホーミーホーミーと言ってはいけないよ」

淳子「まあ、あなただってホーミーから生まれたクセに！」

志村「やめなさい！」

淳子「それにしても真栄原の看板撤去は残念ね。宜野湾市は社交街も摘発しちゃったし、ついに真栄原も普通の街になってしまったわね」

志村「そんなことないよ淳子、コレを見てごらん」

淳子「……まあ素敵！　アン

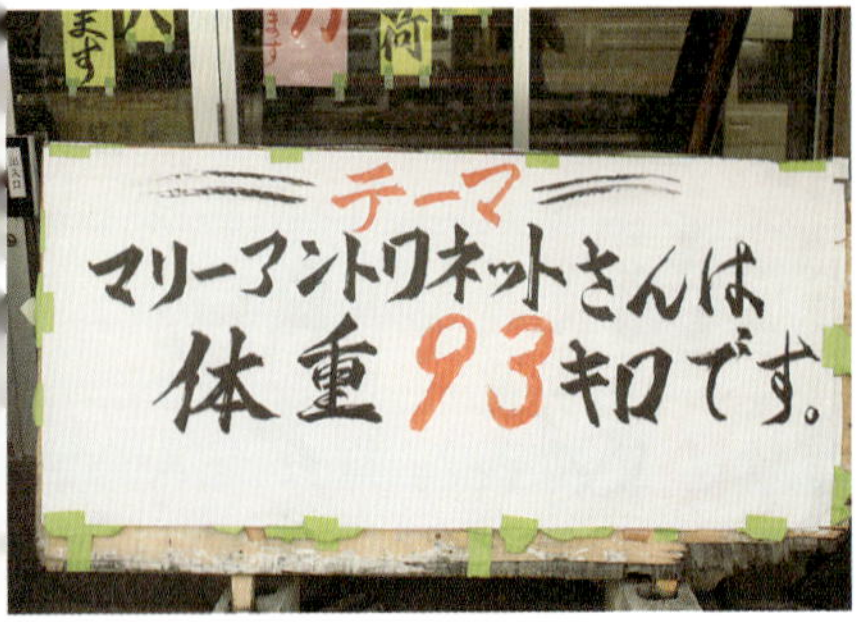

▲「パンがなければ、お菓子を食べればいいじゃない！」とか言ってるから93kg

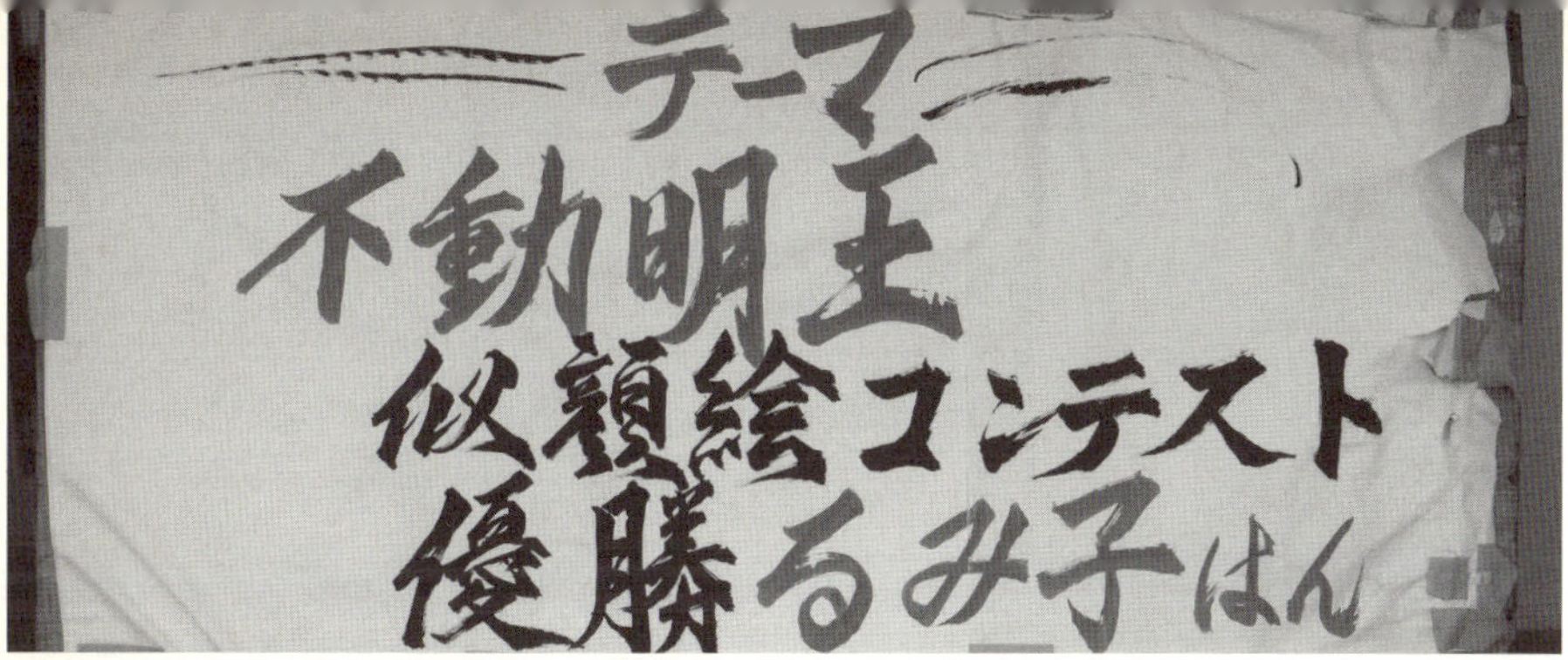

▲「小柳」と考えるのが順当だが、シブいところで「天馬」かも。「松原」もいたな（ニューハーフ）

トワネットさんは、高木ブーさんより重かったのね！」
志村「そりゃ食って寝て舞踏会ばかりやってりゃ太るだろうな」
淳子「これも素敵だわ、不動明王似顔絵コンテスト！　私も応募しようかしら！」
志村「優勝はもう決まってんだよ！」
淳子「それにこのお店、お寿司が３００円！　ご主人はきっと素晴らしい人ね。……でも真栄原がある宜野湾市って、普天間でモメているんでしょう。こんなにフザけていていいのかしら？」
志村「だからこそなんだよ。〈普天間のことだけじゃなく、楽しいこともやっていかなきゃ〉って思って、ご主人も〈本日のテーマ〉を考えているんだ」
淳子「まあ、なんて素敵なの！」
志村「その甲斐あって街角に、おもしろ看板も復活し始めたぞ！　こうなったら俺たちも、おもしろ標語を考えて協力しようじゃないか！」
淳了「わかったわ、私も何か考えるわ。でもその前に」
志村「……その前に？」
淳了「いまお米研ぎます！」
志村「お前って奴は何やってんだよ！」
※何のことやらわからん人は、前作『沖縄バカ一代』を買えばわかりますだ。買えばね。立ち読みしたらブッ飛ばす！

▲アベノミクスの脱デフレも何のその！ 300円でこの寿司は素晴らしい！

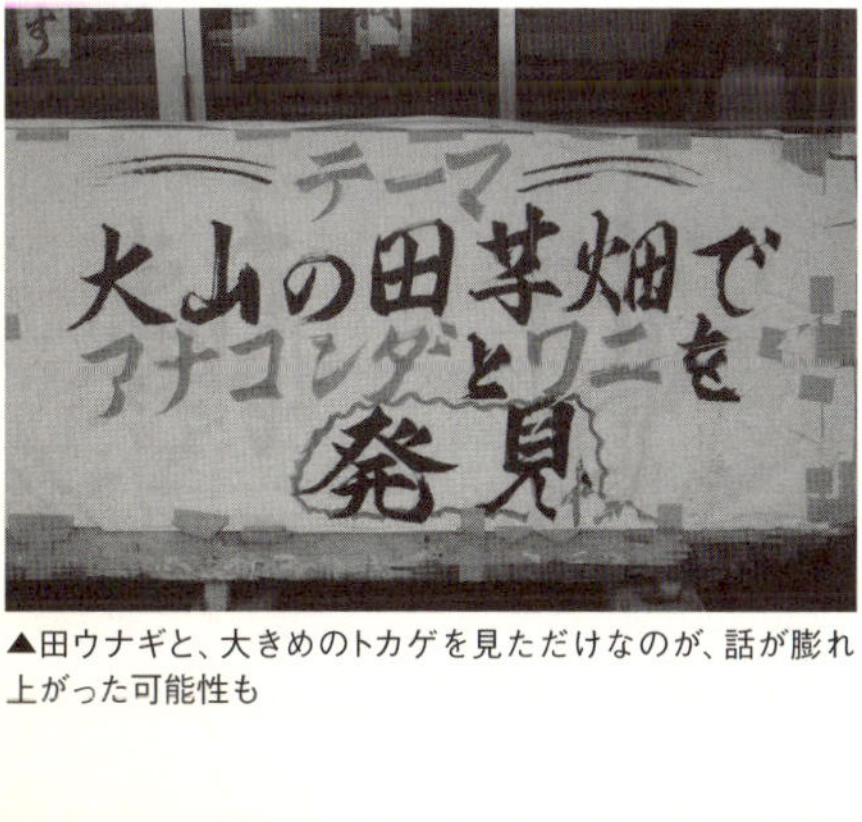

▲田ウナギと、大きめのトカゲを見ただけなのが、話が膨れ上がった可能性も

テーマ
坪39万5千円の家で
さしみを食べて
おいしいですか!
国吉さん

▲「国吉さん」って誰？　と思ったアナタは95ページを見てちょんまげ

肥満はダイエット
アマンはデュエット・アーマンは???
おもしろ看板推進委

▲というわけで看板もジワジワ復活！ 2012年、山形県で世界最小の生物「アーマン」が発見されたこととは関係ない様子

テーマ
不倫あんしんサポート
50%引
大浜生命

▲「石田生命」の間違いかも文化的に。あるいは「矢口生命」、「山路麻木生命も」（つぶやくな）

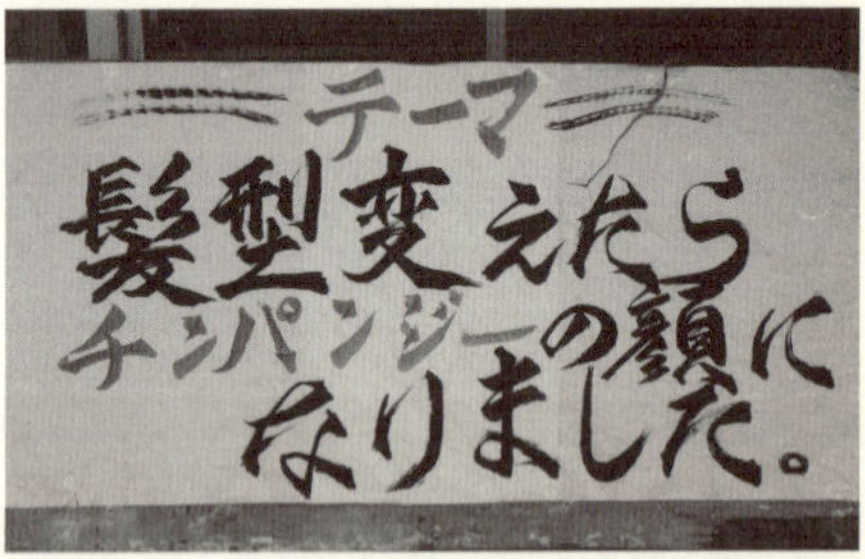
テーマ
髪型変えたら
チンパンジーの顔に
なりました。

▲ショートカットは美人しか似合わないことを肝に命じろ!

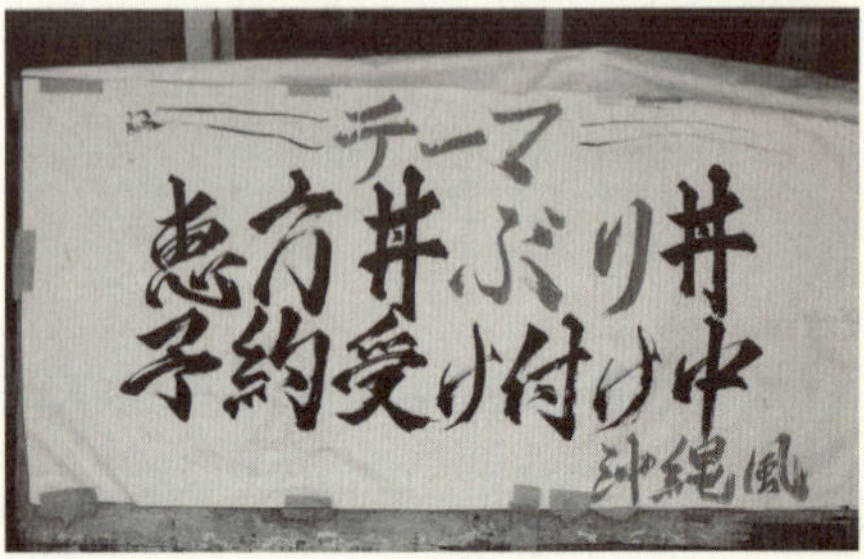
テーマ
恵方丼ぶり丼
予約受け付け中
沖縄風

▲「丼ぶり丼」である、くれぐれも。丼の中の白メシの上に「丼ぶり」が載っているのだ

家庭学習は筋トレ
与中三年

↑ 亀田一家

セイウチ「うひゃひゃひゃ、意味わかんねー！」 **カベル**「亀田家または北斗家だな」 **セイウチ**「うん北斗家。佐々木家じゃなくて北斗家だね、あそこは」

沖縄バカ一代② ジャンル別目次

沖縄・街角のんき写真館

かべるっちの沖縄スキマ観光

島旅雑誌『島へ。』大人気？連載
『沖縄ぶちくん百科 目がテンさー！』傑作選

上級編！
あ、カルテックス入れてこーね！
G.S
G.S
=3

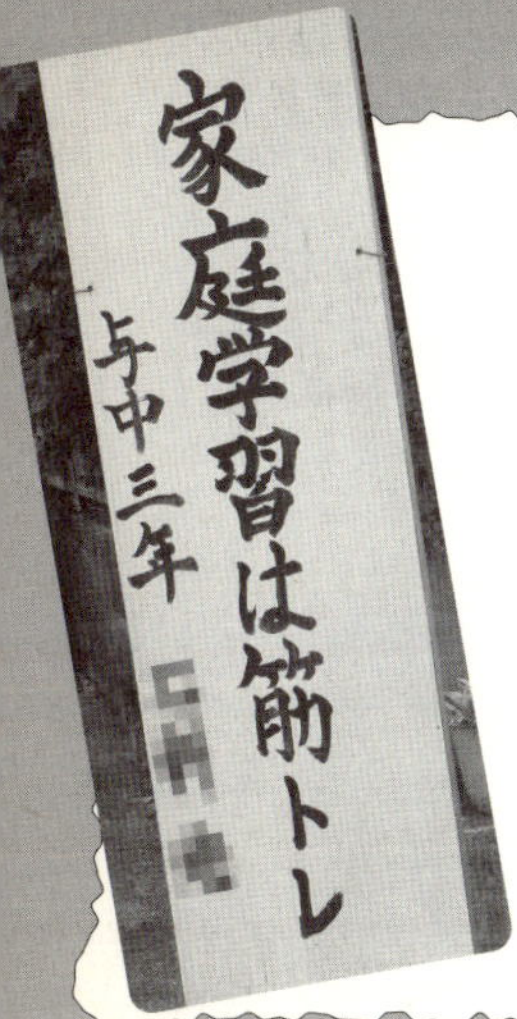
家庭学習は筋トレ
与中三年

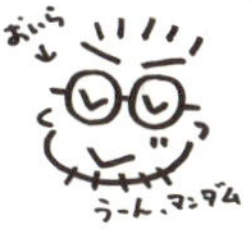
おいら
うーん、マンダム

かべるっちの沖縄大実験

沖縄・街角
のんき写真館

標語の国からこんにちわ

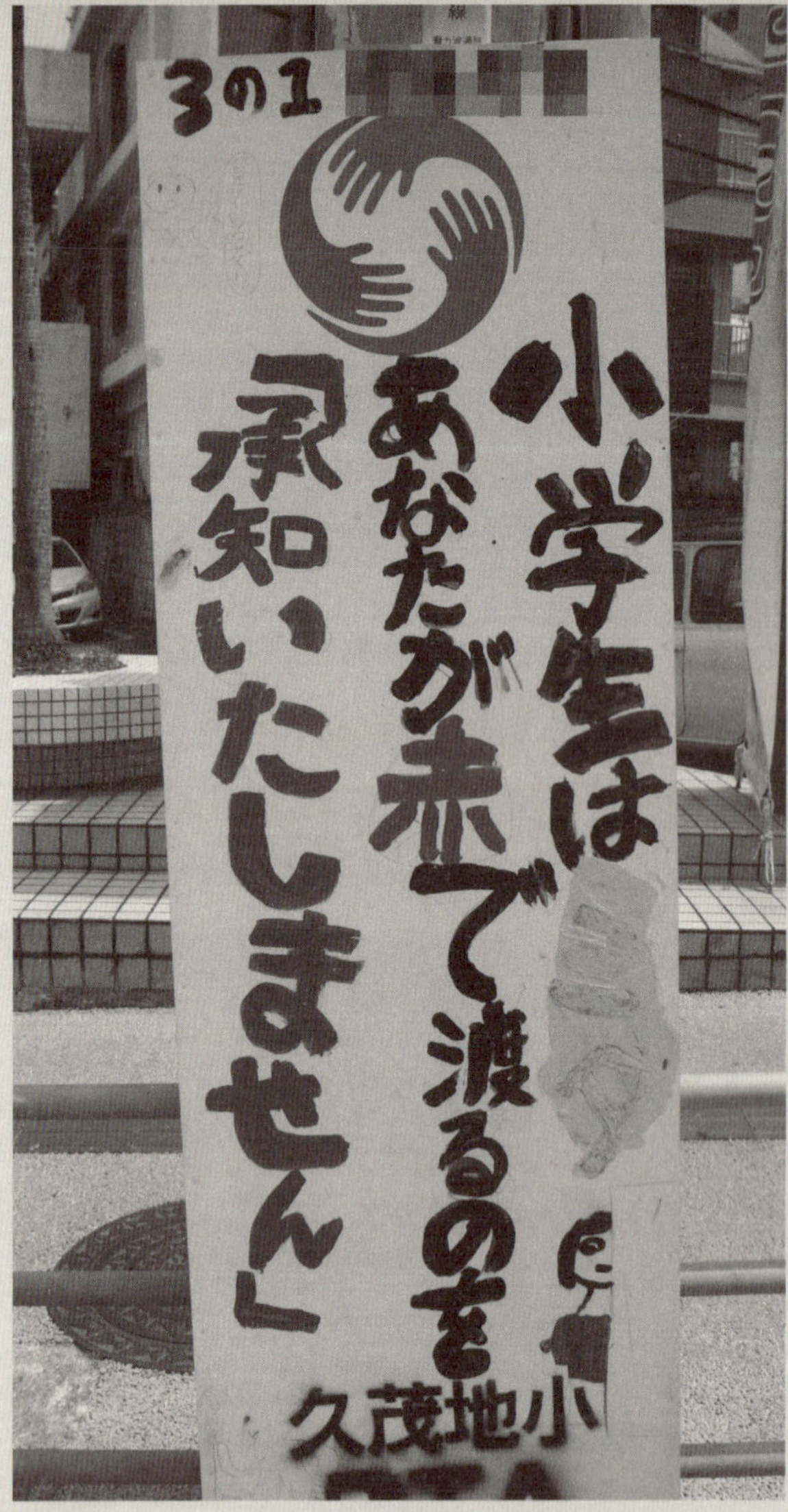
3の1
小学生は
あなたが赤で渡るのを
「承知いたしません」
久茂地小

↑視聴率40%の波紋

セイウチ「シュールだね！　素晴らしいね！」 **カベル**「素晴らしい才能だね、この子は。このまま人に媚びない女性に成長してほしいね！」 **セイウチ**「いやー素晴らしい！」

例えばストリーキング

セイウチ「これ、なに中?」**カベル**「具志川東中じゃねーの?」**セイウチ**「具東中かと思った。やっぱアレだね、ストリーキングは相当ハッとするね、親は」**カベル**「昔勤めてた会社の上司で、実は家では全裸で暮らしてる人がいて。それを知ったときはハッとしたね」

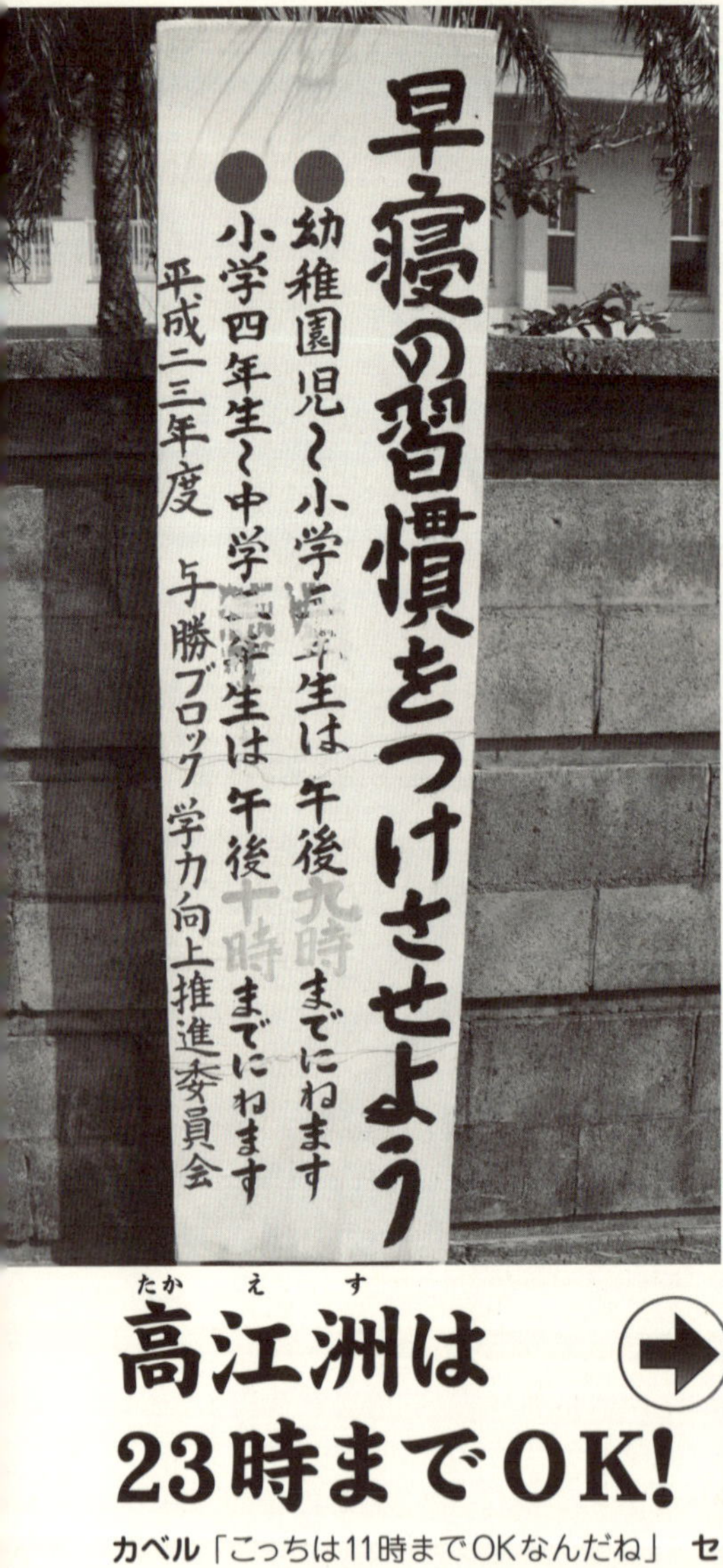
早寝の習慣をつけさせよう
●幼稚園児〜小学
生は 午後九時までにねます
●小学四年生〜中学
生は 午後十時までにねます
平成二三年度 与勝ブロック 学力向上推進委員会

与勝《よかつ》の中坊は22時就寝!

カベル「幼稚園児が9時就寝って遅くねー?」 **セイウチ**「奴らは昼寝して元気だから、9時なら余裕で起きてるよ。小学生のほうが、学校で暴れて昼寝しないから早く寝るね」

平成11年3月 具志川市
幼〜小三年は九時
四年〜六年は十時
中学生は十一時
までにはねかせましょう
高江洲
ろ学対
中原小

高江洲《たかえす》は23時までOK!

カベル「こっちは11時までOKなんだね」 **セイウチ**「こっちは洋画劇場、最後まで見られるよ」 **カベル**「与勝のほうが暴れん坊のイメージあるけどなー」 **セイウチ**「昔からサッカー強いね与勝は。相手チームにヨカチャーがいると大変。試合終わると必ず〈待っとけよー!〉とか言うし」

「ダメよ、子どもたちがまだ起きてるわ」
「大丈夫♥もう寝たよ」

カベル「高江洲は23時までOKなはずなのに〈早く寝ろ〉ってどーゆーこと?」 **セイウチ**「(突然)パーフェクト!(ものすごいアールの発音!)」 **カベル**「なな何だよ、狂ったのか?」 **セイウチ**「パーフェクト!」(何のスイッチが入ったか不明)

ああ、もうこんなに人生の時間が過ぎてしまった（まだ小6）

カベル「まだ小6なのにね」
セイウチ「過ぎた時間を振り返る時間がもったいないね」

おじいちゃんは無視

二人以上で横並び禁止だからタテ一列！ そして前方におばあちゃんが！ サスペンスを感じるのは俺だけ？ 児童って「出る」もんだっけ？

山田くん、座布団10枚！

カベル「うまいね。あのナゾかけの芸人よりうまいね」　**セイウチ**「誰だっけ、ナゾかけの芸人」　**カベル**「ほらアレ、えーっと〝ととのいました〟の」　**セイウチ**「誰だっけ？」　**カベル**「誰だっけ？」

嶺井
朝ごはん食べれば一日
元気!!元気!!元気!!
高江洲ブロック学対

やる気!!元気!!イワキ!!

セイウチ「あれだけ自民党に追い風吹いても落ちたね」
カベル「国民もアホじゃねーからな」

はやおきするのはいいこと
やまもり てんこもり
屋我地校区
学対委員会

←見ごろ 食べごろ 笑いごろ

俺も今朝やまもりてんこもりだったよ。さて何が？　①愛 ②ウンコ ③やる気!! 元気!!（もういい）

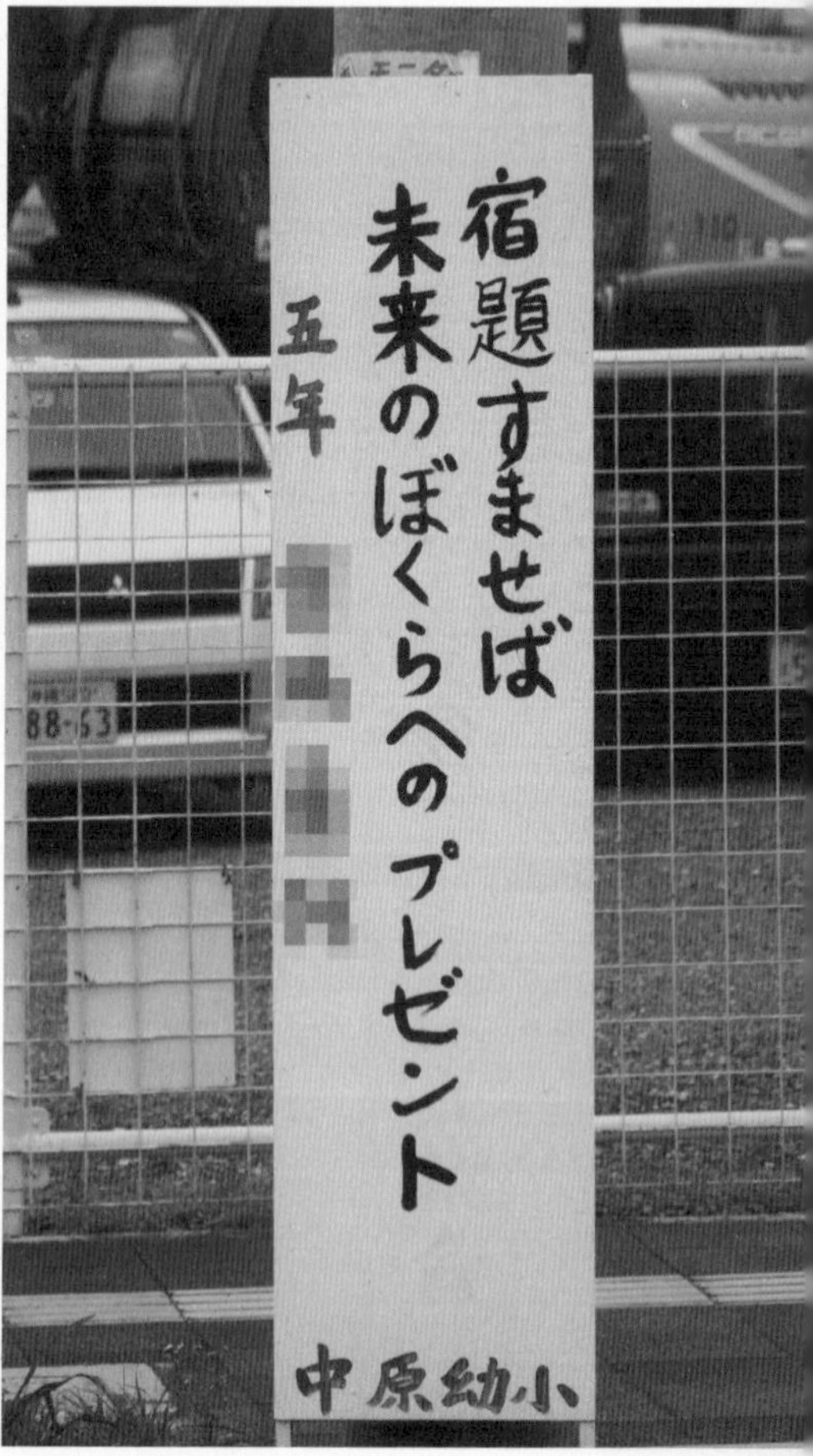
宿題すませば
未来のぼくらへのプレゼント
五年
中原幼小

プレゼント・フォー・ミー→

セイウチ「プレゼントをあげる相手は〈僕ら〉なんだ。誰かにあげるんじゃなくて〈僕ら〉。自分で自分にプレゼント、有森裕子だね」 **カベル**「“未来のぼくら”って20歳くらい? 何が欲しいかな」 **セイウチ**「女」 **カベル**「そしてカネ」

べんきょうも、ゲームと
おもえば、たのしいよ
小一年

← おもえないからツラいのだ！

セイウチ「楽しくはないね、間違いなく」
カベル「ゲーム命なんだろうね、この子」

本当はそんなこと思っていない →

セイウチ「誰かに書かされた感が強いね」
カベル「これも一番言いたいことは〈宿題はイヤ〉だろうね」

しゅくだいはいやだけど
やればあしたの力になる
三年

毎日一ページ
たまった分
うれしいな
中三
屋我地校区
学対委員会

何がたまった？

「ページ」を「万円」に書き換えてはどーだろーか。ウンコを一週間、腹に溜めた女友達がいる

「めんどくさい」
べんきょうやってそんはない
一ねん
屋宜原子供会

結論：やっぱりめんどくさい

セイウチ「……やぎ、はらこ?」 **カベル**「やぎばる子ども会だよ！」 **セイウチ**「この子が結局言いたいのは〈めんどくさい〉だね」 **カベル**「残念だが、そのようだな」

↑気がするんだ!

重ねすぎて崩したのは高部知子

↑きっとスポーツのことでしょう（と言っておこう）

セイウチ「うーん、うんうん。終わったあとはそうだね、心ゆくまで脱力感をだね」 **カベル**「発言に気をつけろよ。まだ4年だからな」 **セイウチ**「（それでも何か言わなきゃいけないと思ったのか）後ろのナンバープレートは消さなくていいの?」 **カベル**「消すよ!」

（編集部注：消しました）

←そうか、がんばれ（で、何を？）

セイウチ「おー、頑張れ！　……原子力ナントカ会？」 **カベル**「だから、やぎばる・こどもかい、だろーがドアホ」 **セイウチ**「何をがんばるのかは、わかってないようだね」

不審者を責めないで

セイウチ「何をもって不審者とするんだろーね」
カベル「変でおかしいのが不審者?」
セイウチ「オカマちゃんとかもみんな不審者になるのかな。あと知らない人=不審者ってのも、どーなのかね」
カベル「知ってる人でも、おかしいこともあるよな」

ああ私、見られてる!

カベル「知ってる人でも、じろじろ見られたらイヤだけどね」 **セイウチ**「上のこの〈タキ〉って何?」 **カベル**「何だろう。〈加藤タキ参上!〉かも」 **セイウチ**「誰その人?」 **カベル**「評論とかする人」

帰宅部もですか?

セイウチ「ひとりしかいない部活だったら、どうするのかね?」 **カベル**「俺が行ってた高校に相撲部があったけど、部員は毎年ゼロ。3年間ずーっとゼロ」 **セイウチ**「でも相撲部は存在したんだ。怖いねなんか。土俵の写真撮ったら、人の形した白いモヤとか写りそうだね」

フグ田タラオな感じ

セイウチ「伊芸はアレだね、実弾注意だから大変だね。みんなで行かないと」 **カベル**「みんなで行くとか以前に、実弾を街に飛び込ませるなってーのアメリカ」

(※)金《きん》武町伊芸は、米軍基地の実弾が何度も飛びこんだ場所なのだ。

キティ談

セイウチ「これはネコです！　子どもではありません！」 **カベル**「何だよ、急に厳しいな」 **セイウチ**「ネコと子どもの区別くらい、ハッキリしてもらわないとね」(だからなぜ急に厳しい?)

三木道三

セイウチ「いいねコレ。(菅原文太風の口調で)あんさん、ワレ右みて、ほなら左みてわたろうや、なあ」 **カベル**「〈あんさん〉と呼びかけたあとに、なんで〈ワレ〉ってまた言うかね」 **セイウチ**「(普通の口調に戻り)〈小6〉が〈小石〉に見えるね」

微妙に違う

ドラえもんにしてはおばさんの雰囲気が……

位置について、ヨーイ！

カベル「シルエットが飛び出しを奨励しているように見えるな」 **セイウチ**「これは絶対呼びかけてるね。ヨーイ、ドン！みたいな」

↑点滅するたび落ち着かない

ウルトラセブンの名作『第四惑星の悪夢』のロボット長官が、フッと浮かんだオレは特撮オタク

↑恐竜に例えてみたよ

カベル「なんかコメントに困るね。いいんじゃねーのかな、可愛くて」 **セイウチ**「何言ってんのお前? としか言いようがないね」

←ぶつけちゃった

セイウチ「これだけ標語で呼びかけても、こうやってぶつけてるし」 **カベル**「普通に道端に停まってて、運転されている感じだったぞ」 **セイウチ**「当て逃げしたあとプレート外して逃げた可能性大だね」

←泥棒さんとドライブ

カベル「〈泥棒の車〉って、見ただけで区別できるのかな。〈あ、泥棒の車だ〉って」 **セイウチ**「下の絵がね。車がバットカーみたいだね」 **カベル**「なんだよバットカーって?」 **セイウチ**「(無視して)この絵の泥棒もすでに人間じゃないよね」

就寝宣言！

9時には寝る！　誰が何と言おうと、私は9時に寝るからね！　朝の9時でないことを願いたい

夜だけにナイト なーんちって！

白馬に乗った騎士（ナイト）を夢見て待つ女はみんなブス

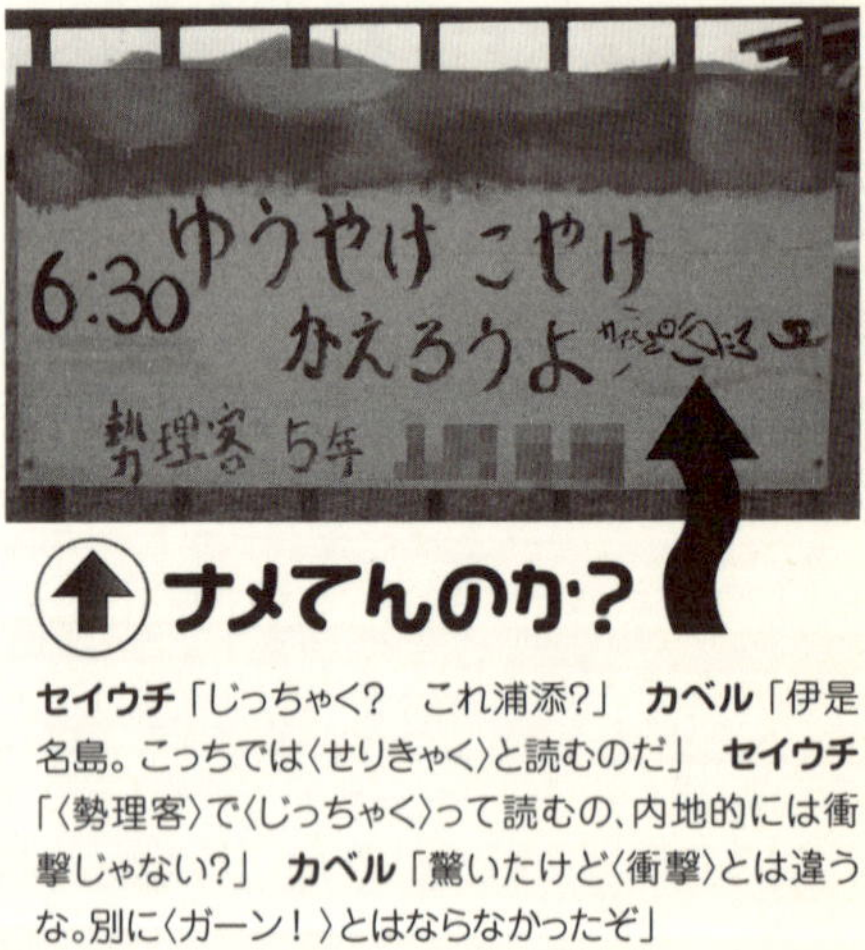

ナメてんのか？

セイウチ「じっちゃく？　これ浦添？」 **カベル**「伊是名島。こっちでは〈せりきゃく〉と読むのだ」 **セイウチ**「〈勢理客〉で〈じっちゃく〉って読むの、内地的には衝撃じゃない?」 **カベル**「驚いたけど〈衝撃〉とは違うな。別に〈ガーン！〉とはならなかったぞ」

役場清掃課の回し物

ケラマ諸島の民宿にて、同宿のお姉ちゃん客が弁当の食べ残しをそのままゴミ箱に捨てて「分別しないと5万円罰金取られるサー！　ウチみたいな宿が5万の利益上げるのが、どれだけ大変かわかるかー!?」と主人に大・説教されていた。ゴミ箱にそのまま捨てる姉ちゃんも姉ちゃんだが、主人もそう具体的に怒らなくっても。

本読めば
どこでもドアで旅した気分
粟国村子ども
読書推進委

難解な子ども心・

……？？？　本を開いた瞬間、その内容の世界にのめり込むという意味か？　っていうか粟国島に住んどいる時点で、すでに旅しているような気も。

一ページ開けば
僕は主人公
粟国村子ども
読書推進委

←今週の劇団四季！

セイウチ「すごいね！オーディションも受けずにいきなりの主役獲得！」**カベル**「でもそういうのって楽屋でイジめられそうだな」**セイウチ**「トウシューズに画びょう入れたりね」**カベル**「話題が〈読書〉からどんどん離れていくな」

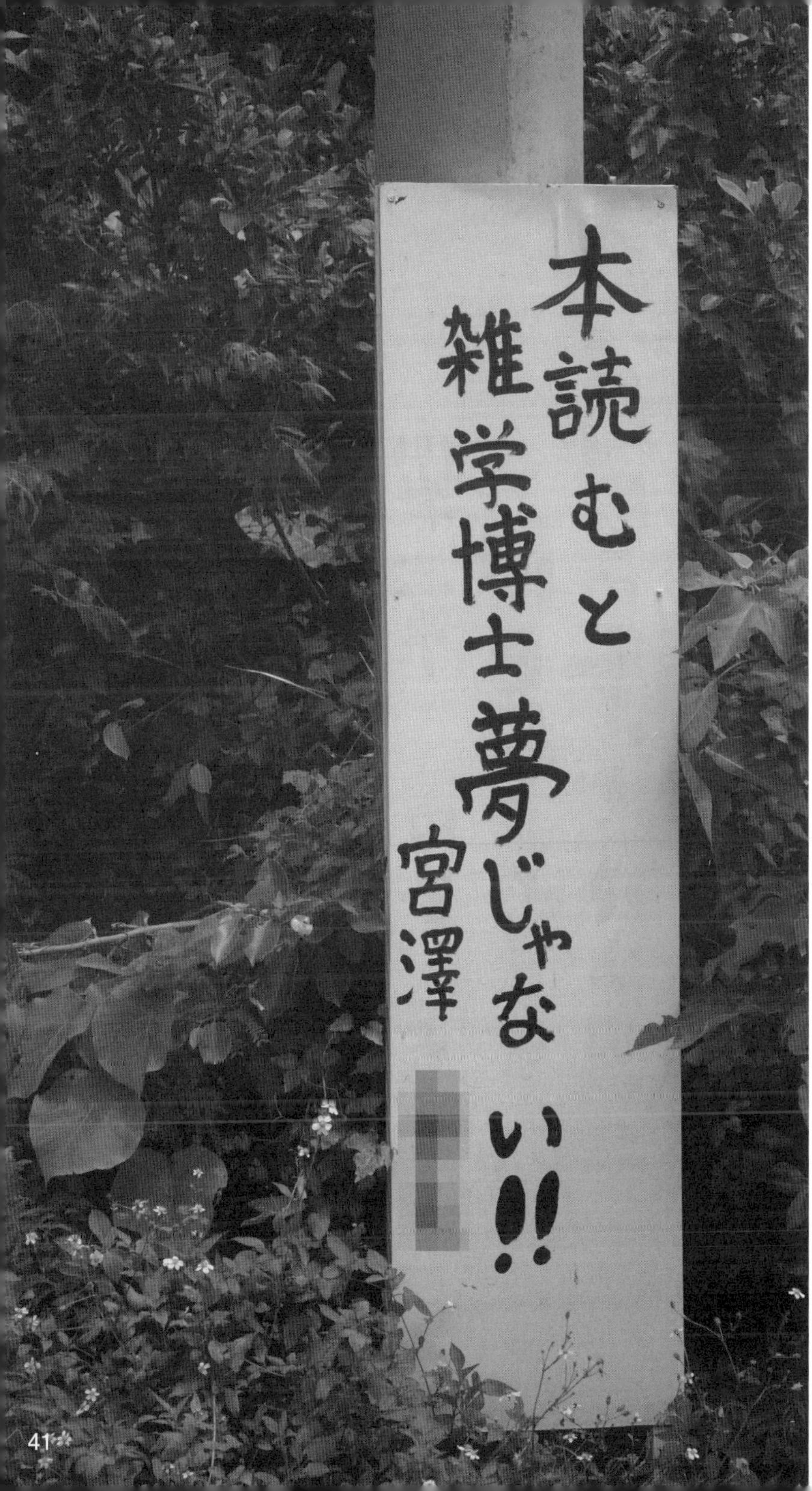
本読むと
雑学博士
夢じゃない!!
宮澤

夢は大きく博士！

さあ、よい子のみんな！『沖縄バカ一代』を読んで雑学博士になろう！ くれぐれも「あの人はいろいろ知ってはいるけど、何ひとつモノになっていない」とか言われないように気をつけろよ！（↑俺か？／涙）

『沖縄ぶちくん百科 目がテンさー!』傑作選

というわけで今回も雑誌『島へ。』の超ウルトラ人気連載『沖縄ぶちくん百科』の傑作を載せちまうから読まなきゃブッ殺す! この連載も10年続いてるぜ ホントすげーなオレ様って! オレのイラストの心の師匠・のりPも復活したことだし、オレもあと100年は描き続けるからヨロシクな! って死んでるか。

●お持ち帰りはビニール袋で!

縛ったら二度とほどけない輪ゴム縛りも要注目!

午後の宮古島。知り合いのオバちゃんを訪ねると、小宴会が催されていた。鶏の唐揚げやチャーハン、サーターアンダギーが並ぶ席に、僕もおジャマ。で、用事が済み席を立つとオバちゃんから声がかかった。

「食べ物持っていくといいサー」

沖縄ではよくある話なので、ありがたくいただくことに。そしてオバちゃんはビニール袋を取り出した。アンダギーと唐揚げをくれるのだろう、と思っていたら……。

「こっちも持っていきなさい!」

まさか! と思う間もなくオバちゃんは、チャーハンをザザーっとビニール袋に入れた! っていうか入れるかチャーハンを!?

「スプーンなくて大丈夫ね? 袋に口つけて流し込めばいいサー!」

トドメの一言を放ち、僕はまんまと袋詰めのチャーハンを持たされたのだった。沖縄のオバちゃんは、余りものをとにかく持たせてくれる。それも容器はタッパーではなく、必ずビニール袋! ありがたいが、普段ビニール袋に入れないものを入れられると正直驚く。

でも固形物ならまだいい。ビニール袋はしばしば汁物にも使われる!

「オバさんの自慢の味噌汁サー。アンタ持っていくといいねー!」

と「味噌汁 in ビニール袋」を持たされたときは、さすがに面食らった。でもこの時は近くの宿に泊まっていたので、こぼさず持ち帰り無事に食べられた。

最大の驚きは、豆腐屋を取材したときに訪れた。取材陣一行、取材後飛行機に飛び乗り東京に帰る、そんなスケジュールなのに。

「持っていけばいいサー!」

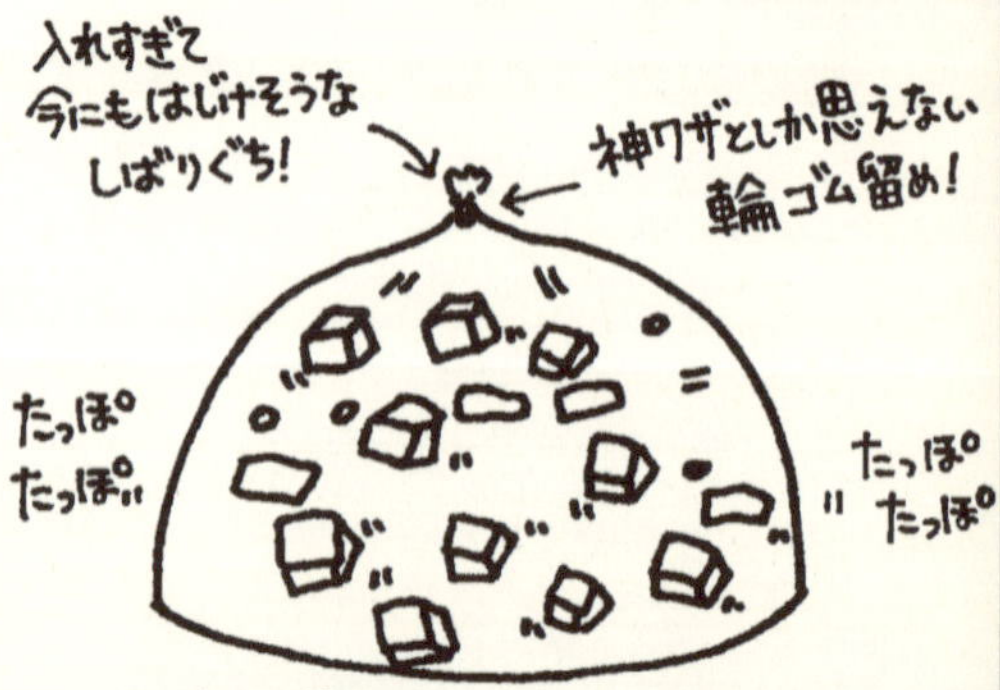

入れすぎて 今にもはじけそうな しばりぐち!
神ワザとしか思えない 輪ゴム留め!
たっぽ たっぽ..
たっぽ たっぽ
必殺技「みそ汁 in ビニール袋」

なんと、店の奥さんはビニール袋に豆乳をドボドボと注ぎ始めた! たっぷり1リットル(!)入れて、口を輪ゴムでブイブイ縛ってハイ出来上がり。こ、これを東京まで持って帰れと!?

「キツく締めたから大丈夫サー」

沖縄のビニールは強力だから破れない! そう断言する奥さんの迫力に負け、僕らはビニール豆乳を手に空港に向かったのだった(でも途中で「メイクマン」があったので、タッパーを買った)。ビニール袋を自在に操れれば、そこのアナタも立派な沖縄の主婦である。 そんなバカな。

ぶちくん 「暑くて暑くて気絶しそう! 目の前がクラクラする!」という、沖縄でしか味わえない感覚を表す言葉。想像を超えた珍妙な出来事に頭がクラクラして、沖縄にいるとしょっちゅう「ぶちくん」になってしまうのだ。

実は気になるウチナーンチュ

初対面でもそこまで聞く？ でも聞かずにいられない！

沖縄の某所で、あるオジさんを取材。取材が終わったら夜の街に繰り出して、一杯飲んでひと休みしたい……とか考えつつ取材終了。オジさんは引き続き、僕とダラダラ飲みたそうだが（沖縄じゃよくある展開）この日は疲れていたので一人になりたかった。飲みに誘われてもヤンワリとかわそう。

案の定、オジさんは誘ってきた。

「アンタ、このあとどうなってる？　一杯行かない？」「あ、すみません。別の人と予定がありまして……」

ウソも方便。普通はコレで済む。

でも沖縄はそんなに甘くない！

「別の人って、誰ねー？」

「し、知り合いの店がありまして」

「その店は何ていう店だねー？」

「●●です（適当な店名を言う）」

「知らないねー。アンタはその●●と、どういう知り合いねー？　アルジの名前は？　ヤマト（本土出身者）ねー？　アンタはそこに行って何を話すねー？　そこには何時ごろまでいる予定ねー？」

矢継ぎ早の「ねーねー」攻撃！　七曲署のヤマさんも驚く、スッポンのような食らいつき！　沖縄ではこんな風に、初対面でも質問攻めにされることが少なくない。一見おおらかな沖縄の皆さんだが、実はいったん気になりだすと、聞かずにいられないのだ。

「アンタ、本を書いているんだってね。毎月いくら入るの？」

は？　いきなり収入っすか!?

「アンタいくつ？　もう40過ぎ？　しかも長男？　それで奥さんがいないのは、らょっとマズいねー！」

そんなやり取りが、今まで何度あっただろう。本土なら初対面ではまず聞かない「収入、年齢、職業」の3点セットを、沖縄では知り合った瞬間によく聞かれる。だって一度気になりだしたら、止まらないから！

話は戻って冒頭の取材オジさん、数口後に電話をかけてきた。

「この前は取材ありがとねー。それで聞きたいんだけど、ウチの近所でほかに取材した場所ある？　◆◆◆も取材した？　アソコを僕はあまり好きじゃないけどねー。まあでもアナタが気に入ったのなら仕方ないねー。そうかー。うーん、そうねー」

……実はコレも、沖縄では珍しいことじゃないので、僕は驚かなかった。皆さん地元の同業者の動向が、気になって仕方ないんだから！

しかもオジさんは電話の最後でこう言った。

「で、アンタはあの日●●で何を話したの？」

……そ、そっちも聞くか!?　僕がだんだん「取調室で刑事に尋問される容疑者」の気分になる一方で、「何時までいたの？」「そのあとどうして連絡くれなかったの？」と質問攻めは全然終わらないのだった。

沖縄の辞書に「秘め事」という言葉はない。あのことは、この人には言わないでナイショにしておこう、とか思っても……無理だ。

気分はこんな感じ！
俺に全部
話してみろ
ラクになるぞ
は、はあ
だんだん初老の刑事に見えてくる
もちろんカツ丼

キラキラ店名パラダイス！

⬆ガールズが大工さんのコスプレでサービス（イヤだそんなの）

セイウチ「ふーん、マツダっていうのがややこしいね。沖縄の人が発音すると〈マチダ〉になるから。お前はマツダなのかマチダなのかハッキリしやがれ！　みたいな」**カベル**「そこなのか、ポイントは?」

夜が来たりて笛を吹く（そりゃ悪魔）そして年金

セイウチ「なんか〈魔笛〉だね。年金劇場もミステリーだね」 **カベル**「土曜ワイドか?」 **セイウチ**「殺人事件起こる前にね、自然に死ぬの（こらこら）。桜坂でもいたよ。バーのカウンターで〈もう飲めねーよ〉って言って、そのまま死んだ人」 **カベル**「お前がやってた店で?」 **セイウチ**「違うけど、死体は見たね、桜坂で。っていうか3時から6時までは短いね」 **カベル**「3時間ありゃ十分だろ?」 **セイウチ**「年金通りなら9時5時の店が当たり前だからね」

気がつけば、そこにオデン

セイウチ「この2軒は似ているようでコンセプト違うね。こっちは店名が〈酒処おでん〉で、商品名が〈さりげなく〉なの」 **カベル**「ちなみに2軒じゃなくて、同じ店だけどな！」 **セイウチ**「（シカトして）なんかフワフワしてるね、さりげなく」

⬆足寄《あしょろ》より（千春）

セイウチ「（ボロボロのノレンを見て）相当長いこと旅立ってないね。ずっとココにいる感じがするね」
カベル「入ってみたら目も覚めるヤンキー客がいて驚いたぞ」

⬆そうそう、その石油よ！

セイウチ「左のはじっこのロゴもSonoだね。英語の〈So, No !〉から来てるのかな」 **カベル**「それは石油を使うとNoってこと?」 **セイウチ**「漠然と石油を使わず、サウジとか世界情勢考えて使えよ！ っていう原油政策大臣からのメッセージ」 **カベル**「A重油ってなに？ B重油とかもあるのか？」 **セイウチ**「AロースBロースみたいなもんかもね。あとAランチ」

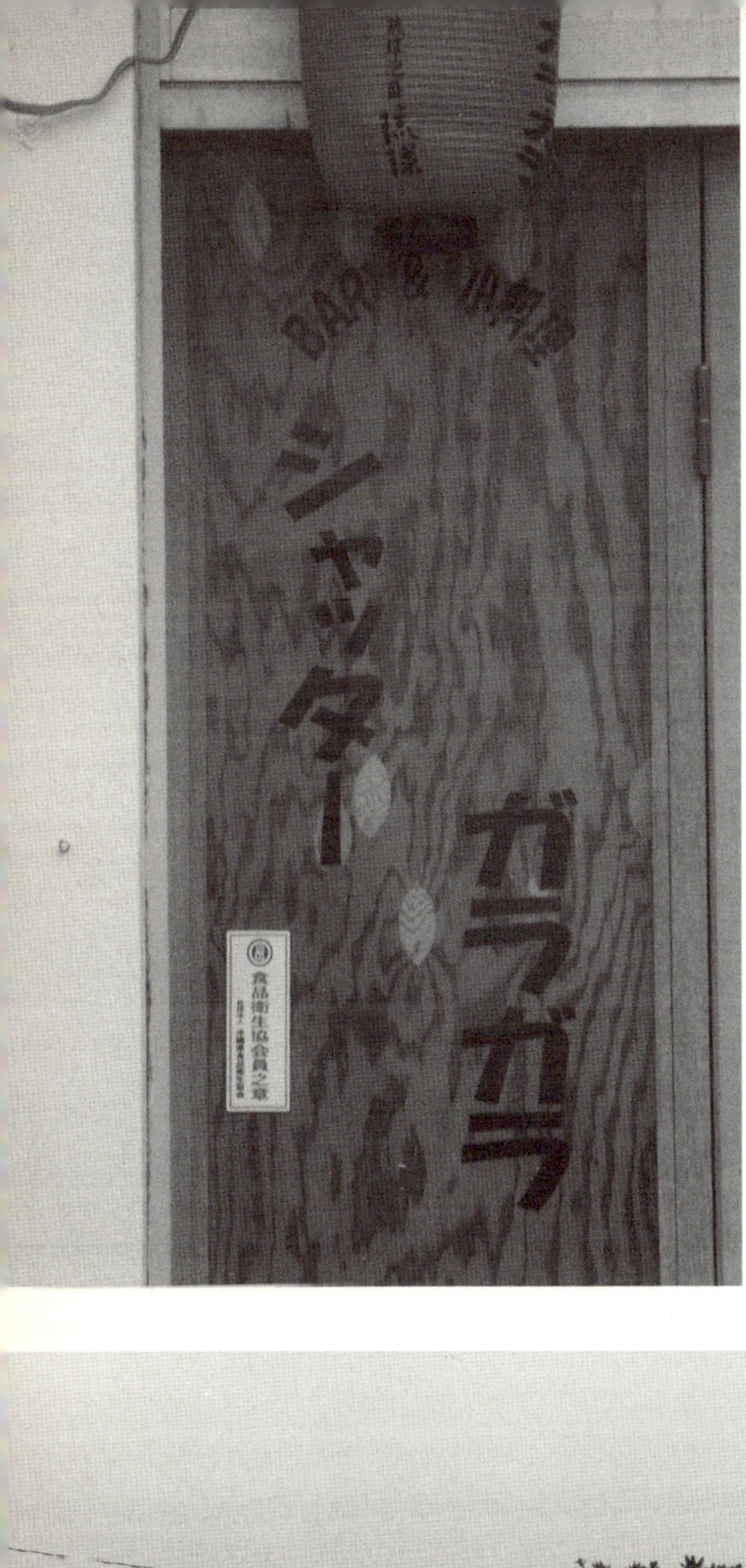

ドアじゃん!

セイウチ「ホントだ、シャッターじゃないじゃん。と言いつつ手前にガラガラ出てくるのかな?」 **カベル**「どこから? 上から?」 **セイウチ**「ううん、右か左」 **カベル**「そういうシャッターってあるのか?」 **セイウチ**「(シカトして)バー&小料理って、結局スナックだね。親切だね」 **カベル**「どこがだよ」

「眠い」の業界用語?

セイウチ「沖縄的に人の名前、全部む〜ね〜だからね」 **カベル**「……どーゆー意味だ?」 **セイウチ**「ムネカズだったら〈む〜ね〜〉みたいに、なんでも伸ばすの。ミヤちゃんならミーヤー。あ、む〜ね〜さんがやってる店ねココ、みたいな」

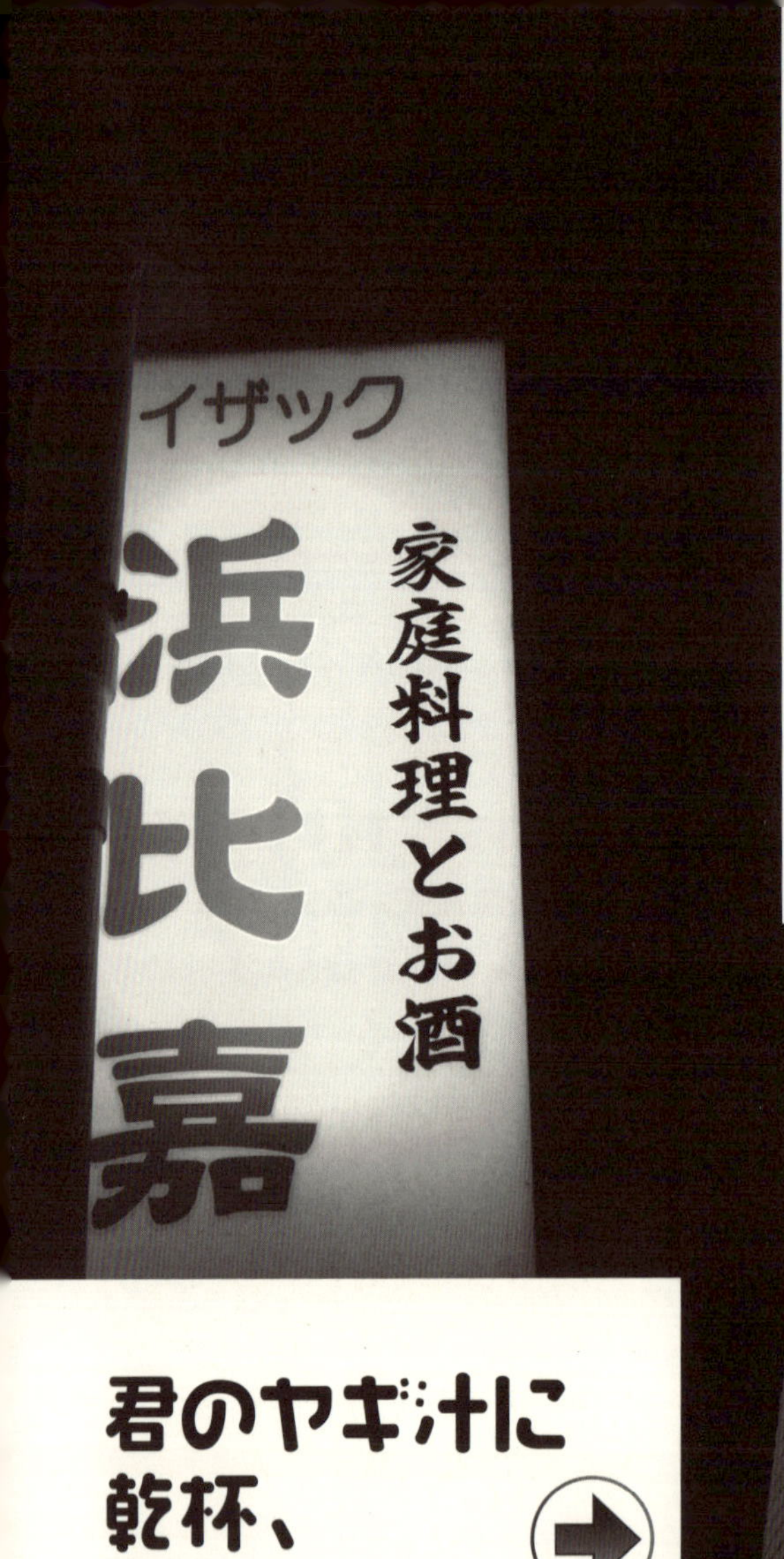

新しい飲み屋の形態

セイウチ「コレはどーいうこと?」 **カベル**「ママがいる居酒屋なんだろ、スナック的に」 **セイウチ**「凄いね、アイザック・ヘイズみたい。凄いね浜比嘉島」

君のヤギ汁に乾杯、フッ……

セイウチ「じゃあコレはどーいうこと? ナイトスナックって?」 **カベル**「とにかく婦人がいて酒とメシ出しゃスナックなんだろ、沖縄は」 **セイウチ**「もはや食堂とスナックの線引きがあいまいだね。その辺の食堂も、見方によってはランチスナック」 **カベル**「まあ 24 時間スナックがある県だしな」

和訳つき

カベル「わざわざ〈もう一度〉と書き加える感じがエロいな」 **セイウチ**「右下にチョロンといるコイツは、精子?」 **カベル**「んなわけねーだろドアホ」 **セイウチ**「この電球は、昔はチカチカしてたんだろうね。矢印の向きは合ってるね」 **カベル**「お互い肝心の〈ワンス・モア〉に目が行かねーな」

ブモ〜、ブモモモオ〜（一曲どうぞ、お客さん）

牛のようなママがいる店でないことを願いたい

もしも~私が~城を~建てたな~ら~小さ~な~城をぅを~♪

セイウチ「ハウルも小さくなりそーだね。カルシファーも消えそうだね」 **カベル**「誰だよカルシファーって?」 **セイウチ**「火の悪魔」 **カベル**「知らねーな」 **セイウチ**「ウチの息子が赤いガムテープでカルシファー作ってるよー。でも風呂場で顔消えちゃうわけ。そのとき小さくなってるねー」 **カベル**「カルなんとかを知らない上に、お前のその説明では状況が全くわかんねーな!」

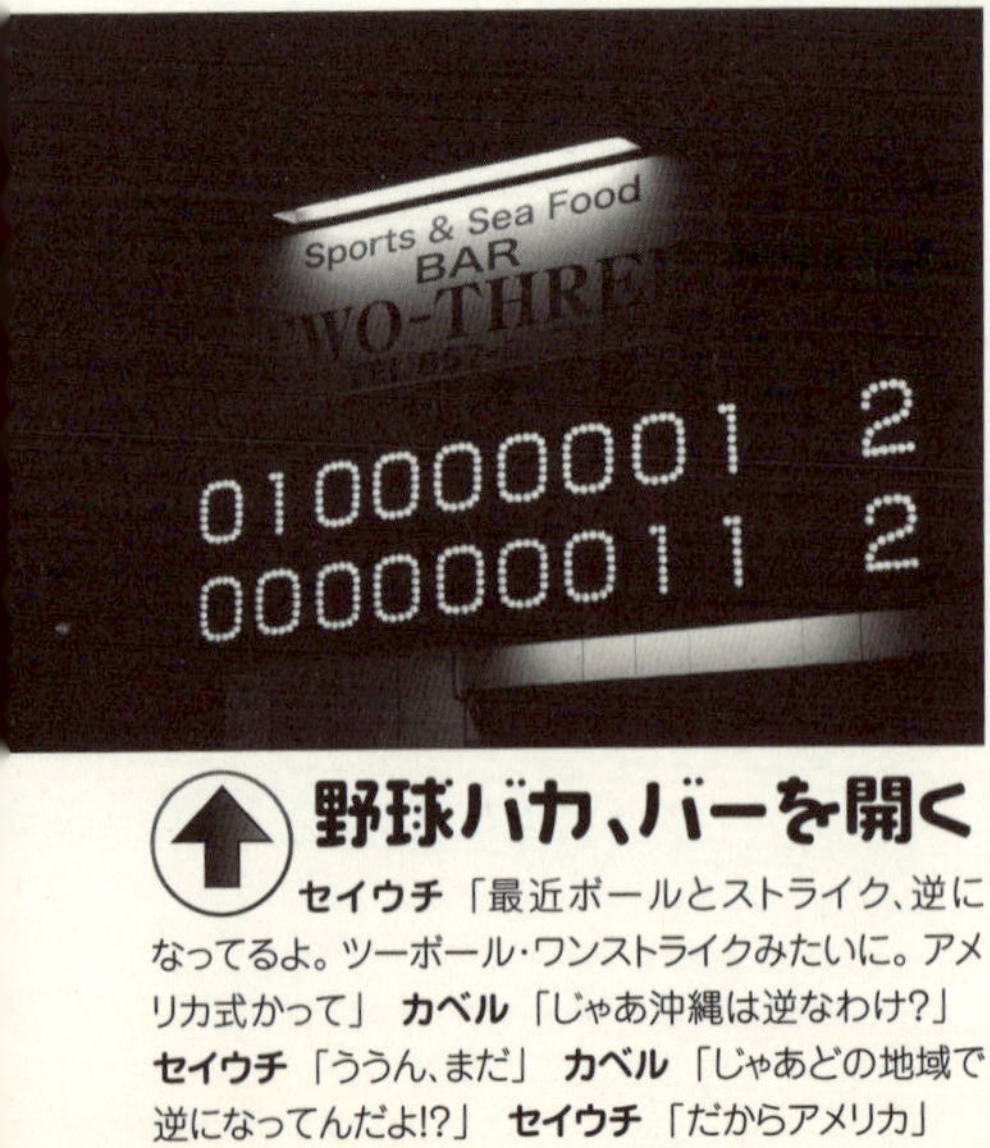

野球バカ、バーを開く

セイウチ「最近ボールとストライク、逆になってるよ。ツーボール・ワンストライクみたいに。アメリカ式かって」 **カベル**「じゃあ沖縄は逆なわけ?」 **セイウチ**「ううん、まだ」 **カベル**「じゃあどの地域で逆になってんだよ!?」 **セイウチ**「だからアメリカ」

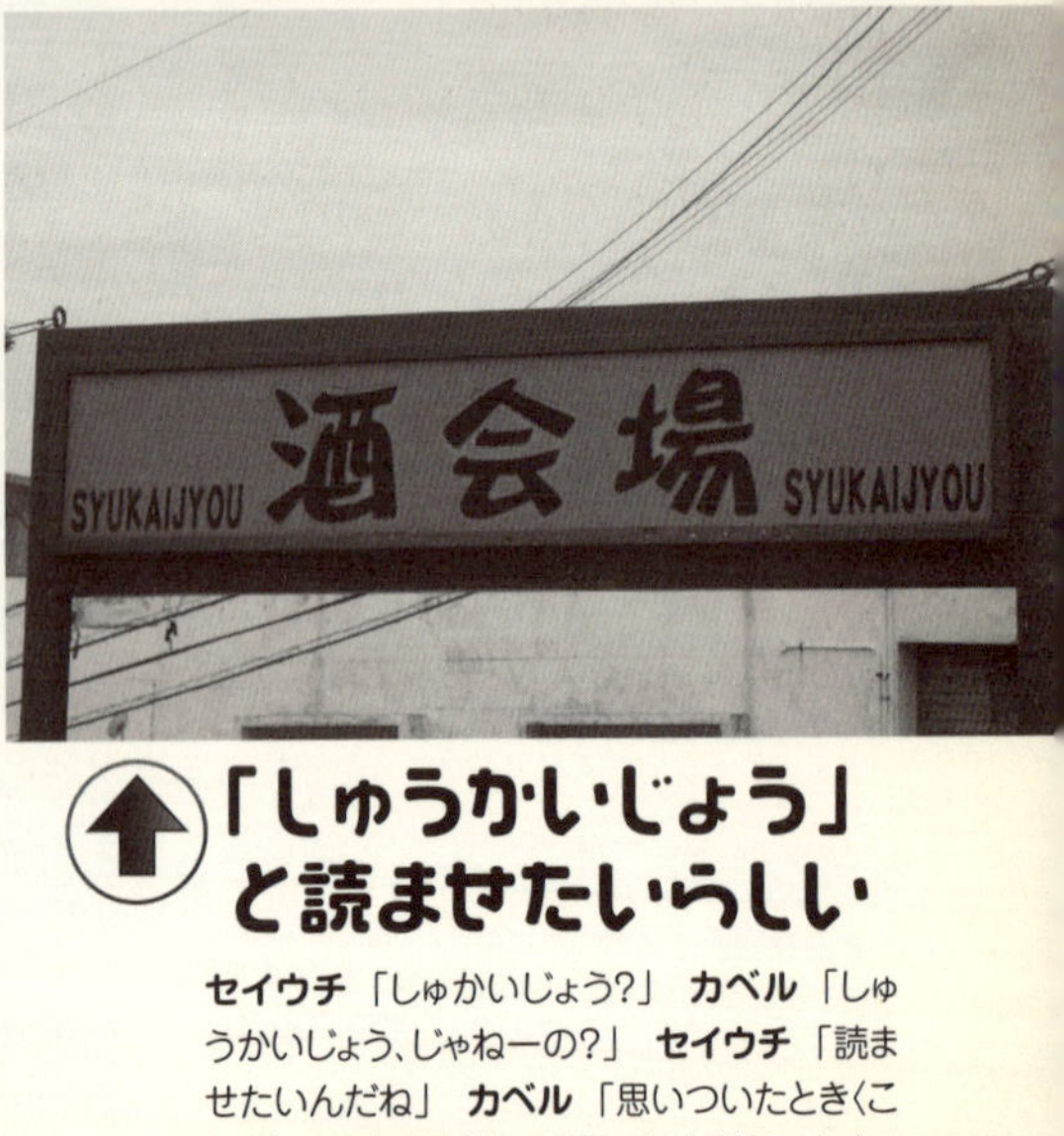

「しゅうかい・じょう」と読ませたいらしい

セイウチ「しゅかいじょう?」 **カベル**「しゅうかいじょう、じゃねーの?」 **セイウチ**「読ませたいんだね」 **カベル**「思いついたとき〈これだ、この名前だ!〉って思ったんだろーね」

美人×うそ=ブス

セイウチ「ちょっと狙ってる感じだね、この店」 **カベル**「そう言われるとそうかもな」 **セイウチ**「しかも出てくるのがブスだったら始末に負えないねー」

「鼓」にてんてん

セイウチ「〈鼓〉になんでそんな思い入れあるのかね?」 **カベル**「店の人が打つんじゃねーの? 鼓(つつみ)を」 **セイウチ**「キビナゴにも愛着あるのかな? 光った魚が好き! みたいな」

ヒ〜ご注文は ヒ〜ヒッヒッヒ (貞子)

カベル「来るね」 **セイウチ**「きっと来るね。字がおどろおどろしいもん。っていうか、ここは温泉もやってんのかな? 〈リング〉の横に温泉マークが」 **カベル**「コーヒーの湯気じゃねーのか?(少しイラッ)」

頭が

セイウチ「このピーはヒワイな言葉を隠すピー?」 **カベル**「そんなわけねーだろアホ」 **セイウチ**「印刷屋にしては店名の印刷が薄いね。まあこれはテント屋の仕事だって彼は言うだろうけど」 **カベル**「彼?」 **セイウチ**「ピーマンさん」

ダンパチやねん!

カベル「浦添に東京美容室もあるからな。主人が東京で修行したから東京美容室」 **セイウチ**「じゃあこれは大阪で修行?」 **カベル**「かもな」 **セイウチ**「じゃあ福岡で修行したら福岡美容室?」 **カベル**「あるかもな」 **セイウチ**「名古屋なら名古屋美容?」 **カベル**「あるんじゃねーの? 探せば」 **セイウチ**「じゃあ広島で修行したら……」 **カベル**「ほどほどで切り上げるってことを知らねーようだなオメーは!」

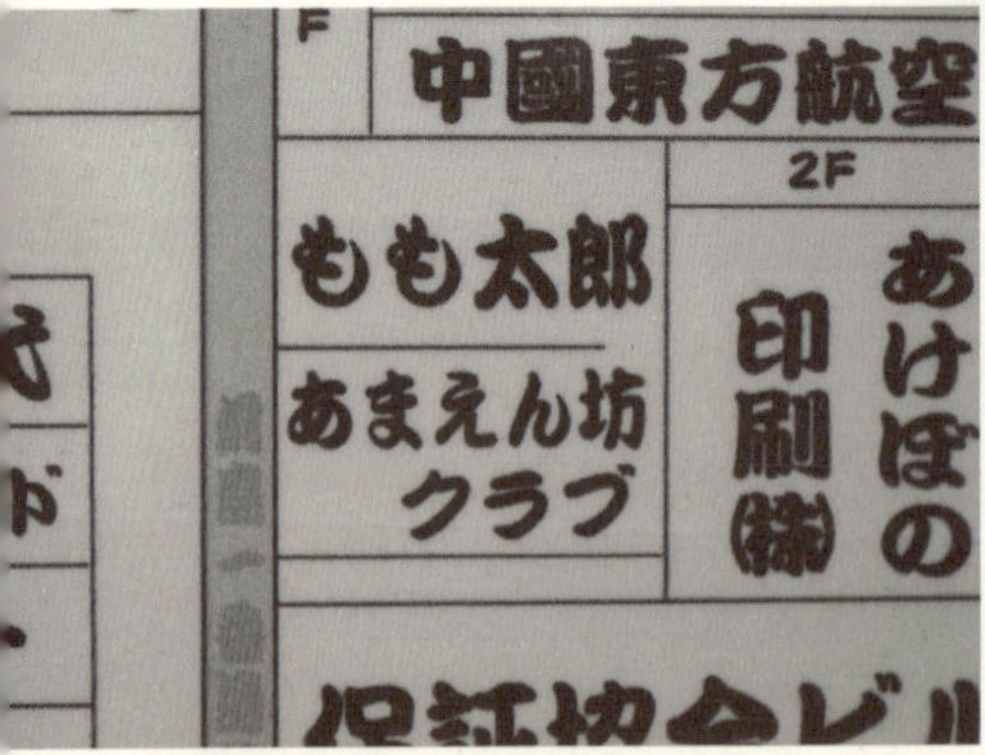

ぼくちゃん、あまえん坊なのら!

しかも前島。2階の「あけぼの印刷㈱」社員は、階下の様子が気になって仕方ない

“美しい美人”みたいな

きれいな絶景、長身ののっぽ、そしてファミリーレストラン・グルメ食堂

あっしには

平成の『木枯し紋次郎』が江口洋介で、ひっくり返って驚いた記憶がある

そんなこと言われても無茶ちゃ!(岡山弁)

セイウチ「何屋さん?」 **カベル**「スナックじゃねーの? ウチナーグチでムチャチャって言う?」 **セイウチ**「〈ムチャムチャする〉は言うけどね。あと〈むっちゃーくゎっちゃい〉=〈ベタベタすんな!〉とか。〈たっくゎい、みーくゎい!〉も〈ベタベタすんな!〉」 **カベル**「で、ムチャチャは?」 **セイウチ**「どれも当てはまらないね、ムチャチャ」

わらわはカフェを開いたぞえ!

名物は「天岩戸コーヒー」。どんなコーヒーかって? 知るもんか

読み仮名を書きなさい

アブドーラ・ザ・豚鶏一(それは〈ぶっちょ〉じゃなく〈ぶっちゃ〉)

ホステスは真紀子か？（もう大臣じゃない）

カベル「どうだデカいだろう、バス停に比べて看板が！」 **セイウチ**「大きいねー。首里にもあったよ、スナック〈社長室〉。久々に見たら〈会長室〉に変わってたけどね」

スペクターそしてデリカット

セイウチ「これはどういうこと？　変な外人が何かしてくれるのか、変な外人しか入れないのか」 **カベル**「その両方の可能性も大だな」 **セイウチ**「あ、下の“ユーリョウ”もいいね」 **カベル**「また端っこかよ（再びイラッ）」

真理子のことか？

セイウチ「これ真理子で間違いないと思います（急にですます調）。良かったじゃん、金のなる真理子で。または金のなる森喜朗」 **カベル**「なんで森喜朗？」 **セイウチ**「年に一度ラグビーする人（答えになっていない）。確か総理やった人だよね。定かじゃないけど、やってた気がする」 **カベル**「だから何で林じゃなくて森の話なんだよ！」

古舘サンはこの頃が良かった

セイウチ「最近は減ったね、流行ってる番組とか店名にしちゃう感じも。昔の沖縄は著作権なかったから何でもアリだったけどね」 **カベル**「確かに最近は少ないな」 **セイウチ**「それでも摘発くらう前にすぐ店名変えて続けるけどね。ここもきっと変わるよ。オシャレ30-30とか」 **カベル**「古いわ。だったらハハオシャレ～とか（レディースアートネイチャー）」

私のシェフは左きき❤

♪わーたしぎ●ちょのサウスポー♪なぜアルファベット表示も添えるのかGICCHO。

これからは菊池桃子としてではなく、ラムーンとして（そりゃラ・ムー）

セイウチ「ラ・ムーがデビューする前に、すっげー煽ったわけ。〈超大型バンドデビュー！〉みたいな感じで。それがいざお披露目したら、ボーカルが菊池桃子でどっひゃーん！　後ろでコーラスしてた黒人お姉さんとか、今はどこで何してんだろーね」 **カベル**「ちなみに〈ラ・ムー〉じゃなくて〈ラムーン〉だからな。一応言っておくけど」

林葉邸に突入しま～す状態？

セイウチ「どーいうことかねコレ？　将棋はあっちですんの、それともこっち？　いやあっちとこっちのどっちが将棋？って」 **カベル**「そのお前のコメントがイライラするな！」 **セイウチ**「（聞いていない）どっちが将棋？　そっち？　こっち？」

①金八②まいっちんぐ③ニャンコ

セイウチ「大臣が愛人問題とかで失脚して、結局タダの先生に」 **カベル**「それでも先生だからボロいよな、政治家は」 **セイウチ**「文字が下に行くほど小さくなってるね。デクレッシェンド」

にっちもさっちもどーにも

セイウチ「凄いね、ぶるどっぐ。台風で何度も看板落ちてるのに、針金で縛ってあるよー」 **カベル**「そこに目がいくお前が凄いな」

おかしなメニューに目がニューッ!

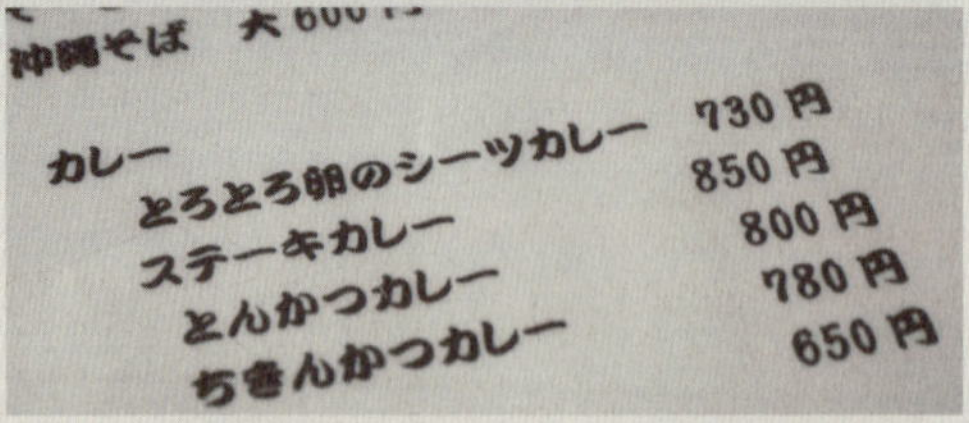

シーツ?

セイウチ「シーツは下に敷くんじゃないの? これは布団カレーだね」 **カベル**「タコライスの街・金武の裏名物だぞ。昔は〈卵の～〉とか説明もなかったんだけど。たぶん〈これはどーゆーカレーなんだ！〉とかイチャモンつけたガキがいたんだろーな。とりあえず美味いのと、すっげー量」 **セイウチ**「なんで“ちきん”は平仮名なの?」 **カベル**「(イラッ)オメーの名前も平仮名で書いてやろーか?」

おばーにコロモをつけカラリと揚げる

せいうち「おばーと言えばいいと思っている、そんな店だね。何度も言うけど〈おじー、おばー〉は内地で言う〈じじー、ばばー〉だからね」 **カベル**「確かに前回もそう言ったな」 **せいうち**「武家の人が◆◆を見下して〈この▲▲!〉って言うみたいな」 **カベル**「書けない言葉を発するのはやめてくれ。書けないから」

自分の肉は自分で火を通すのよ
（そーいうもんだよ、しゃぶしゃぶは！）

せいうち「セルフじゃない〈しゃぶしゃぶ〉ってあるのかな……あー、ノーパン！」 **カベル**「絶対言うと思った」 **せいうち**「ノーパンのお姉さんがこうやってしゃぶしゃぶ……（かがんでジェスチャー）」 **カベル**「それじゃ見えないだろ。ノーパンの意味がねーな。やっぱこーやって（立ち上がり高い場所でしゃぶしゃぶのジェスチャー）」 **せいうち**「鍋の位置高いね。新しいねー。っていうか〈野菜〉と並んで〈沖縄〉って、どーいうこと？　野菜と一緒に〈沖縄〉もしゃぶしゃぶするの?」 **カベル**「知らねーよ」 **せいうち**「俺らが考えてる以上にセルフかもね。鍋も家から持ってきたりして」 **カベル**「だったら家で鍋すりゃいいだろドアホ」

みそ汁攻め!

せいうち「戦国時代だね。なんか籠城してるね」 **カベル**「ここまで味噌汁で攻められてもな。沖縄の味噌汁って、舌がめくれ上がるほど熱いし」 **せいうち**「若者は行くかなー。どこ攻めようとしてるんだろ」 **カベル**「味噌汁以外のメニューはなさそうだしな」 **せいうち**「そろそろカタカナに戻してくれる?」 **カベル**「しょうがねーな」

お子様ランチ料亭風

セイウチ「えーっと、〈にぎり〉が……」 **カベル**「どーしてそっちに目がいくんだよ！」 **セイウチ**「〈御膳〉とか言ってるけど、たぶんそんなに豪華じゃないね」 **カベル**「デザートにカップゼリーとかついてきそうだな。シレッと」

それはウ●コに見えるかも

カベル「食ったことある?」 **セイウチ**「ううん、ないよ。これどこ?」 **カベル**「那覇の市場通りにあったけど、この前行ったらノボリはなかった」 **セイウチ**「沖縄名物ではないね、少なくとも」

でびち入ってます

セイウチ「ダヴィンチ入ってるねー。ダヴィンチ・コード」 **カベル**「どう読むのかな」 **セイウチ**「ん？ “おでん”でしょ」 **カベル**「なんだよ普通だな。面白いこと言えよ」 **セイウチ**「じゃあ“おでゅえん”とか」

やぎストロベリー

セイウチ「やぎキャラメルまではヨシとして、ストロベリーはイヤだね」 **カベル**「キャラメルもナシだろ？」 **セイウチ**「イチゴとヤギはないね。ヤギ刺しにイチゴくるんで練乳かけて」
カベル「おえっ」

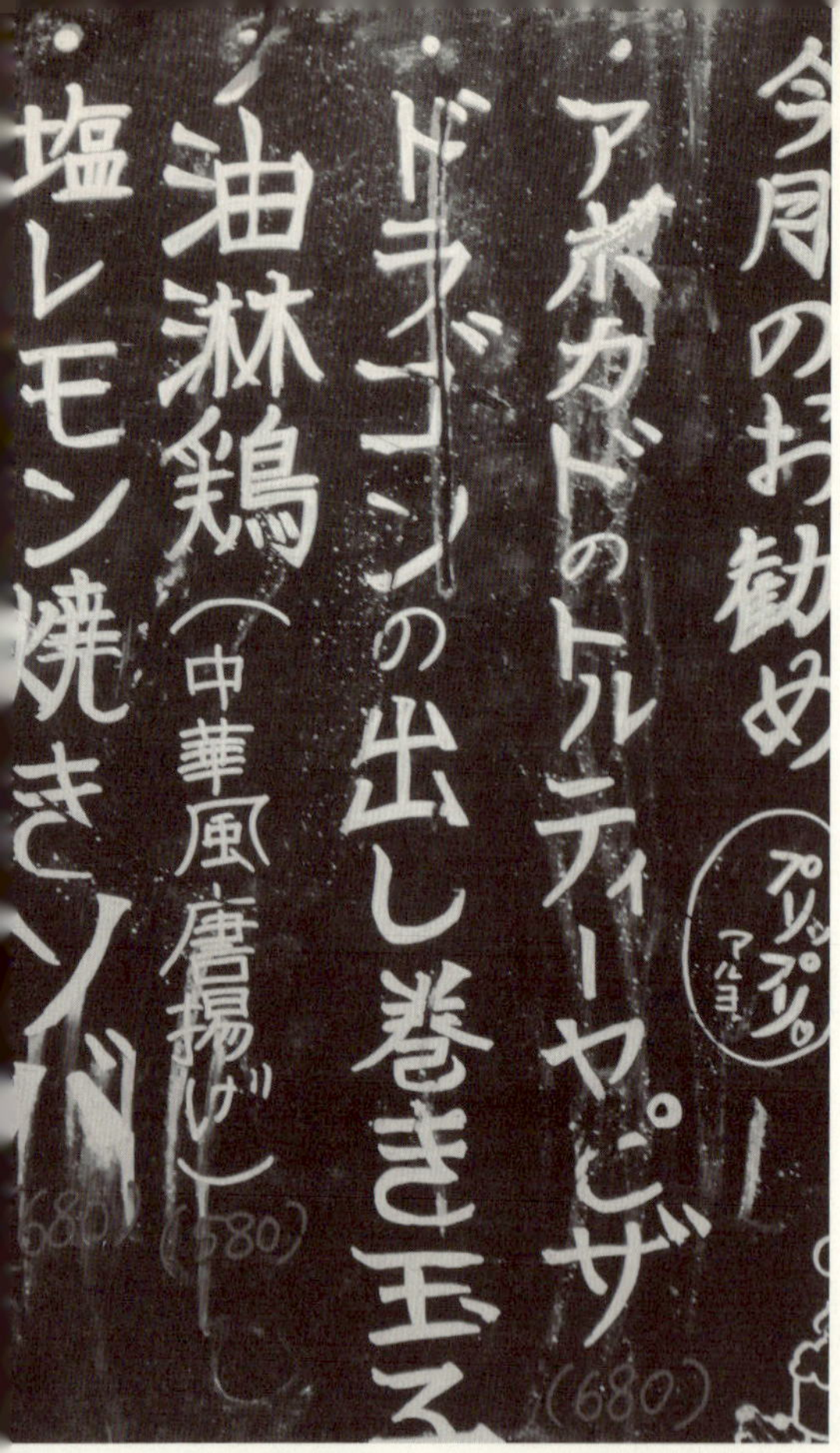

卵に軽く火が通ったら中央に竜を置き、クルクルと巻きます。

セイウチ「どうやって倒したのか、武勇伝聞かされながら食べるのかな。字がホラーだね」 **カベル**「どこが?」 **セイウチ**「焼きソバの〈ソバ〉」 **カベル**「突然2行も左に移るな」 **セイウチ**「プリップリのマルヨ?」 **カベル**「今度は2行右か。マルヨはタダのデブかもしれねーな」 **セイウチ**「プリップリもアルヨかもしれないし」

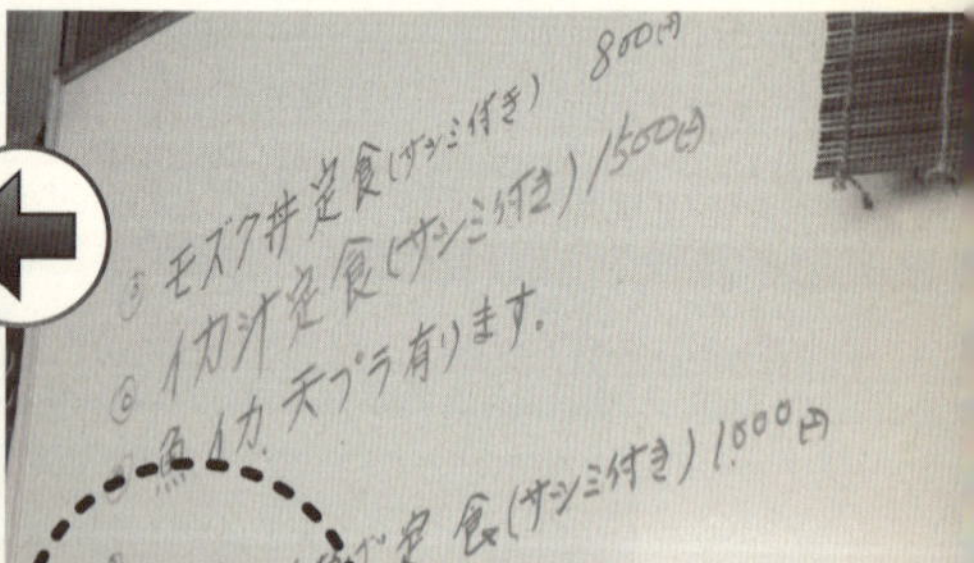

けっして「小魚」ではない!

カベル「〈小魚〉って、普通は煮干しか、デカくてもせいぜい目刺しくらいじゃねー? 小魚と呼ぶにはデカいだろーコレは」 **セイウチ**「親魚が3mくらいあるのかもね」 **カベル**「しかもサシミ付き。小魚が主役で刺身は添えもの」 **セイウチ**「刺身定食頼んでも、別に小鉢で刺身付いてくることあるね。刺身2倍、刺身ダブル」

ありそーでなかった組み合わせ

セイウチ「碁盤がテーブルも兼ねてるのかな?」 **カベル**「それじゃ対局の始めのほうしか食べられねーだろ」

思いっきり金ちゃん使用

カベル「きつねラーメンは見たことないな」
セイウチ「いや、金ちゃんラーメンの種類で確かあったよ、きつね(またスマホで調べる)あ、金ちゃんきつねうどんか!」 **カベル**「揚げがラーメン汁吸って重そうだな。島尻そばって、どんなそば?」
セイウチ「聞いたことないね」

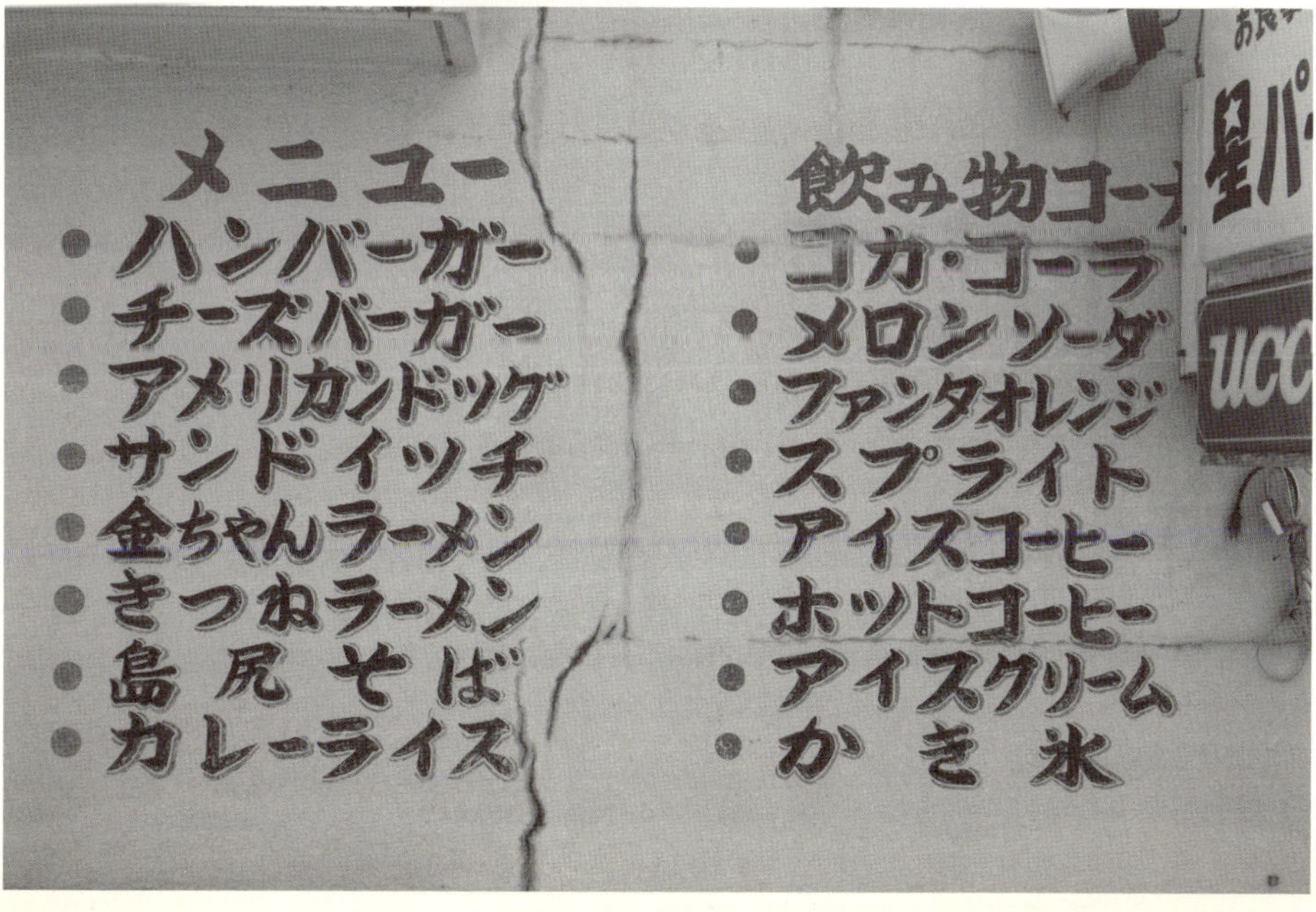

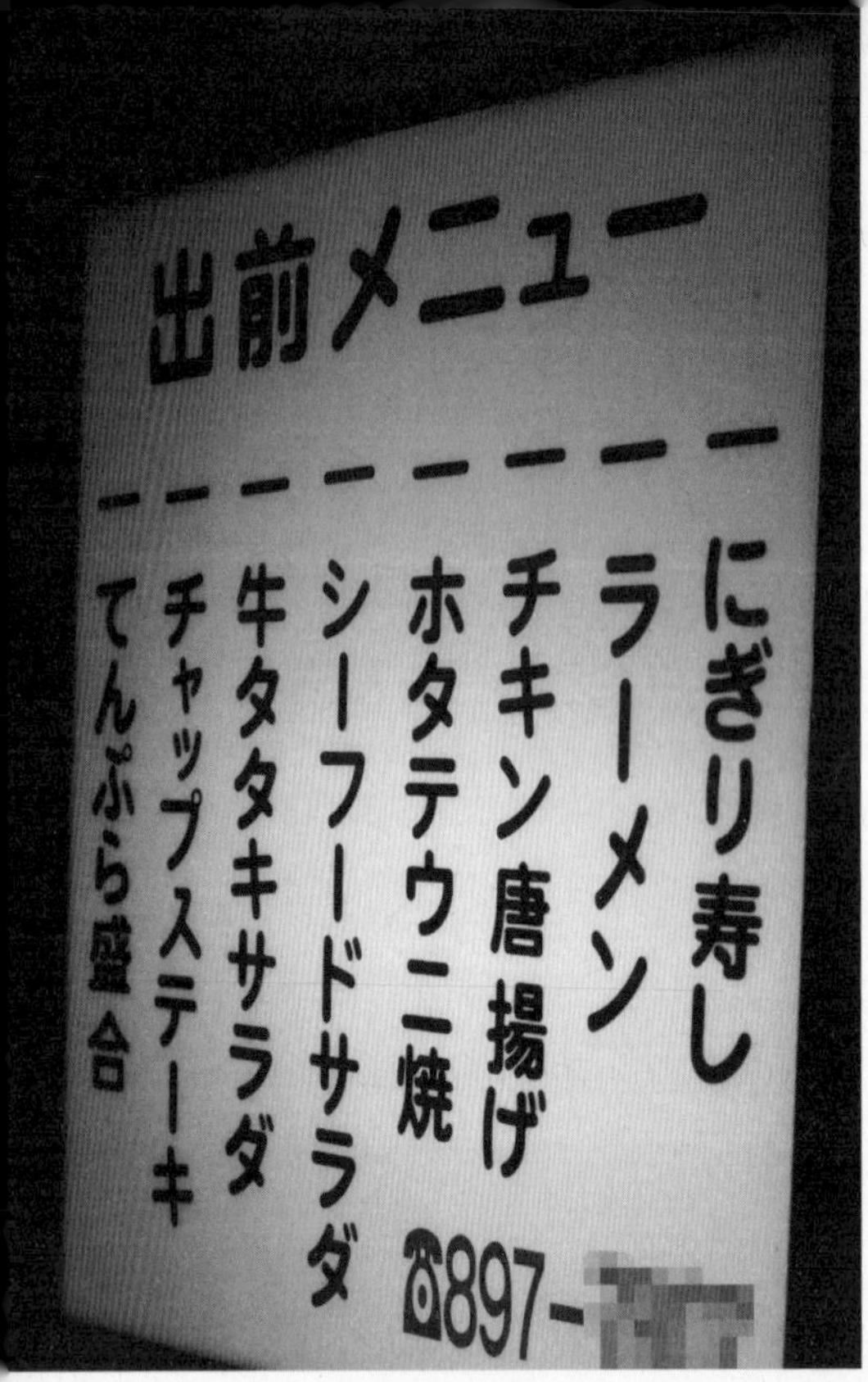

厨房はパニックかもね！

セイウチ「てんぷらもりあい！　沖縄風に読めば、てんぷらせいごう！」 **カベル**「どーしていきなり端っこから目に入るんだよオメーは！」 **セイウチ**「だって沖縄は〈盛〉のつく名前の人多いわけ。せいごう君もね、いたよ実際に。でも先生が年寄りで〈しぇいごう、しぇいごう〉って呼ばれてたね」 **カベル**「……せっかくだから、ほかのメニューについてもコメントしてくんねー？　兄がラーメン、妹がホタテウニ焼を注文したら、同じタイミングで出すのが大変だね、とか」 **セイウチ**「チャップステーキは、正しくは〈チョップ〉だね」 **カベル**「そこかよ！」

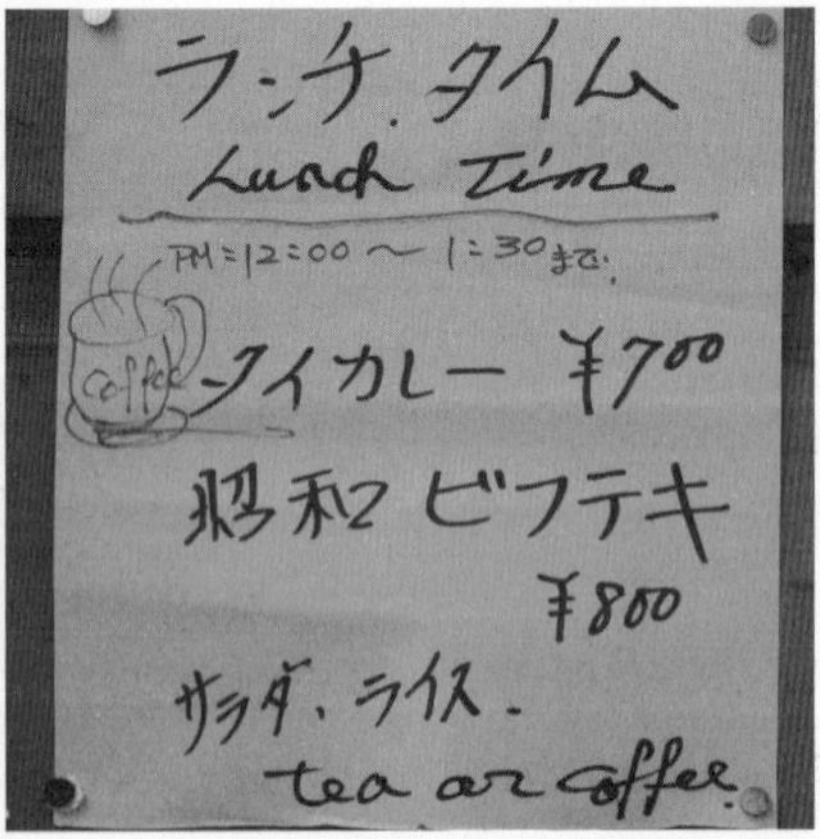

昔はビーフステーキを「ビフテキ」と呼びました。

セイウチ「値段たっかいなー」 **カベル**「ええ？　800円だぜ！」 **セイウチ**「俺に言わせりゃ肉薄いね。これソースは、A1?」 **カベル**「うん、A1だった」 **セイウチ**「どんな料理もA1かければ全部同じ味だから。しかしどの辺が〈昭和〉なのかな。ライスも一緒に鉄板に載せちゃうところ?」 **カベル**「付け合せの野菜がピーマンだけなところかもな」

謎の円盤生物

カベル「なんか生きてる感じしねー?」 **セイウチ**「パカッて開いて目が出てきそうだね。しかしナニ式の2次会だったのかな?」 **カベル**「へ? ……ああ、また端っこか(もう怒る気力もない)」

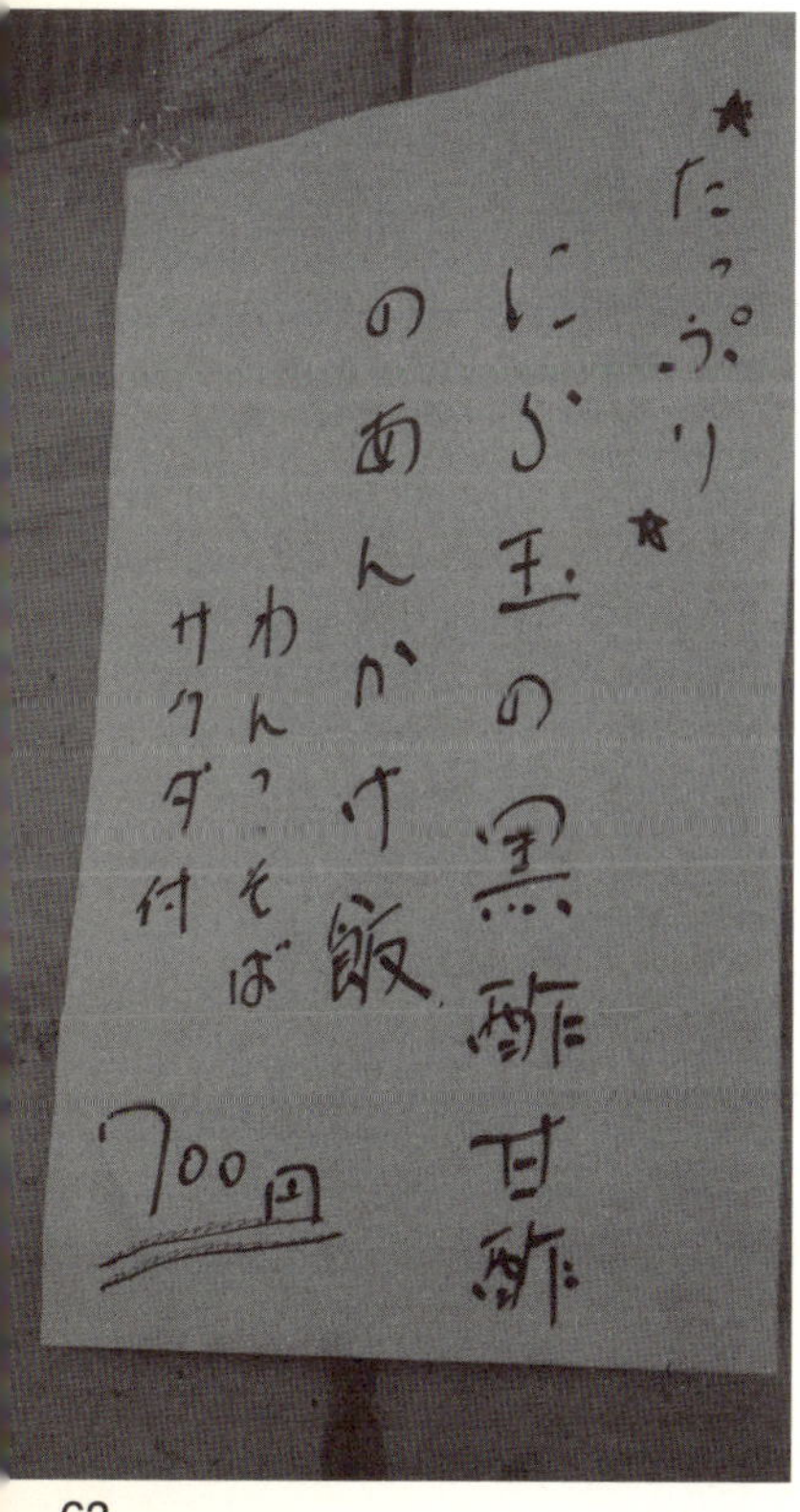

沖縄ピザ異変発生!

セイウチ「この店のメニューひどいね。にぎりと刺身なんて材料ほぼ同じだし。しかもピザはなんちゃって」 **カベル**「なんちゃってピザって、どんなピザかな」 **セイウチ**「刺身の上に溶けたチーズ」 **カベル**「イヤだ。そしてピッツァじゃなくてピッザ。まあピザをピッツァとか言っちゃうセンスも勘弁してほしいな。この前、川島なお美がシャンパンを〈シャンパーニュ〉とか言っててさ」 **セイウチ**「ヤキソバの上に溶けたチーズ」 **カベル**「話題はピッザに移ってんだよ!」

わんこそば付き!

は〜どんどん! は〜まだまだ! メインのにら玉を食べるヒマもない(メインがにら玉ってのもなー)

かべるっちの沖縄スキマ観光

パチンコ屋食堂でレッツ・ハブ・あ・ランチ！

島の絶品グルメは意外な場所に！

▲ボリューム満点のぶたタマライスは700円ポッキリ！

久米島ってさあ、リゾートなイメージあるじゃん。でもそれってイーフビーチの辺りだけなんだよね。リゾートホテルがあって、オシャレなカフェレストランとか、そーいうの趣味じゃないワケ俺的には。

　久米島ならフェリーが着く兼城《かねぐすく》近くの、仲泊《なかどまり》の商店街のほうが好きだね。古いスーパーや食堂が並んでて、まるで東京下町、リゾートっぽさゼロ！　そんな仲泊で、この前バッタリ知り合いに会って、

「どーっすか、昼飯でも」

って誘われたわけ。ちなみにこの知り合いさん、地元では「西郷どん」って呼ばれてるよ。本人に知られたらブッ飛ばされるね！　んで「美味い店があるから」って連れて行かれた店に、俺は驚いたよ！

　チーンジャラジャラ！　ブイインブイインブイイン！　ここが食堂？　パチンコ屋じゃん！　って思ったらなんとパチンコ屋の中に食堂があるじゃあーりませんか、その名もパーラー「サンセット」。

　西郷どんはカツ丼を注文。俺はオススメだという「ぶたタマライス」頼んでみたら、出てきたね。大皿にご飯がドーン！　その上にたっぷりキャベツ&レタスを敷いて、甘辛タレで焼いた豚肉がドカーンと乗って、真ん中にプリティな目玉焼き！　いやー美味いのよコレが！　肉食男子の心をユサユサ揺さぶる美味さ！　西郷どんのカツ丼もそりゃ美味そうだし、直感したね俺は。この店は久米島で、いちばん美

まさかこの中に、絶品食堂があるなんて！▶

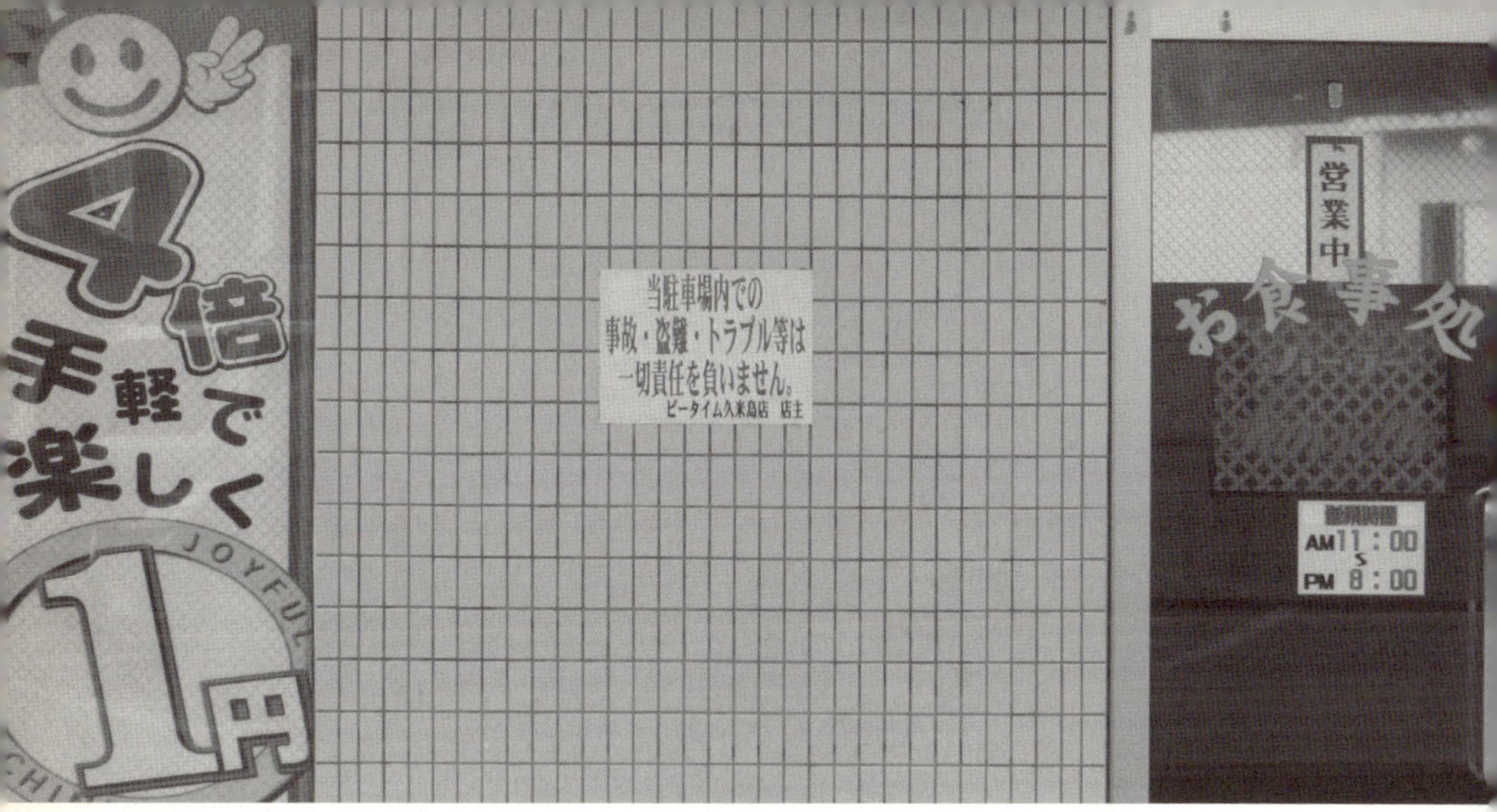

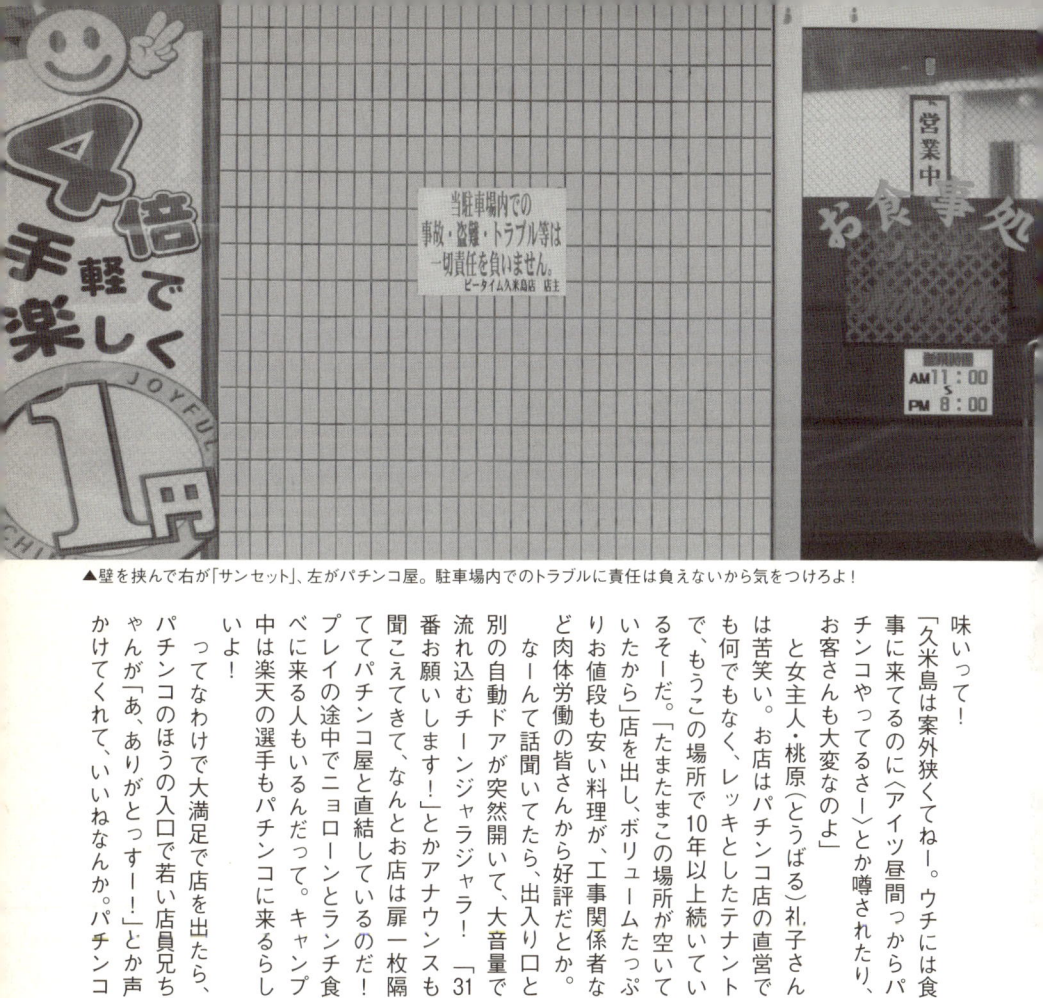

▲壁を挟んで右が「サンセット」、左がパチンコ屋。駐車場内でのトラブルに責任は負えないから気をつけろよ！

味いって！

「久米島は案外狭くてねー。ウチには食事に来てるのに〈アイツ昼間っからパチンコやってるさー〉とか噂されたり、お客さんも大変なのよ」

と女主人・桃原（とうばる）礼子さんは苦笑い。お店はパチンコ店の直営でも何でもなく、レッキとしたテナントで、もうこの場所で10年以上続いているそーだ。「たまたまこの場所が空いていたから」店を出し、ボリュームたっぷりお値段も安い料理が、工事関係者など肉体労働の皆さんから好評だとか。

なーんて話聞いてたら、出入り口と別の自動ドアが突然開いて、大音量で流れ込むチーンジャラジャラ！「31番お願いします！」とかアナウンスも聞こえてきて、なんとお店は扉一枚隔ててパチンコ屋と直結しているのだ！プレイの途中でニョローンとランチ食べに来る人もいるんだって。キャンプ中は楽天の選手もパチンコに来るらしいよ！

ってなわけで大満足で店を出たら、パチンコのほうの入口で若い店員兄ちゃんが「あ、ありがとっすー！」とか声かけてくれて、いいねなんか。パチンコ屋も人情だね沖縄は。リゾートのレストランで「なんか居心地わりーな」って思ったそこのアナタ、パチンコ食堂にレッツ行ってみよう！

●パーラー・サンセット
久米島町字仲泊1058
☎098（985）4810
営業：11時～20時、木曜定休　久米島町営バス「新牛ホテル前」バス停からすぐ

▲全品リーズナブルでボリュームたっぷりだ！

肉食男子の夢、叶う！
ポーク大缶、開けてみちゃいました！

全長23cmのマグナム砲、誕生。 まな板が汚くってメンゴ。

俺は肉が大好きだ。だからポーク缶詰も大好きだ。大好きだから、一度でいいから開けてみたかったんだよポーク大缶を！

　スパム、チューリップ、ミッドランド……沖縄で愛食される3大ポークランチョンミートブランド、その中に1810gの大缶もあって、しかもスーパーで手軽におヒョイ藤村俊二と買えて家庭で消費されてるっつーんだから、番組改編期の大家族スペシャルもビックリだよ！　ちなみに大家族スペシャルの両親って、元ヤンが多いのは気のせい？　ビッグダディが俺と同い年ってのも衝撃だね！　ってなわけでポーク大缶、開けてみたかったけど俺はひとり暮らしウェ〜ン。でも開けてみたい、でも開けてどーするってモンモンとしてたんだけど、ついに買ったよチューリップの大缶1810gを！

　さすがにズッシリ重いね大缶！　ダンベル顔負け、片手で持って上下するだけでマッチョになっちゃいそうだわんアハーン！　というわけで重い思いをして(ダジャレじゃねーよ)沖縄から東京の我が家に持ち帰った大缶を、早速キッチンで開けるのら！　でもどーやって？　やっぱ缶だけに缶切りで開けるのかちら？　それともパッ缶？

　ひょえーっ！　まさかクルクルオープナーで開けるなんて！　で、開けてみたっちゃクルクルと。

1810gもあるのよ！▶

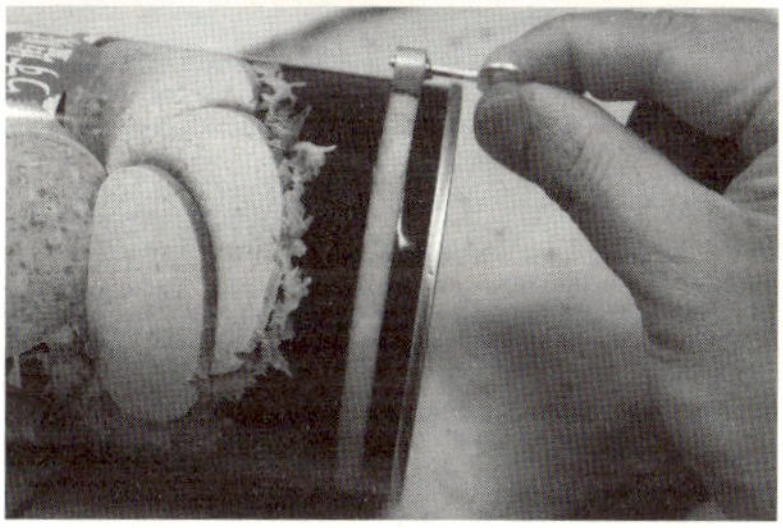

▲意外にも小さなオープナーでクルクル開けるのだ！

クルクル、クルクル。パーじゃないのよパー子でもないのよクルクル……開いた！　早速、中のポークを……って出てこねーじゃん！

缶は開いたものの、中のポークがデカすぎて、そう簡単には出てこない。ナイフで端っこから空気入れて、缶の反対側にも穴開けて空気入れて。

空気が入っただけだってば、あん。んで缶を両手でブワサブワサと振って振って、ぶってぶってはどっかの女代議士振って振って……出てきた！　思わず「生まれた！」って叫んじゃったよ俺！　ついにデローンと巨大ポークちゃんが缶から生まれ、まな板の上にゴロン。

っはー！

デカいね！　両端にホネつければギャートルズの肉だね！　デカい！

さて出したからには食べよっと。とりあえず3枚に下ろしてみる。

ニキニキ、ニキニキ二木ゴルフ。出刃包丁をニキニキ食い込ませ3枚下ろし完了。ここでキロ弁に続き計量計量〜！　長さ23センチ！　3枚下ろしの真ん中のステーキ状に切れた奴は710g！

というわけで、いくらなんでも1810gはいっぺんに食べられにゃいから、この710gをコンガリ焼いてステーキにしてみた。おやちゃいも彩りよく添えて、いっただきまーす！

ガフガフ、ガフガフガフ！

食べたよ710g。そしてどう思ったかって？

さすがにしばらく食べなくてもいいな、ポーク！

▲完全に生まれる寸前で止めてみたキャサリン妃状態

……と思いつつ、我が家の冷蔵庫を開けるたび、残った1100gのポークちゃんが「早く俺を料理しろボケ！」って言いながら俺をにらむわけ。生まれたときはあんなに可愛い子だったのに。結論。ポーク大缶は、大家族で使いましょー。って最初っからわかってるだろーがそんなこと！（←ビッグダディ風のつもり／化粧バッチリ美奈子の別人ぶりにも驚いただよ!!）

▲710gをドカンと焼いたら、叶姉妹も驚くゴージャスな一皿に！

今日もどこかで反省会

過ぎたことは振り返らない沖縄式「反省」の実態は？

沖縄県人は「反省会」を頻繁に行う。だが不思議なことに「反省会」の場で、彼らはほとんど「反省」をしない。そしてその「反省会」は、僕ら本州者が想像する「反省会」とは、かなり違っている。

本島北部、本部町《もとぶ》。水納島《みんな》行きの船が出る昔ながらの港町・渡久地《とぐち》で、昭和の香り漂うアーケード市場を発見した。この日はフリマが行われていたが、発見と同時にあえなく終了。なんだ残念、と思っていると、アーケード街の一角からコーヒーの香り。カウンター3席だけの小さなカフェ発見。端っこに座ると、メガネ装着のお兄さんがコーヒーを淹れてくれた。

爽やかなコーヒータイム……だが隣の店のお姉さんが「良かったらどうぞー」とオデンを届けに来て状況は一変した。オデンは嫌いじゃないけど、コーヒーとは合わん！　と驚く僕にお兄さんが追いうち。

「酒にします？　あっちでもうすぐ反省会始まりますから」

なんと、本日のフリマの反省をするという。誘われるまま「反省会」の会場に行ってみると……。

アーケード下の路地が交差する一角に、デンと置かれた机と椅子。机の上にはオデンの大鍋と、チョコ200個くらい&チーズアーモンドせんべいほか大量スナック菓子、足元にはケース入りのオリオン缶！

「まあまあ、まあまあまあ！」

言われるままオリオンを飲み干して、プラコップに泡盛も注がれ、気がつくと僕は「反省会」のど真ん中にいた。全員初対面！　そして「反省」する様子がまったくないので、隣で飲みまくる「カフェお兄さんの先輩」に一応聞いてみた。今日のフリマの反省点は何ですか？

「え？　ないよ、そんなの！」

変なこと聞く人だねー、とでも言いたげに「先輩」は泡盛をストレートでグビグビ飲み続けるのだった。「終わったら次！」の信念で生きる沖縄の人々は「反省」などしない。ただひたすら「反省会」だけが、今日もどこかで行われている……。

反省会ぎじ録
•本日の反省点•
無し!!
もとぶ市場
べーっ!!

これも店、あれも店

そこは僕らが思い描くどんな「店」とも違っていた！

「↑カフェ」看板に誘われ、県道から枝分かれする細い道を進む。森に挟まれた土の道、いったい何分歩いただろうか。やがて現れる、くすんだ赤瓦屋根の古い一軒家。格子戸をガラリと開けて、玄関で靴を脱ぎ店の中へ。板張りの床がキシむ。

「いらっしゃいませ」

迎えてくれたのは、ゆったりしたエスニック調ワンピース姿のお姉さん。化粧っ気のない素朴な笑顔。

コポコポと湯が湧く音、コーヒーの香り。ランチを注文、アジアンミュージックのBGMに身を任せる。ほどなく運ばれてき

はみだしぶちくんこーなー

ある日のバス、気持ち良さそうに居眠りするオバちゃん。突然ガバッと飛び起きて「ど、どこ!?」と慌てて周囲をキョロキョロ、勢いあまって「非常の場合はカバーの上部を」引くなーっ！　というわけで、沖縄は一年中、夏だ。灼熱の太陽浴びて目がテンになろうぜい！

たランチは、野菜たっぷりのワンプレート。型で抜かれた十穀米の脇には……。

飽きた、こういうの。

なんか北部やんばるを中心に、こんな店が増えたなー。とヒネクレ目線で旅する僕の目に、またも「↑カフェ」看板が飛び込んだ。「きっとまた、そういう店だろう」と思いながらも疲れていたので、コーヒーを一杯飲んでいくことにした。案の定、店は赤瓦屋根の古民家。だが。

ここから先が「案の定」じゃなかった。まず格子戸に手をかけた瞬間「ギャワワ、ギャワワワーン！」とお座敷犬が４匹、牙むき出しでダッシュ、戸に激突！

「ほらラッキー、お客さんだよ」

ケモノと化す４匹を主人が一応なだめ、僕は店内に入れたのだが……はあ、なんだこりゃ!?

８畳間の真ん中にコタツそして座椅子、食器が並ぶ戸棚、電話、壁には「ナントカ電器店」とか書かれたカレンダー。「カフェ」を名乗りながら、これ以上なく「家」だ！ 驚く僕の前に、さらにドテラ装着の奥さんも現れ、コタツの上で「カントリーマアム」や「ガルボ」が次々に開けられ「どうぞどうぞ」と薦められる。一応コーヒーは出たが、そこは想像するどんなカフェとも違っていたのである。

１２０％「家」だったが、でも店なのだ。だって金を払ってコーヒーを飲んだのだから。沖縄ではしばしば柴俊夫、そんな想定外の店が、意表をついて突然現れウブな旅人に襲いかかる！

「モズク食べていかなーい？」

それが店だと気づくまで、時間がかかった。宮古島と池間島を結ぶ池間大橋のタモトに、会社の会議室でよく見る折りたたみ机とパイプ椅子を並べ、タッパーに入ったモズクを薦めてくるオジさん。ただの地元の「いい人」と思ったが、モズクを食べたら「ハイ50円ね」と手を出され驚いた。

想定外ショップは、そんな原始的スタイルばかりではない。時にはゴージャスな装いで、ある日突然僕らの目の前に現れる。

その店は会員制である。高台に立ち海を見下ろす、ラグジュアリーな洋館である。ああなのに、その店は「天ぷら屋」なのだ。なぜ！

……しっかり潜入してきたけど、チョロッと紹介するだけでは惜しいので、次の機会できっちりみっちり皆さんに教えましょー。あれも店、これも店。たぶん店、きっと店……（♪松坂慶子『愛の水中花』のメロディでどうぞ／「古い」と笑う奴は表に出ろこの野郎！）。

ご注文は？
ここの天プラ屋は実在する!!
うーむ
スカート男子じゃねーんだよ!!
ギャルソン風エプロン
天プラに使えと？

はじめからそう決まっている

神の見えざる手に操られ からだが勝手に動くのだ！

「とびだすぞ！」

石垣島の小さな集落を自転車で走っていて、四つ角の看板に目を奪われた。幼い子どもが書いたと思われる巨大な文字で「とびだすぞ！」。「とびだし注意」ではなく「とびだすぞ！」。

「ああそれはもう、飛び出すこと決まっているねー」

那覇でトベセイウチと飲みながら看板写真を見せると、奴はそう言った。もう決まっている。飛び出さないよう注意を促す選択肢は、すでにそこにはない。子どもは四つ角で100%確実に飛び出す。それはもう決まっているから、車のほうがよけるしかないのだ。

こんなこともあったという。

「娘が通ってる保育所で、クリスマスツリー飾ったわけサー。その前に『さわりません』って書いたフダ置かれてるねー。子どもたちがさわることは、もう決まってるわけ。だけどさわられちゃ困るわけ。だから先手を打って『さわらない』ことを先に決めたわけねー」

？？？　よくわからんが、とにかく沖縄ではそんな風に「最初からそう決まっていること」が多いのだ。そしてそんな「決まっていること」は僕ら旅人の虚をついて、突然予想外の形で襲いかかってくる！

那覇で喫茶店に入り、アイスコーヒーを頼んだ。僕は、コーヒーはブラック派だ。……ああなのに、運ばれてきたコーヒーはほんのりミルク色！　しかもチューっと一口すると……あっめー！　すでに大量のガムシロ入り！　なぜ入れる!?

「あらだって、アイスコーヒーって入れるもんでしょ。ミルクも甘いのも」

店のオバちゃんは面倒くさそうにシレッと言った。オバちゃんの中では決まっていた。「コーヒーはミルクと砂糖を入れるものだ」と！

石垣島で理容店に入った。初老の店主がシャキシャキと髪を切ってくれて、サッパリ。

「お客さん、ヒゲはどうしますか？」「そのまま残しておいてください」

そう言ったのに。確かにそう言ったのに！

店主は何のためらいもなく、僕のホホ周りのヒゲにシャボシャボとシャボンを塗りたくると、何のためらいもなくカミソリをゾリッと走らせた。……そ、そられた！　ヒゲを一刀両断でそられた！　そらないでって言ったのに！

「……ああゴメンね。ほらヒゲってそるものだから」

大して悪びれもせず、シレッと言う店主。決まっていたのだ。彼の中では「ヒゲはそるもの」と決まっていたのだ！

「片方そっちゃったから、もう片方もそらないとおかしいねー」

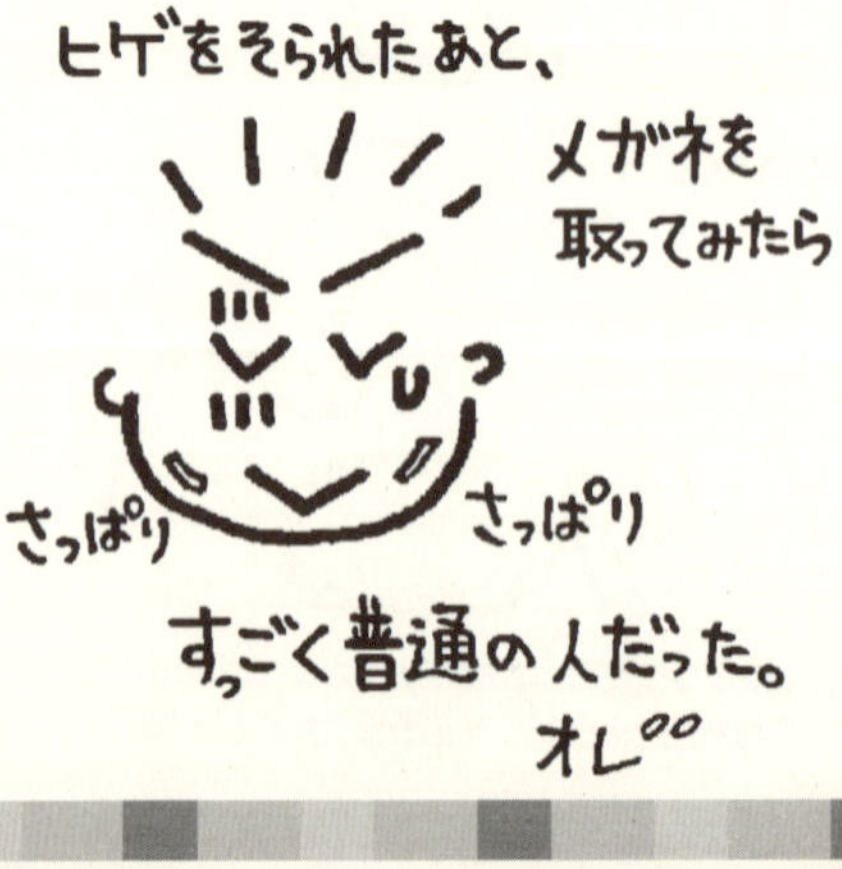
ヒゲをそられたあと、
メガネを
取ってみたら
さっぱり
さっぱり
すっごく普通の人だった。
オレ

そう言って、反対側のホホにもエイヤッとカミソリを走らる主人に、もはや抵抗する術などない。沖縄ではいろんなことが最初から決まっている。僕ら旅人がジタバタしたところで、すでに決まっていることが覆ることは120%、ない。

はみだしぶちくんこーなー

「地デジ受信の準備はできましたか？　私たち『地でーじ支援し隊』がお手伝いします！」……国を挙げての事業にも、意地でもダジャレを使わにゃ気が済まないか沖縄！　暑さと能天気のダブルパンチが襲いかかり、今日も旅人の目をテンにする……。

二文字熟語で話す人々

意外・珍妙・苦笑熟語・島人・使用

高速道路「沖縄自動車道」を走っていると、途中で屋根の上に飛行機が乗った大きな家が見えてくる。あれはいったい何だろう？　レストラン、それともラブホ？　常々謎に思っていた僕はある日、その近くのインターで高速を下り、飛行機の家のほうに向かってみた。

手前に喫茶店を発見し、ママさんに聞き込み。捜査の基本は聞き込みだ、なあヤマさん！　というわけでアレはいったい何ですか？

「**住宅**サー」

ママさんはノホホンと言った。まあ謎は解けたが……こういうときは「普通の家サー」とか言うのが普通では？

沖縄の人は会話に何かと、ちょっと固めの二文字熟語を取り入れることが多い。度重なると、さすがに気になってくる！

那覇・栄町りうぼう入口で、鬼の形相でロト6に没頭するオバアちゃん！　思わず眺めていると、ロトは外れたらしく、オバアちゃんはヤサぐれた表情でチッと舌打ち。「当たらんサー」とか話しかけてくるので、聞いた。当てたらどうしたいのですか？

「**独立**サー！」

長男ヨメの世話になりたくないサー、とオバアちゃんは見知らぬ僕を相手に延々とまくしたてた。

小浜島で深夜のタコ獲り取材。大漁で500匹以上（！）のタコが獲れたが、島の人は獲るのが楽しみであまり食べないという。では獲ったタコはどうするのですか？

「**交際**に使うサー」

……「知り合いに贈る」意味だとわかるまで、少し時間がかかったのはいうまでもない。

入学式の季節になると
めぇ～
けっこうたくさん
他界 します。
あーめん°°

恩納村にある、沖縄そば屋「山田水車」（バカ　代1で紹介したね）。入口では大きな水車が回り、広い敷地内にはヤギ小屋まである。だが小屋を覗くと肝心のヤギがいない。ご主人に聞いた。ヤギはどうしたのですか？

すると主人は神妙な顔つきで言った。

「**他界**したサー」

……笑ってはいけない。主人はヤギの死をしんみりと悲しんでいる。予想外の二文字熟語が呼び起こす笑いをこらえ、僕は天に召されたヤギが汁にならないことを、必死に祈ってみるのだった。

副業に走る人たち

⬆あるとき謎の美容室！

セイウチ「いきなり〈あんちくしょー〉ってのも凄いよね」 **カベル**「ウォンテッド的にな。しかしこの絵の女はミーでもケイでもないな。しいて言えばホラあの人、演歌歌手の」 **セイウチ**「〈氷雨〉の人？（日野美歌）」

地球のスナックに飽きたところよ! あーん!

カベル「こっちは〈UFO〉だ。沖縄でも浸透してるな、ピンクレディー」　**セイウチ**「ママが2人いて、名前が美恵子と圭子でミーとケイみたいな。しかも65歳くらいで」　**カベル**「そういう店が本当に存在するから怖いんだよな、沖縄は」

猪木ですかー!!

セイウチ「似顔絵クリソツなのに、人間に見えないね。国際通りのアントニオ猪木酒場もすぐ消えたし」　**カベル**「那覇市民は一応行くわけ？　猪木酒場」　**セイウチ**「ううん、行かない。行った?」　**カベル**「ううん、行かなかった」

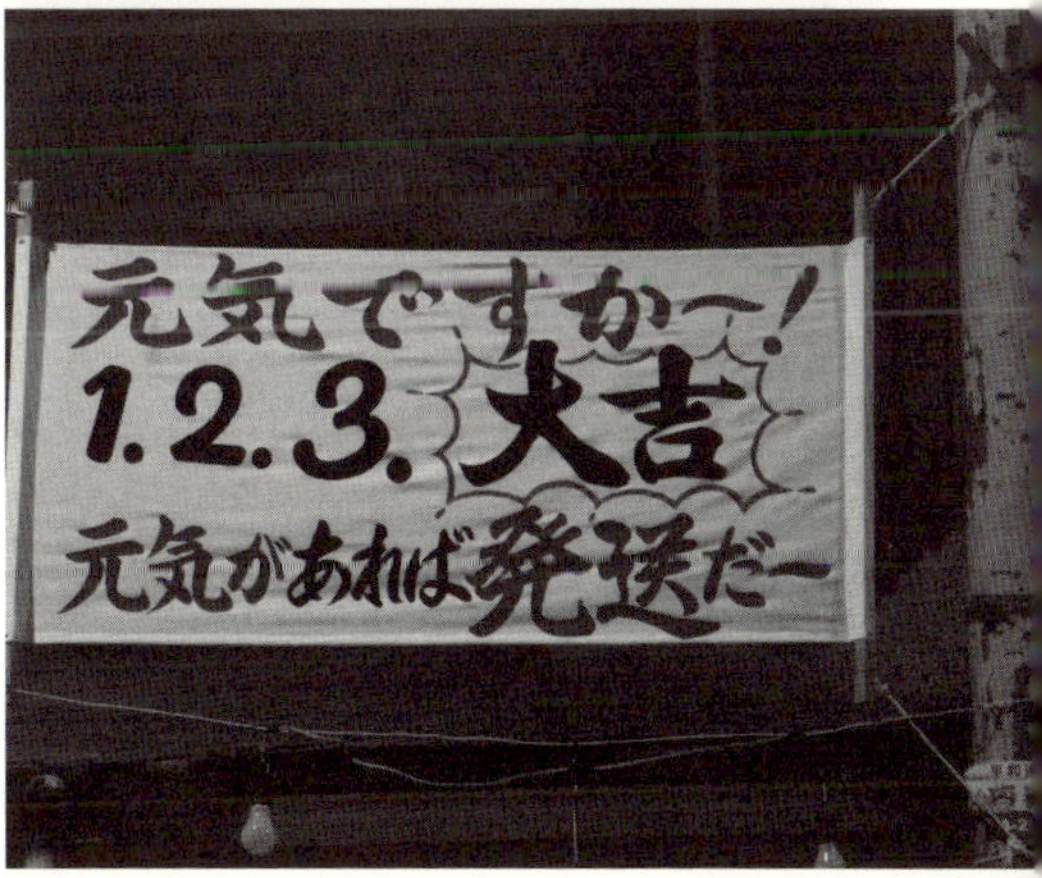

イチから出直し

そして厨房には寿賀子も……(怖)

カラオケあります。ママもいます。だってスナックだもの……。

セイウチ「これは……せんだ?」 **カベル**「相田だよ!」 **セイウチ**「せんだかと思った、那覇(ナハ)だけに」 **カベル**「うまいけどムカつくな」

DJカーネル

セイウチ「これ中国?」 **カベル**「違うってば。まあ中国にもあるだろうな、間違いなく」

↑デパート不振により業務拡張

セイウチ「うわっ、三越！包装紙でくるんで何かくれるのかな?」 **カベル**「やっぱ三越の包装紙って、こっちじゃ威力あるわけ?」 **セイウチ**「あるよ。しょーもない贈り物は、とりあえず三越の紙で包んじゃえ、みたいな」

↑ローマから移転

カフェでおでん出すってのもどーなんだか。「ちきあぎ」も。

↑最近、指輪や時計が売れなくってね

新作発表会もここで行われる、ワケねーだろ。

↑香水も売れなくってね

香水ではなくナフタリン臭が香るママが出迎える可能性大

↑バッグが売れず焼肉業界進出！

知り合いで、どこに行くにもヴィトンのキャリーバッグをガラガラ引っ張っていく女がいる。邪魔くせっ

売れっ子でも副業
(デュー押してるし)

セイウチ「何コレ、お銚子して出してくれるの? マウンテンデューを」 **カベル**「あの色を温めると、限りなくシッコに近そうだな」 **セイウチ**「店長がぐっさんの相方だったら笑えないね」 **カベル**「うん、笑えない。なんてったっけ、あの相方の人? 誰だっけ?」 **セイウチ**「誰だっけ?」

達矢も副業

セイウチ「確信犯だね。きっと無名塾にいた人が開いたんだよ」 **カベル**「俺は入っても1日で逃げ出すだろうな、無名塾」 **セイウチ**「なんで? 厳しいから?」 **カベル**「濃さそうだから」

彩芽《あやめ》、早くも第二の人生

最近やたら出ているが、俺の周りで彼女を好きだという男はいない。彩芽もその辺をわかっていて副業に余念がない

純次ほどじゃないけどな、俺もまあ頑張ってるよ

久米島で営業中。しかし乾電池の人たちは、年の重ね方がカッコいいね。柄本さんも。

もしもこんな居酒屋があったら（ダメだこりゃ！）

スギちゃんとかキンタローとか無理やり茶の間に送り込んでも、ドリフの足下にも及ばない。いってみよー！

オサム祭り開催中！

セイウチ「この人有名だよね。誰だっけ？　……ぴんから？」**カベル**「ぴんからは宮史郎じゃねーの？　オサムは……」**セイウチ**「(スマホをいじり)あー、殿様キングスだ！　♪女ぁ～の　みっさおぅお～♪」**カベル**「歌うな。周りの人がこっち見て恥ずかしいから」**セイウチ**「この人は副業じゃなくて、これが本業だね」

カラオケ伴奏はシンセサイザー

お椀の風呂に浸かっていたと思ったら、こんなところで←それは「おい、鬼太郎！」

まみまみ(秋元夫人)栄光の陰で……

人生いろいろおニャン子にバナナの涙が。山本スーザン久美子はどこ行った？

河内のおおお～オッサンのうたぁぁ～

セイウチ「……これ何？　河内のオッサンって？」**カベル**「昔〈ミス花子〉っていうフォーク歌手が大阪にいて、オッサンの歌をヒットさせたわけ。知らなかった？」**セイウチ**「うーん、そう言われれば、そんな人いたかも。その上の〈千春〉は松山？」**カベル**「かもな。ハイスナックだし」

大阪を捨て沖縄へ

セイウチ「父ちゃんは一緒じゃないのかな?」 **カベル**「チエひとりで来たようだな。何があったんだか」

ジャンも副業(レノ)

セイウチ「〈レオン〉は沖縄にいっぱいあるよ。でも〈おしゃれ劇場〉となると、なかなか大変だね」 **カベル**「店の上はどう見てもアパートだし、おしゃれではないな。しかも〈劇場〉」

君とよくこの店に来たものさ

お茶を飲み話したよ——とムードに浸るにはハンバーグがデカすぎる。だって沖縄だから。

こぶ茶あります

セイウチ「これどこ？ ルノアールの姉妹店？」 **カベル**「泡瀬にあったぞ。そしてないだろ、泡瀬に姉妹店」 **セイウチ**「こぶ茶あるの?」 **カベル**「ルノアールといえば、こぶ茶だよ」

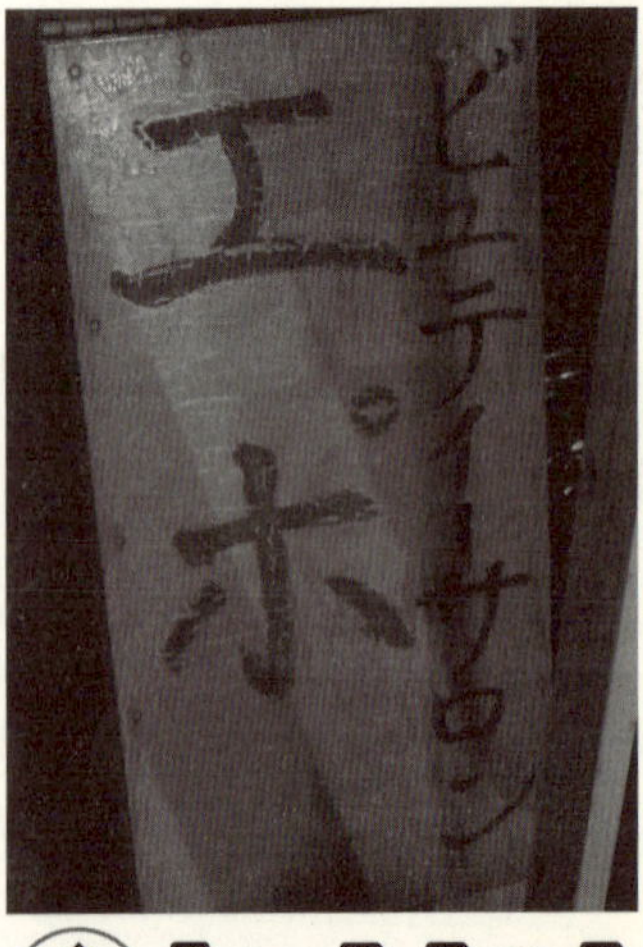

うぅふ・ふっふー (“ビュティー”だし)

ビュティービュティービュティーペア！
たかの友梨ビュティーサロン！

第20章

何でもないようなことが幸せだったと思っていたら、ロックミューシシャンだったはずが気がつけば、へっぽこ夫婦コメンテイター。そして沖縄に流れ着き副業で店開き。

だから
許可は取ったのか？

セイウチ「減ったね、ここ数年で。すぐ誰かが連絡して訴えられちゃうんだって、ミッキーと永ちゃんは」 **カベル**「よく見ると絵がヘタだ」 **セイウチ**「ミニーはオッパイから手が生えてるよ」

よーしよしよしよしよし！（正憲＆イヤがる動物）

セイウチ「怖いねー、呪われそうだね」
カベル「馬のシッコで顔洗う男だからな」

マリモではない

セイウチ「これ〈まりもっこり〉じゃないの？」 **カベル**「ガチャピンでないことだけは確かだな。那覇産業まつりに本物も来たことだし。ムックは来なかったな」 **セイウチ**「彼に沖縄は無理だよ。雪男の子どもだから」

◀産業まつりに来たガチャピン（巨大！）

僕らの知らない有名人！

私で良ければ
歌アドバイスいたします

⬆大きく出る和真兄《にい》さん！

カベル「知ってた？　和真サンのこと」　**セイウチ**「ううん知らない。でもこういう人いるねー沖縄は。ウチの親戚にもひとりいるよ、フランク永井の最後の弟子みたいな人。ステージ凄いよ、ギンギラギンで」　**カベル**「布施明の♪ごらん～不死鳥が～♪状態か？」　**セイウチ**「でも実は琉銀の行員で、退職してから天下ってみたいな。見かけは和真サンに似てるね。テイチクに所属してんのかな、和真サン」　**カベル**「してるかもね。〈俺だけの女〉と言い切る和真サン、凄い自信家だね」　**セイウチ**「独占欲が強いのかもね」

幸せのォ〜とんぼがぁぁぁぁぁっ!

セイウチ「できれば〈短渕〉くらいにしてほしかったね。本名が東さんなのかな」 **カベル**「本家ほど鍛えていない感じだな、東渕サン。宜野座の出身で、宜野座の観光大使らしいぞ」 **セイウチ**「上のコレは?　けんショウセ?」 **カベル**「ケンズハウスと書きたかったらしいな」

悦子熱唱!

セイウチ「どこかで聞いたことあるかも、悦子先生」 **カベル**「でもそれがどこか覚えてないんだろ?」 **セイウチ**「この人は〈私でよければ〉じゃないね。もう少しプライド高い感じ。先生だけに」

マークさんにクラッカー6枚！（笑点風）

セイウチ「クラッカーって、あのボロボロするクラッカー？　リッツとかの」 **カベル**「残念ながらそのようだな」 **セイウチ**「6枚を58秒34って、口がパサパサしても平気なんだねマークさん」 **カベル**「横断幕まで作ってしょうがねーなマークさん」 **セイウチ**「……っていうか6枚で58秒34って、破れねー？　その記録」 **カベル**「王座転落は目の前だな、マークさん」

ミュージック付き！

カベル「何するんだろうね、ちーさん」 **セイウチ**「ステージで血管手術とか。ドクターだけに」 **カベル**「ゆんたくライブってことは、ただしゃべるだけ？」 **セイウチ**「でもミュージックの会だから歌うんじゃないの？ 医者でありタレント、すごいね。西川史子みたいだね」 **カベル**「……微妙に違わねーか？　そのたとえは」

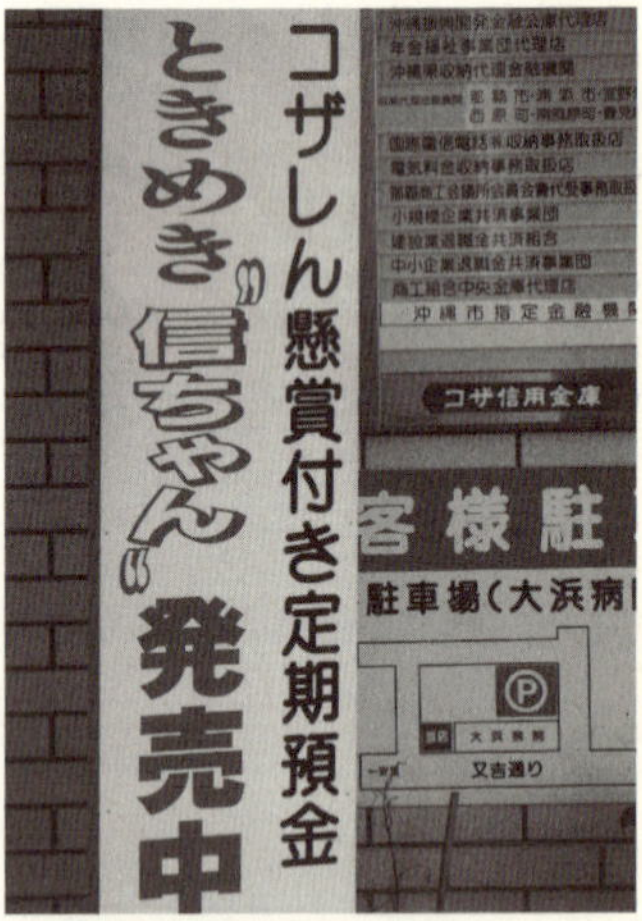

「金丸 信」だったらどうする？

カベル「お前コザにいたんだから知らねー？　信ちゃん」 **セイウチ**「ううん知らない。〈信ちゃん〉は漢字なのに、〈コザしん〉に略すと平仮名だね」 **カベル**「またどーでもいい所ばっか見やがって。懸賞って、何が当たるのかな？」 **セイウチ**「広島がキャンプに来て、順位当てたら利息変わるぞ、みたいな」

⬆ ある意味デラックスだね!

ダッダーン!　ぼよよんぼよよん(ふと思い出した。懐)

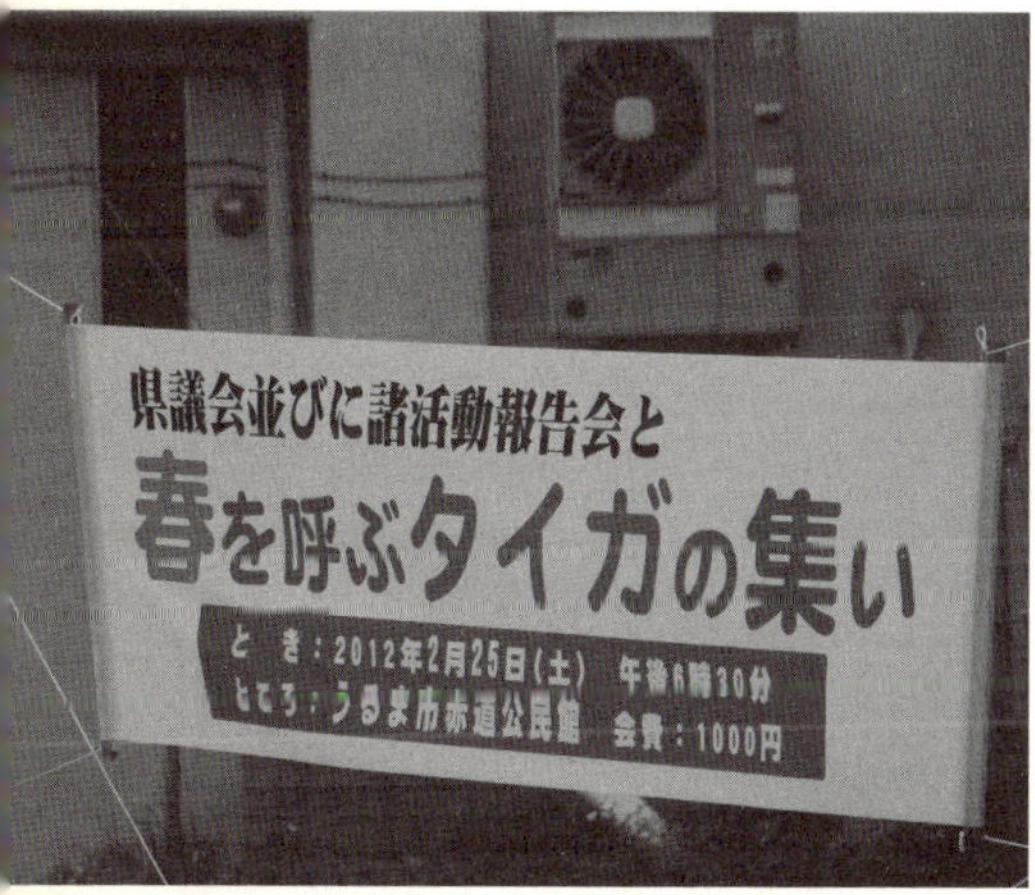

⬆ ツンドラも呼べ

セイウチ「凄いね、春を呼ぶんだね。悠久の〜みたいな感じだけど」 **カベル**「それは大河ドラマのタイガだな。俺はシベリアとかのタイガかと思ったけど」 **カベル**「県はそんな活動もするんだね」

⬆ 啓子はクラスの人気者

ただし彼氏はいない。男子はけっこうお前に引いていることに気づけ啓子。笑うよりも悲しいし大天使ワラエル

⬆ 関根または山崎

セイウチ「沖縄的に呼ぶと〈つーとー〉だね」 **カベル**「高校生のとき、深夜ラジオでコサキン聴いてたら関根さんが〈娘が生まれました。麻里と名づけました！〉って喜んでて。その麻里がもう結婚するのどうのだもんな」

セイウチ「上のコレは回ってないの?　止まってんの?」

カベル「相変わらず俺のコメントは完全無視か?」

↑ライバル

カベル「これは凄いぞ。道を挟んで斜め向かい合って、この2軒が立っていたぞ」 **セイウチ**「まさちゃんが、ちょっと勝ってるね。女手ひとつで弁当作って子どもを育てて頑張ってるんだよ、きっと。沖縄じゃよくあるハナシだね」

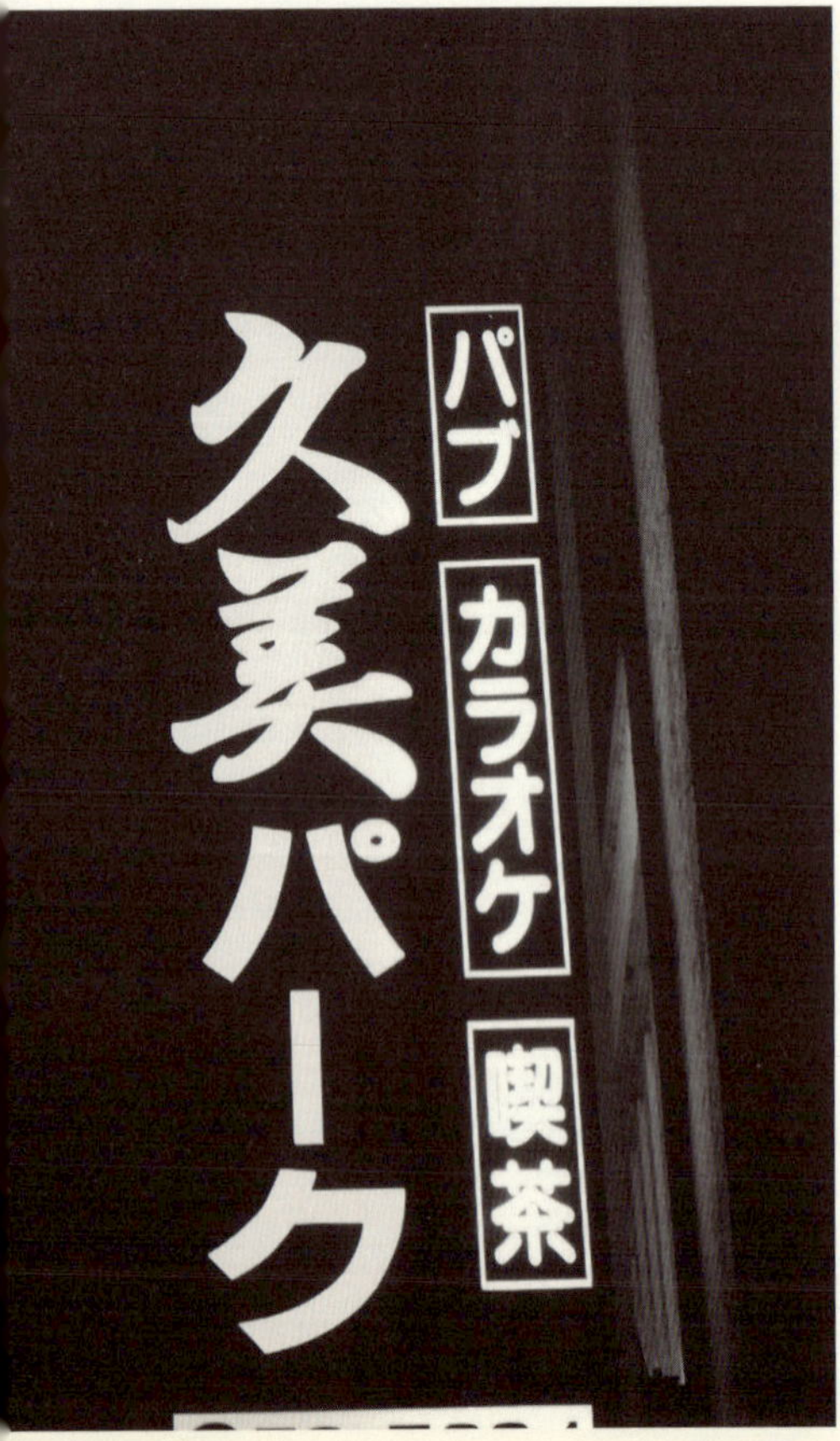

↑もしもし、わたし利香ちゃん❤

セイウチ「中国人の〈りこう〉さんかもね。〈ワタシ、オキナワキテナガイヨー〉って感じ」 **カベル**「名前は若いけど、店構えからして若くなさそうだな、利香」

←新しい・テーマパーク

セイウチ「凄いね久美パーク！　テーマが久美だよ、どーする?」 **カベル**「お酌するのも久美、料理を出すのも久美、勘定を計算するのも久美」 **セイウチ**「出ずっぱりだね久美！」 **カベル**「そーいうもんだろ、スナックってのは」

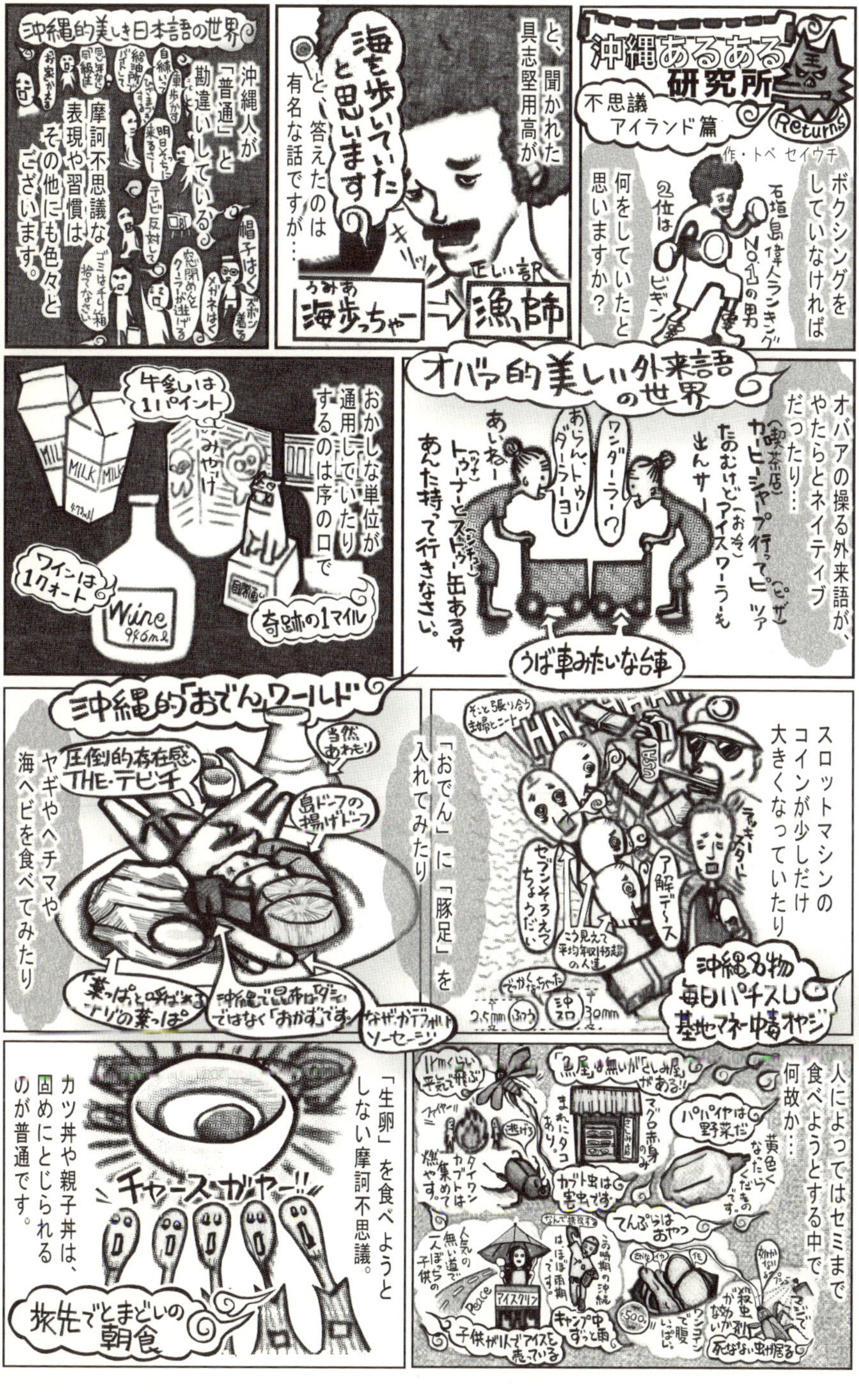
沖縄あるある研究所
不思議アイランド篇
Returns
作・トベ セイウチ
ボクシングをしていなければ
石垣島偉人ランキングNo.1の男
2位はビギン
何をしていたと思いますか？
と、聞かれた具志堅用高が
海を歩いていたと思います
と、答えたのは有名な話ですが…
キリッ
海歩《うみあ》っちゃー
正しい訳
漁師
沖縄的美しき日本語の世界
沖縄人が「普通」と勘違いしている
摩訶不思議な表現や習慣は
その他にも色々とございます。
帽子はく
ズボン着る
メガネはく
窓閉めんとクーラーが逃げる
車歩かす
明日そっちに来るさー
テレビ反対して
自練いって
ひざまづきする
給油所でバイトして
同い年なら同級生
お家かえる
ゴミはチリ箱
捨てなさい
オバアの操る外来語が、やたらとネイティブだったり…
オバア的美しい外来語の世界
(喫茶店)
カーヒーシャープ行って、ピッツァ(ピザ)
たのむけどアイスワーラー(お冷)も出んサー
ワンダーラーワ？
あらん、トゥーダーラーヨー
あいねー
トゥーナー(ツナ)とストゥー(シチュー)缶あるサ
あんた持って行きなさい。
うば車みたいな台車
おかしな単位が通用していたりするのは序の口で
牛乳は1パイント
MILK
473ml
みやげ
ワインは1クォート
Wine
946ml
奇跡の1マイル
スロットマシンのコインが少しだけ大きくなっていたり
そこと張り合う主婦とニート
HA
USA
ラッキースタート
了解デ～ス
セブンそろえてちょうだい
こう見えて平均年収1千万超の人達
でっかくなっちゃった
2.5mm
ふつう
沖スロ
30mm
沖縄名物
毎日パチスロ
基地マネー中毒オヤジ
「おでん」に「豚足」を入れてみたり
ヤギやヘチマや海ヘビを食べてみたり
沖縄的「おでん」ワールド
当然あわもり
圧倒的存在感、THE・テビチ
島ドーフの揚げドーフ
「葉っぱ」と呼ばれるナゾの葉っぱ
沖縄で昆布は「ダシ」ではなく「おかず」です。
なぜかデフォルトソーセージ
人によってはセミまで食べようとする中で何故か…
1kmくらい平気で飛ぶ
「魚屋」は無いが「さしみ屋」がある!!
まれにタコあり。
マグロ赤身のみ
さしみ店
パパイヤは野菜だ
黄色くなったらくだものです。
ファイヤー!!
逃げろ
タイワンカブトは集めて燃やす。
カブト虫は害虫です
てんぷらはおやつ
なんで誘致する
この時期の沖縄はほぼ雨期です。
キャンプ中ずっと雨
人気の無い道で一人ぼっちの子供
Peace
アイスクリン
子供が1人でアイスを売っている
さかな
イカ
もずく
500
ワンコインで腹いっぱい。
効かないよ
マジで
殺虫剤が効かない
死なない虫が居る
「生卵」を食べようとしない摩訶不思議。
カツ丼や親子丼は、固めにとじられるのが普通です。
チャースガヤー!!
旅先でとまどいの朝食

とりあえず、すすめる人々

お客様のご希望からほど遠いこちらの品物はいかが？

この春、宮古島で泊まった某ビジネスホテル。朝はロビーでパン食べ放題&コーヒー飲み放題なので、昼と夜の分まで食べつくすつもりで（だってお金がなかったんだもん！）イソイソと足を運んだ。

……たった2種類か、パン。フワフワ感がなく、しぼんだロールパンは、係のオバちゃんが並べるときにギューッとワシづかみにしたのだろうか。そして全くサクサクしない、シナシナのクロワッサン。ベロンベロンのマーガリンと、甘みも酸味もないイチゴジャムをつけて、ひたすら食べる。オカズなし。

わびしい。イギリス時代のコンチネンタルブレックファーストが懐かしいなあ……（↑一週間旅行しただけだろうが！）。まあいっか。コーヒーを飲んで、気を取り直して出かけよう。グビリ。

なんじゃあこりゃあ（©優作先輩）！　ぬるいぞ！　猫が舌をベロンと浸しても余裕で飲めるくらいぬるい！　シナシナパンは許せても、これは許せん！　僕は係のオバちゃんに訴えた。

「コーヒーぬるいんですけど！」

ここで問題です。オバちゃんはこう答えました。

「□□□なら熱いの飲めますよ」

空欄に入る言葉は何でしょう？　①紅茶　②日本茶　③味噌汁

だから正解が③味噌汁って、どういうことなんだよ！　パンとコーヒーモーニングで味噌汁用意してどんすんだよ！

と思ったけど、タダで飲めるのでもらった。味噌汁はマホーびんに入っていて、「給湯」ボタンを押すと出てきた。そんな味噌汁だから、もちろん具はナシ。いい加減にしろ。

ってな具合で沖縄では、お目当てのものがない場合、全く代用にならないものを代用品としてすすめられることが多い。ついこの前も、石垣空港売店でみやげを物色中に、それは起こった。

最近人気の「しっとり黒糖ブラウニー」を探していたが、ない。「黒糖ブラウニーは置いていませんか？」と聞くと、売り子のオバちゃんは、隣の棚にヒョイと手を伸ばし、あるものをつかんでこう言った。

「こういったオニギリカマボコなんて、いかがでしょう？」

ぐあああっ！　「こういった」って何だよ「こういった」ってのはよ!?　さらに「これ最近入荷したけど、まだ一つも売れないサー」と沖縄限定プリングルス（ポテチだよ）まですすめてくるのだった。すすめてどうする。

沖縄限定プリングルス
買って(泣)

しかしすすめるのが「品物」ならまだいい。

那覇の喫茶店で、現地の男友達と話していた。彼は最近、彼女とうまくいっていないという。その話を小耳に挟んだ店のママが、さりげなくこう言った。

「私の娘はどう？　バツイチだけど！」

……沖縄のオバちゃんは、そこにあるものを、とりあえずすすめる。しかしそれが当人の希望に合うかどうか、そしてすすめたあとどうなるか考える「配慮」という概念は、そこにはない。

オリジナルは私たちですけど何か!?

「東京にもオデンあるわけ?」と普通に言われ驚いた!

那覇をブラブラとブラブラしていたら、腹が減った。ホテルの食べ放題ランチ1500円を見つけ、気がついたら突入していた。

ある、ある、ある(100人に聞きました)。カレーに寿司に唐揚げ、思い描いた通りの食べ放題メニューが目の前にズラーッ! もちろん全品取って食べつくし、2巡めに入ってまた食べつくす。ホテルの食べ放題だけあって、律儀に料理名が書かれている。春巻き、焼き餃子、和風おでんに焼きソバに…。

ちょっと待て。

「和風おでん」と言われても、おでんはそもそも「和風」じゃねーのか?

厨房で寿司を握る板長をつかまえて、疑問をぶつけてみた。

「ほら、おでんってテビチ入ってるでしょ。それが和風だと入っていないから、書いておくわけサー」

新メニュー『和風おでん!』(怒)
オレ達がオリジナルじゃねーのかよ※(チクワ談)
"和風"よばわりすんなドアホ!(大根談)
よろぴく〜!!

あくまで本土おでんを「和風」と言い切る気か! まるで「まず沖縄式おでんが最初にあり、本土オデンはあとから生まれた」と言わんばかりだ。「カラシつけるといいさー」(知ってるわい!)とまで上から言われ、僕は思わずチクワをストローにしてダシ汁を吸うなどワケわかんねーリアクションをしてしまうのだった。

「大阪でも大人気! お好み焼き&タコ焼き!」

国際通りで見た貼り紙に、それはヌケヌケと書かれていた。「タコライスと違ってタコ入ってるよ!」と売り子オヤジはヌケヌケと言った。再び知ってるわい!

そんな風に「自分たちがオリジナルである」かのように主張する彼らだが、本当のオリジナル商品を他県によく奪われる。それも小さな品物ではなく、すげー大きい奴を!

サツマ芋が最初に伝来したのは、鹿児島ではなく沖縄である。「琉球空手」じゃなくて、空手はそもそも沖縄発祥である。

極めつき。以前、鹿児島県「特産品リスト」に泡盛が掲載されてしまい、けっこうモメたことがある。

そんな苦い経験が、沖縄県民を闇雲な「オリジナル主張」に走らせている…のかどうか、オイラにゃよくわからねーでごわす(←鹿児島風)。

はみだしぶちくんこーなー

路線バスの車窓越し、さりげなく目に飛び込んできた空手教室のポスター。「子どもクラス、おやじクラス生徒募集中」って言われても! 加齢臭が充満する、おやじクラスの授業風景を想像しながら、なんだか気が遠くなる沖縄の午後なのである。

商品名が普通名詞な人々

違いのわからないオイラもゴールドブレンドな午後

「アンタ、もう出かけるの?」

荷物をまとめ、玄関で靴を履きかけた僕を主人が呼びとめた。1泊2日でお邪魔した民宿。前夜に知り合ったばかりの主人が、古くからの友達のように温かくて、なかなか宿を出られない。「お茶淹れるから、一杯飲んでいきなさい」――言われるまま靴を脱ぎ、背中から荷物を下ろしゆんたく部屋へ。コポコポとお湯が注がれる音。コーヒーの香り。

「ネスカフェ淹れたよ。どうぞ」

ありがとうございます。馥郁《ふくいく》たるネスカフェの香りが、指先の隅々まで染み渡って……。

待て。

ご主人、アンタは豆を挽いてドリップしてコーヒー淹れていた。断じて「ネスカフェ」ではないだろう!

「ええ? これネスカフェだよー」

僕の素朴な疑問に、主人はノホホンと答えた。どうやら主人はコーヒー全般を、ブラジルだろうがブルーマウンテンだろうが「ネスカフェ」と総称しているようだ。

ちなみに紅茶は全て「リプトン」と呼ぶそうだアハハ。ってのがこの主人だけかと思ったら、沖縄にすっごく多いんだね、あらゆるコーヒーをまとめて「ネスカフェ」って呼ぶ人。レストランで「食後のお飲み物は?」と聞かれ「ネスカフェね」と即答するご婦人。カフェでもメニューをザーッと見て「ここはネスカフェないの? ダメだねー」と文句言ってるオヤジを見たし。

そして同様の出来事は、けっこう頻繁に起こっている。

「ギャギャーンうぇええん!」

久米島に行くフェリーのデッキでありえない大泣き赤ん坊。オジイちゃんが慌ててあやしながら、オバアちゃんに一言。

「早く出して。ほらアレ、パンパース!」

そう言われてオバアちゃんが手渡したのは、しっかり「ムーニー」だった。オジイちゃんの中では、全てのオムツが「パンパース」なのだろう、きっと。ちなみにオジイちゃんはこの後、湖池屋のポテトチップスを指差して「そこのカルビー取って」とも言っていた。にゃはは。

まあこの辺までなら、なんとか解読もできる。でも。

「そこのナショナル取って!」

……それが「懐中電灯」だとは、お釈迦様でも気づくまい!

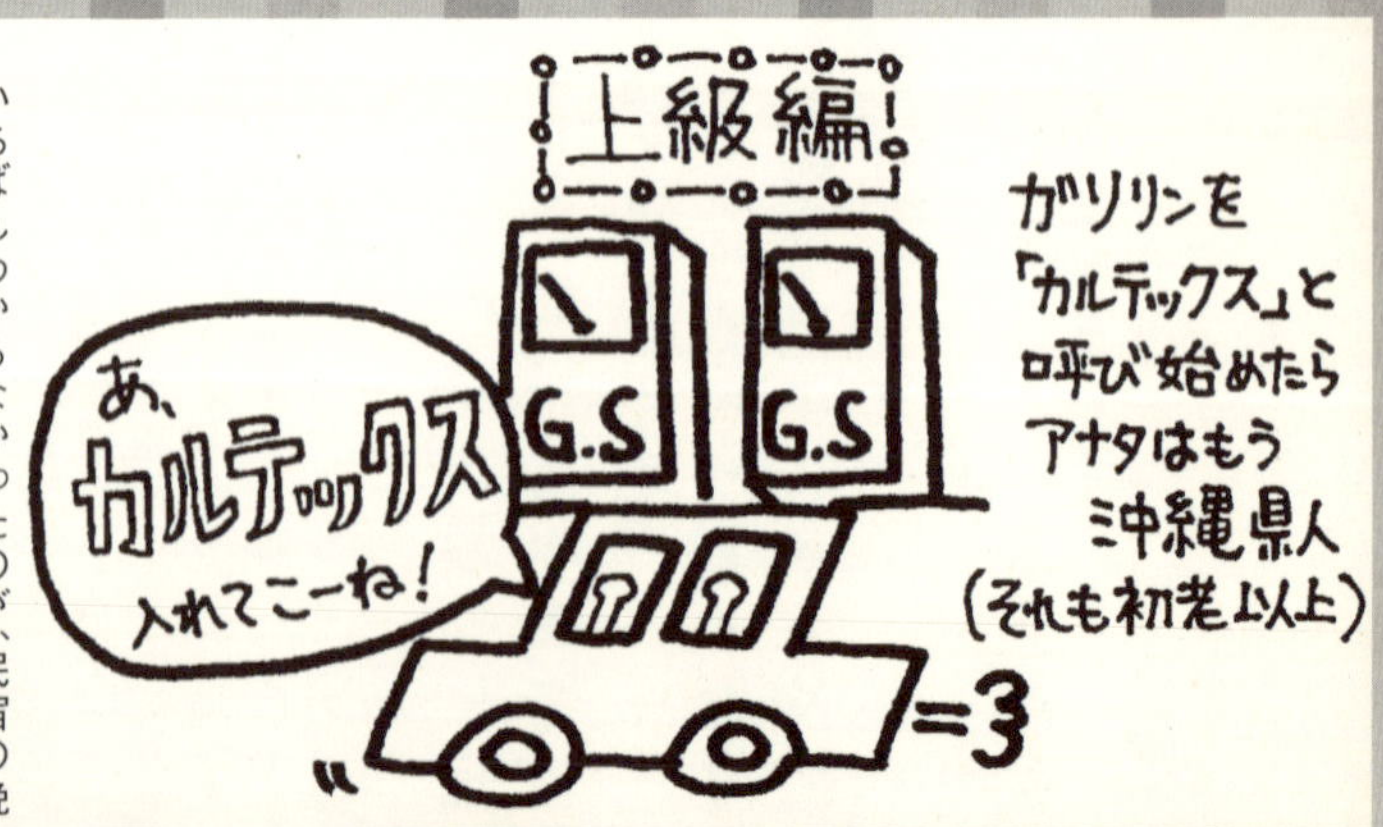
上級編!
G.S
G.S
あ、カルテックス入れてこーね!
ガソリンを「カルテックス」と呼び始めたらアナタはもう沖縄県人(それも初老以上)
=3

いちばんわからなかったのが、民宿の晩飯どき、サラダを食べる俺に宿のお母さんが言った。

「エゴーかける?」

元マヨラーである俺さえも(あ、処女作は『マヨネーズ大全』っす)、それが沖縄で愛食される舶来品「エゴーのマヨネーズ」

はみだしぶちくんこーなー

那覇から北部へ高速バスで移動中に、某インターを通過しようとしたバスが「おっとっとっと!」と慌てて車線変更!「ふー。道間違えるところだったねー」とつぶやくのを、俺に聞かれていたとは運転手氏も気づくまい! バスに乗りゃ目的地に着くと思ったら大間違い、それが沖縄なのさ。

だと、とっさに気づくことはできないのだった。沖縄に通って間もなく20年になるが、ウチナーグチ（沖縄方言）の世界を完全に理解できる日は、まだ遠い。

衝撃のクリームパン

クリームの材料を聞くと「ま、いろいろね」と言われた

本島の、とある港町。潮風を浴びて色あせた、木造の民家や商店が立ち並び、そこには昭和の風景が今も色濃く残っている。

アーケードに覆われた古い市場。スージグヮー（路地）をそぞろ歩くと、鼻先をくすぐるコーヒーの香り（ネスカフェではない、くれぐれも）。市場の片隅に小さな珈琲屋を見つけ、カウンター席に腰を下ろした。まだ若いマスターが、街の話をあれこれと教えてくれる。

「古いパン屋があります。お昼まだだったらどうぞ」――そう言われ、海沿いの道をブラブラ。ほどなく「○○パン」の看板は見つかった。

……えっ、これ？

ツタの絡まるチャペル、じゃなくて木造2階建ての一軒家。入口の引き戸のガラスに、古い手書きの品札がペタペタと貼られている。あんパン、クリームパン、メロンパン、バターパン。そして……。

クリームパンのブレイクを
快く思っていない
チョココロネ
←モスラの幼虫ではない。
ちくしょー！

ガラス越しに覗く店内が暗い。中は広くてパン焼き調理場らしく、その片隅に袋に入ったパンが無造作に積まれている。売り場も兼ねているようだが、なんてったって真っ暗、人がいない。でもパンがある以上買えるはずだ。

ウロウロした挙句、別に玄関らしき入口を発見。「御用のかたはこちらを」と書いてあるので、思い切って押してみる。ピンポーン。

「はーい」うわっ、出た。いるなら売り場にいてくれ。

「パン買いたいんですけどー」「はーい」……トントンと階段を下りる音がして、お母さん登場。

「メロンパンはねー、今日はもうないの」というわけで、あんパンとクリームパン、バターパンを購入。「この店？ 誰も継がないから私の代でもう終わりね」なんて話を聞き、パンを手に市場に戻った。

「あっ、買ったんですねクリームパン！」戻った瞬間に、マスターがウヒャヒャと笑った。なぜ笑う？

「クリームの色が凄いんです！」と言うので、半分に割ってみると……。

どっひゃーん！

現れたのは、目に突き刺さりそうに鮮やかな、まっ黄色のクリーム！ 蛍光塗料でも入れたか？ と疑いたくなるほど、クリームは怪しくキラキラと輝いている。そして甘い甘い香り！ どれくらい甘いかって？

「クリームパン買ったの？」「あー買ったんだー」と市場じゅうの人々が匂いに誘われ集まるほど、クリームは強烈な香りを放っているのだった。

ちなみに「バターパン」には、たっぷりとマーガリンが挟んであってダメ押しビックリなのだった。ウソつき。もう知らないプンプン！

私に話しかけるのは誰!?

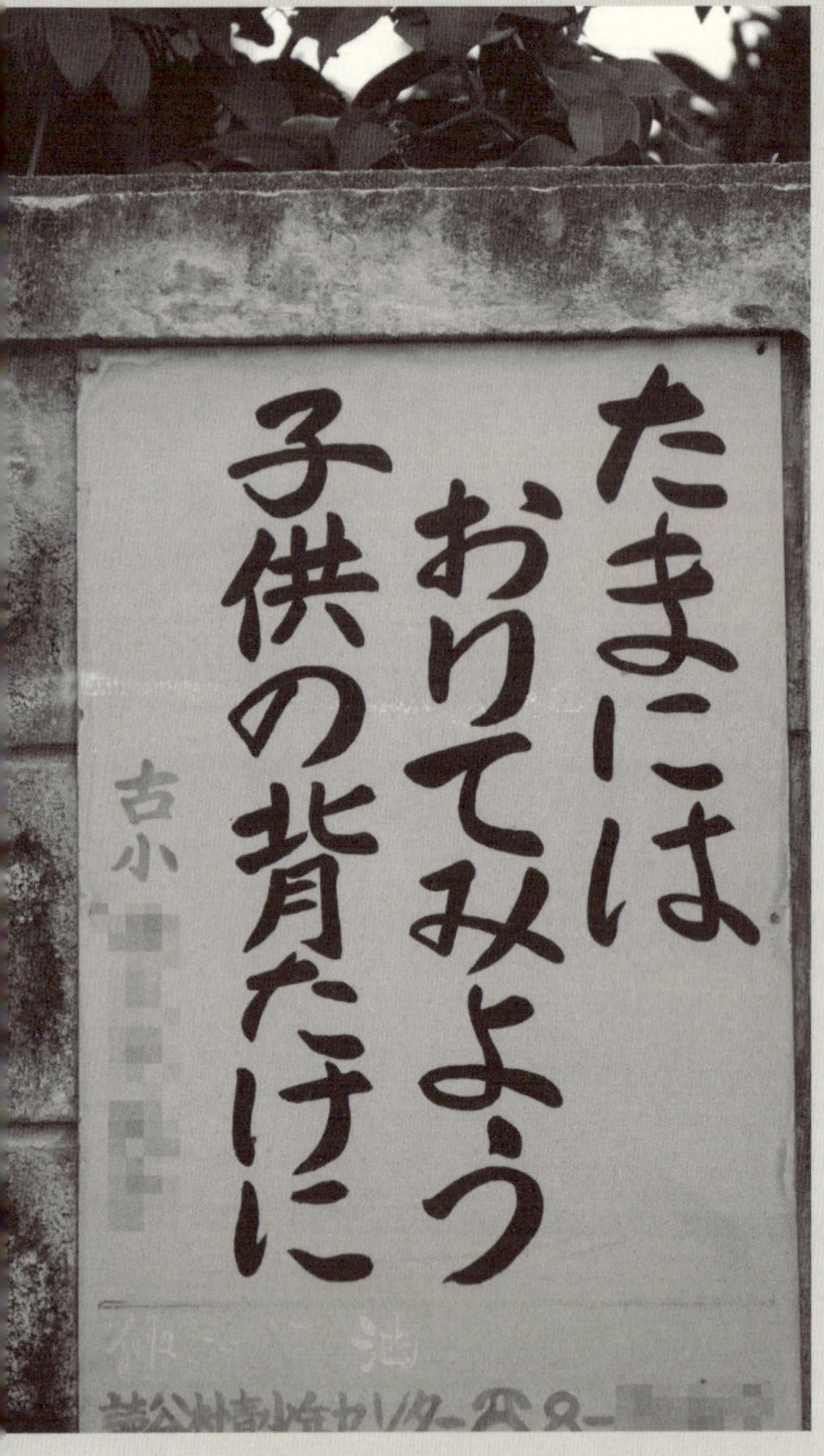
たまには
おりてみよう
子供の背たけに

それは子泣きじじいかもね

カベル「子ども＝小さいとは限らないけどな」

セイウチ「たまにいるよね。身長 180cm くらいの巨大小学生」

君がゴミを捨てダスト　他の人も捨てダスト

ゴミダジャレ3連発!

セイウチ「……ふーん、3つで限界って感じだね」（そしてアッサリ次のネタに行こうとする）　**カベル**「これを撮るために、わざわざバスを下りた俺の苦労に配慮しろ」

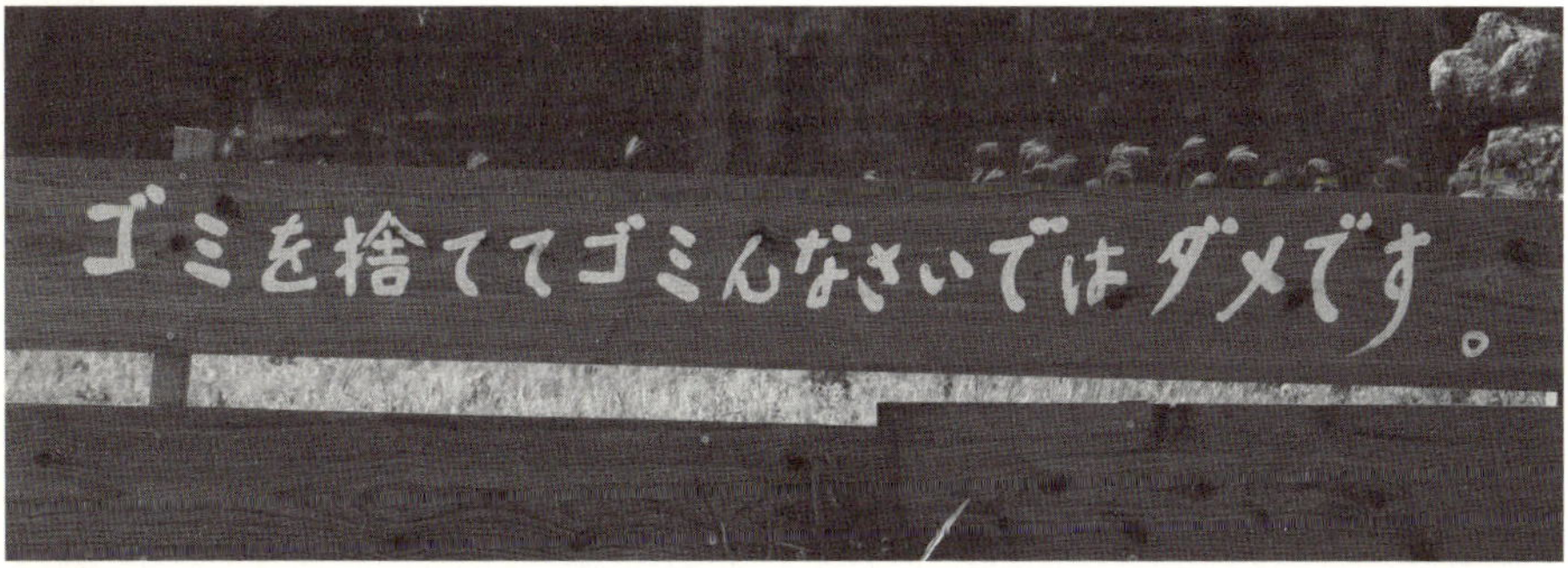
ゴミを捨ててゴミんなさいではダメです。

缶を捨てたら　アカン!!!

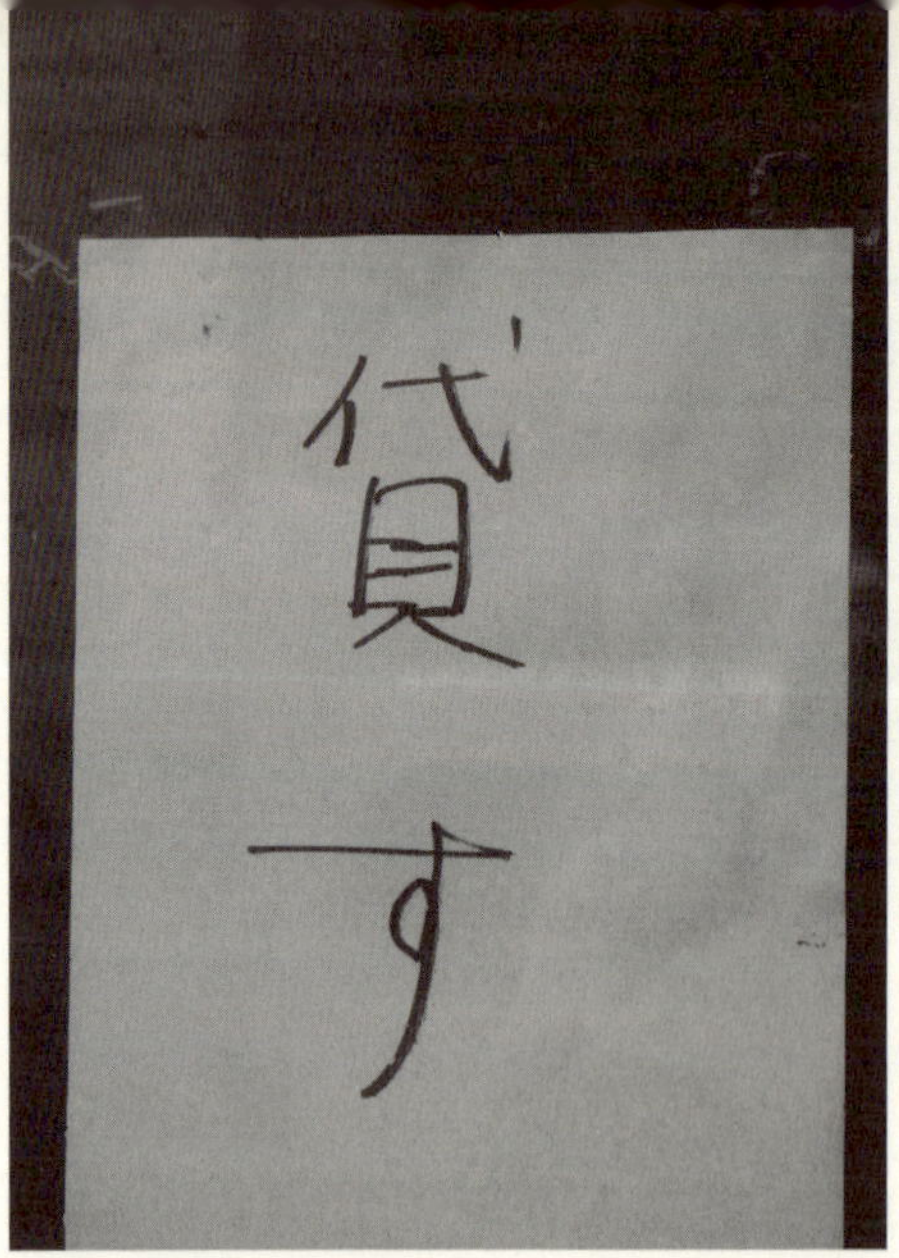

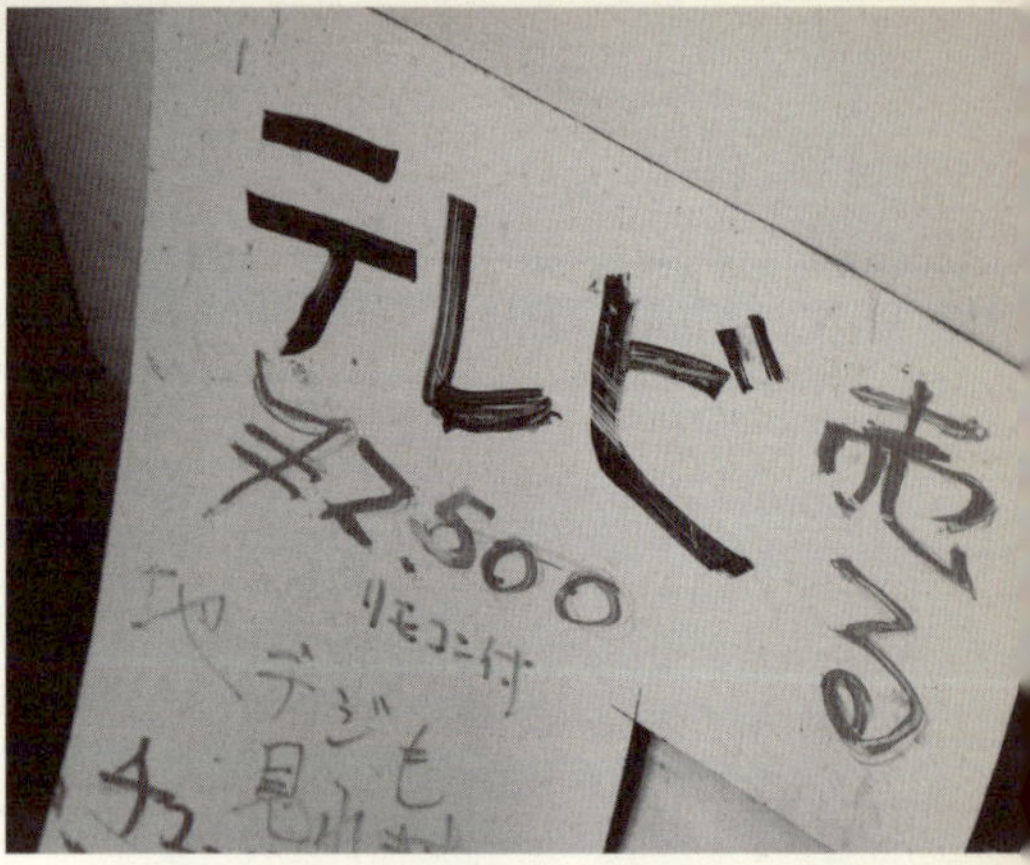

平身低頭vs傍若無人

セイウチ「懇願までして〈借りてください〉って、よっぽど借りてもらえないんだね2DK。霊でも憑いてるのかな」 **カベル**「〈貸す〉と上から言われた挙句、霊が憑いていたらイヤだな。テレビはどーする?」 **セイウチ**「下の〈チュ〉は〈チュー?〉売主の接吻つき?」 **カベル**「この字の感じからして、それもイヤだな」

真夏のクリアランスセール2連発!!

カベル「洋服ならバーゲン、野菜なら大安売りっていうのは服飾業界の思い上がりだね」 **セイウチ**「これ何?」 **カベル**「どれだよ?」 **セイウチ**「じゃんぐる」 **カベル**「店の名前だろうがよ!」

怒りの市場長!

セイウチ「うーん、農連の市場長知ってるんだけどね、いい人だよ」 **カベル**「積もり積もった何かが爆発したようだな、市場長」

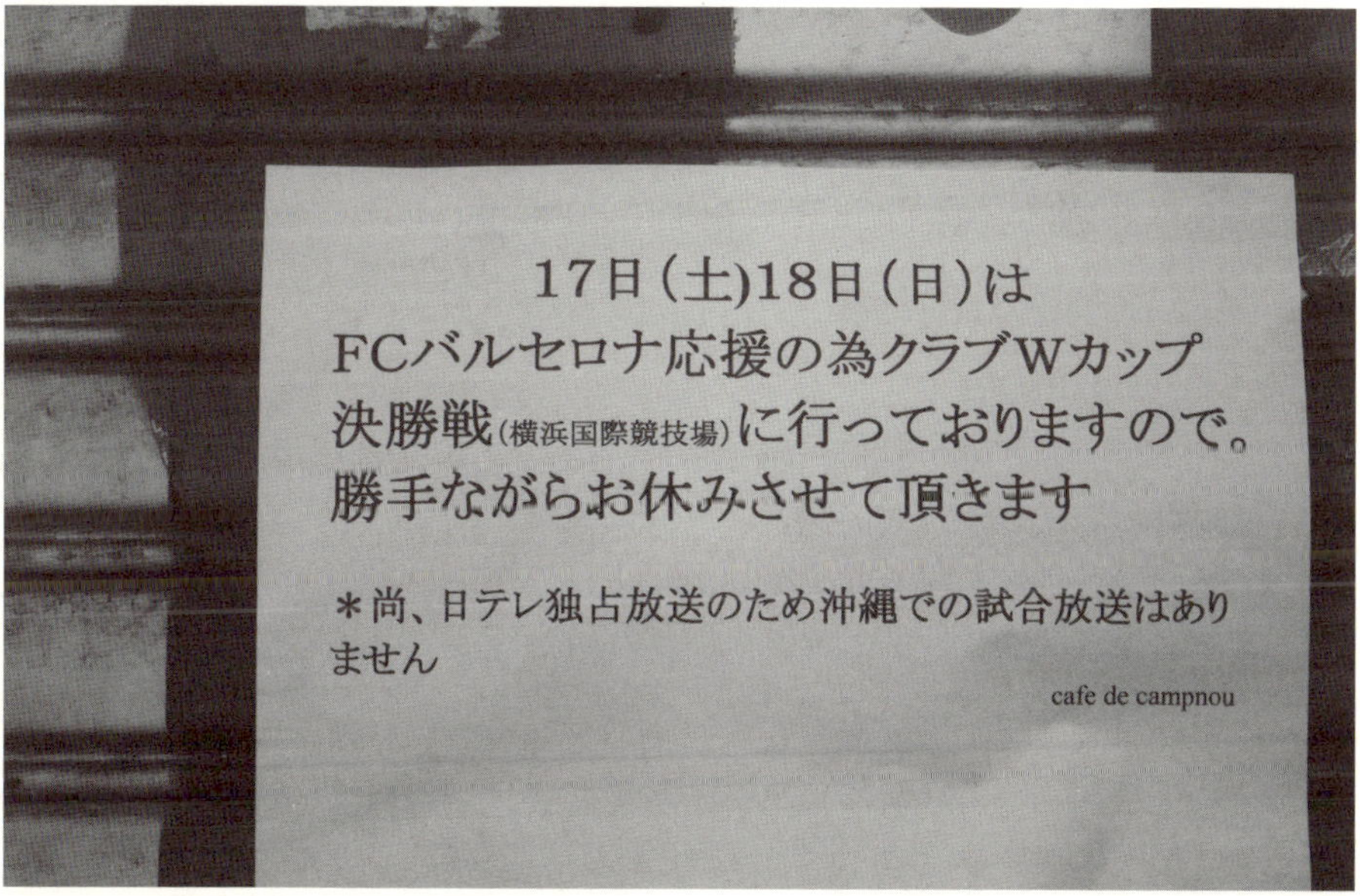

恨みの日テレ

俺は朝のワイドショーは『ZIP!』『スッキリ!!』派なのに、沖縄にいると「みの」「小倉」しか見られないのがキツい

↑欲張りすぎ

セイウチ「なんだっけ？　もう1回！　って感じだね」 **カベル**「そうだな」 **セイウチ**「いや聞いてたけどもう1回！　みたいな」 **カベル**「だから、そ･う･だ･な！（爆発寸前）」

↑まかせるものなんだね

カベル「吉野家だね。〈開いててよかった〉状態。んで何をまかせんの?」 **セイウチ**「仲介とか買い取りとか。売買得意だから任せなさいっていうハナシだね」 **カベル**「ふーん。生ぐせーな、なんか。ふーん」

⬆そんなことまで横断幕!

セイウチ「シラミが復活して流行ってるって聞いたよ、全国的に」
カベル「さりげなくマニュアル本9,800円の高価ぶりが気になるな」

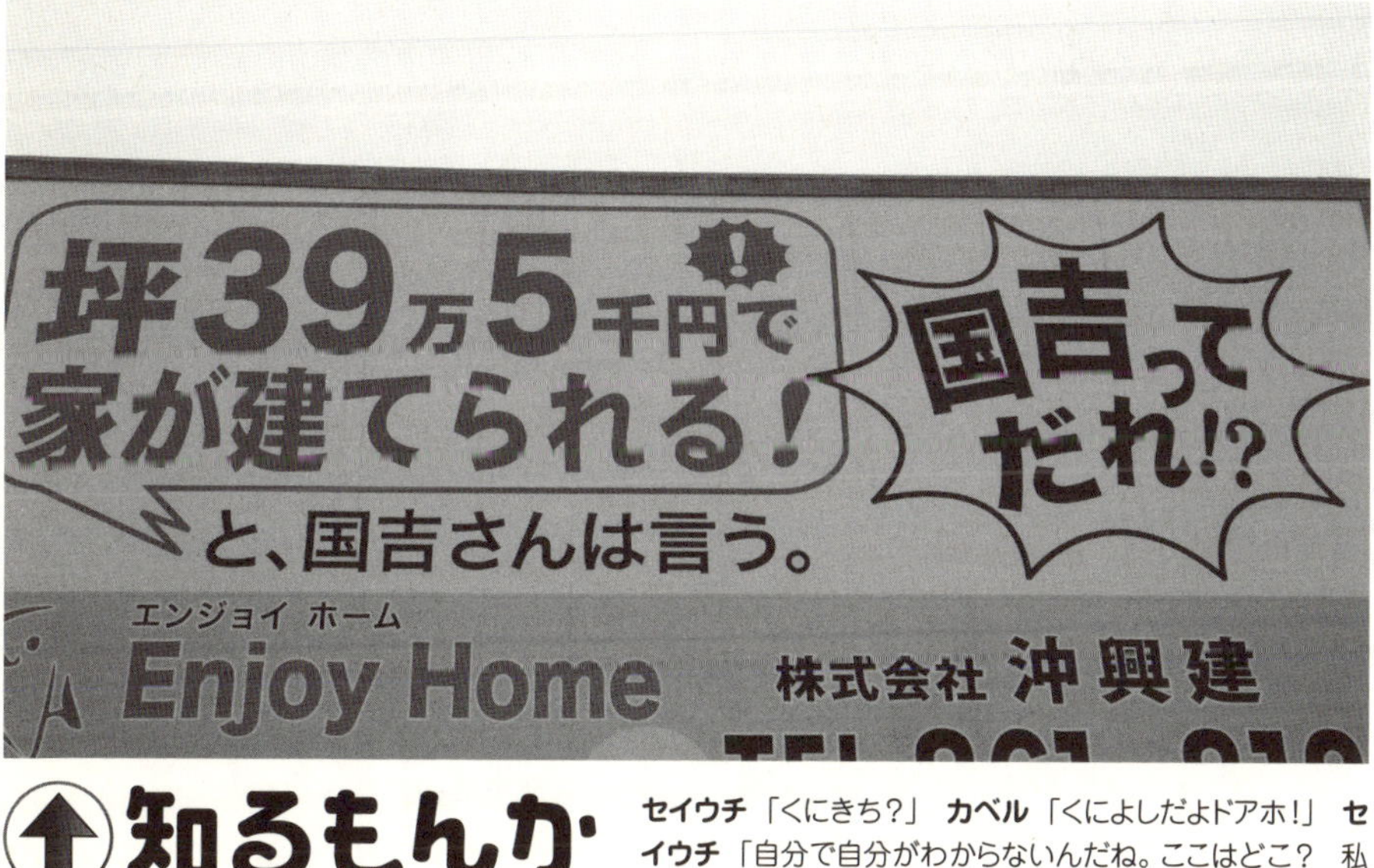

⬆知るもんか

セイウチ「くにきち?」 **カベル**「くによしだよドアホ!」 **セイウチ**「自分で自分がわからないんだね。ここはどこ? 私は誰?」 **カベル**「能瀬慶子かよ(しのぶちゃん)」

⬆ハブがウニョウニョストリート！

玉泉洞のハブ小屋で、小さな箱にハブを入れすぎて、ハブ同士が固結びになっているのを見たことがある

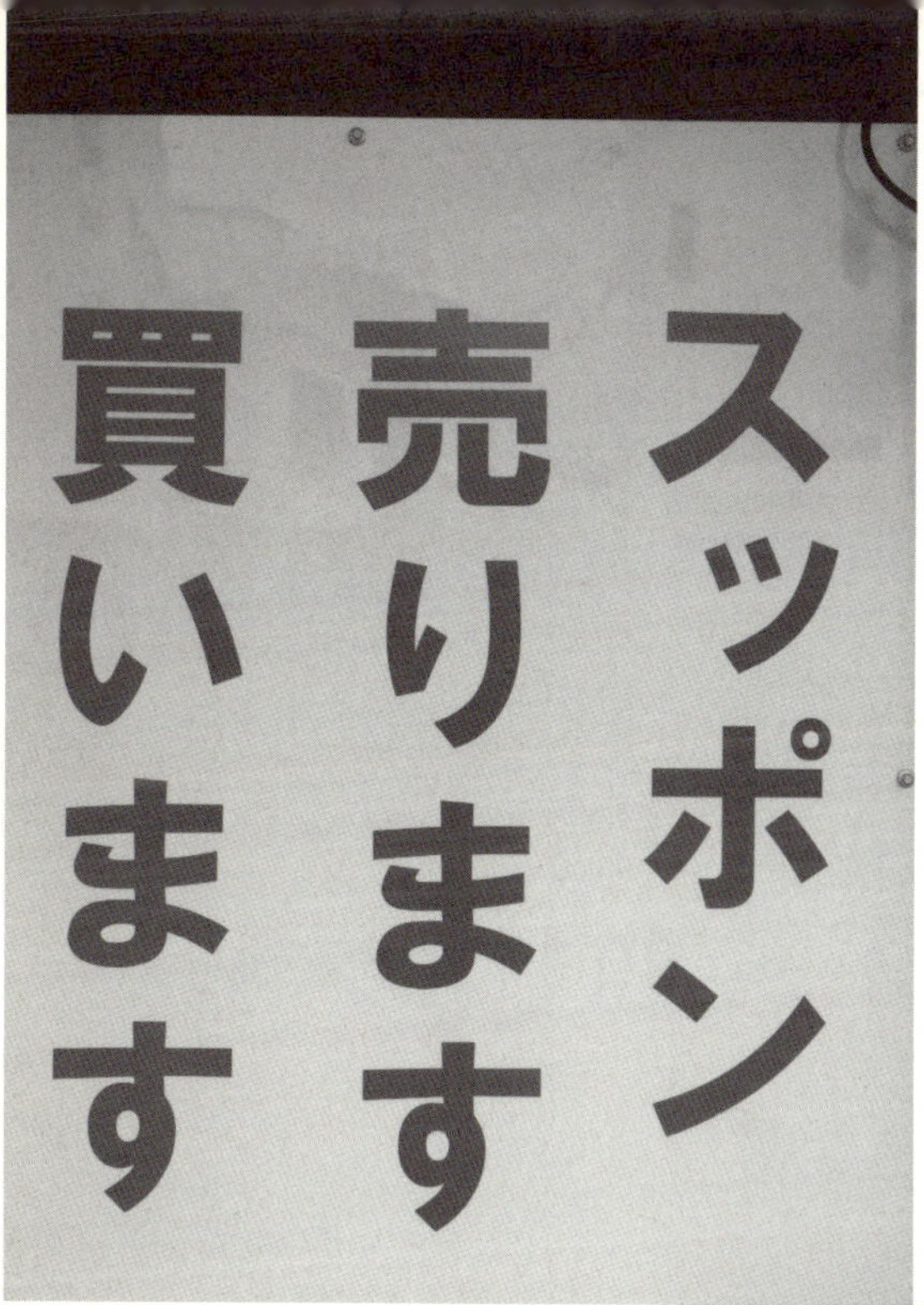
スッポン
売ります
買います

←スッポン取引

セイウチ「スッポン市場、あるんだねー。経済トピックス、今日のスッポン終値は～とか」 **カベル**「今日のスッポン上げ幅は…とか」 **セイウチ**「今日のスッポンは全面安に終始して…」 **カベル**「（キリがないので、やめる）どこで取り引きするんだか、スッポン」 **セイウチ**「そりゃ兜町でしょ。振袖のお姉さんにスッポンがかみついてもう大変！」

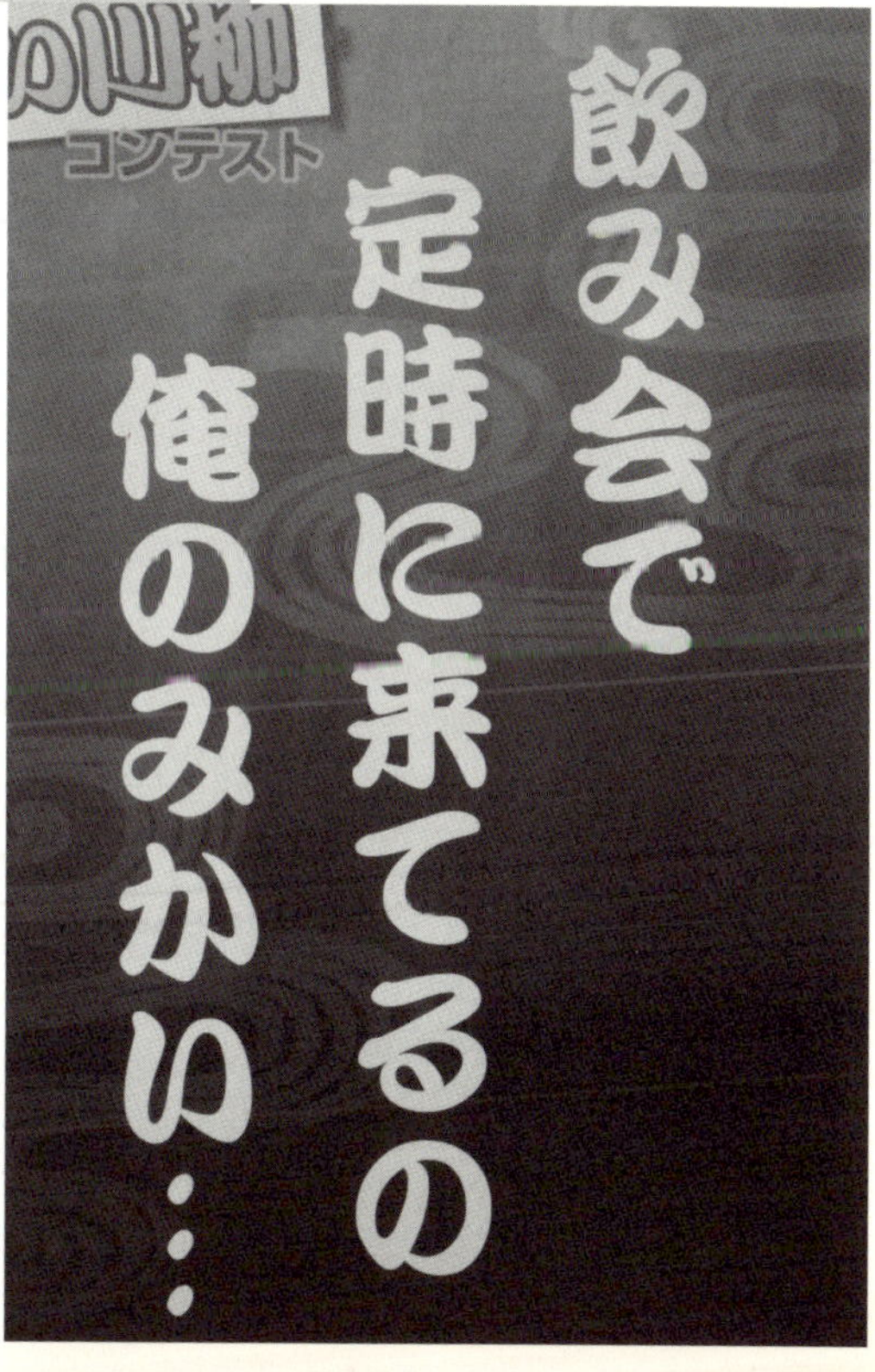
川柳
コンテスト
飲み会で
定時に来てるの
俺のみかい…

沖縄じゃ、いつものこと→

セイウチ「そうだよ、定時に来る奴が悪い！　定時に来るバカがどこにいる！」
カベル「今後お前との待ち合わせ、定時に行かねーからな、絶対！」

それは何を講演するのか!?

たぶん「脱法ハーブを吸うと大変なことになるからいけませんよ」と講演するのだろう、とさすがのオイラもフォロー。っていうか「あげな中」を「あ中」って略すのね

試しません。

セイウチ「コレも脱法ハーブ?」 **カベル**「一応ラベンダーとか普通のハーブらしいけど、ラリってんな確かに」 **セイウチ**「〈お試しください〉と言いつつ準備中だし。〈健康発信〉の文字も不健康だし」 **カベル**「だな」 ……そして2人とも「準備」の「準」の字が違うことに気づかないのだった。

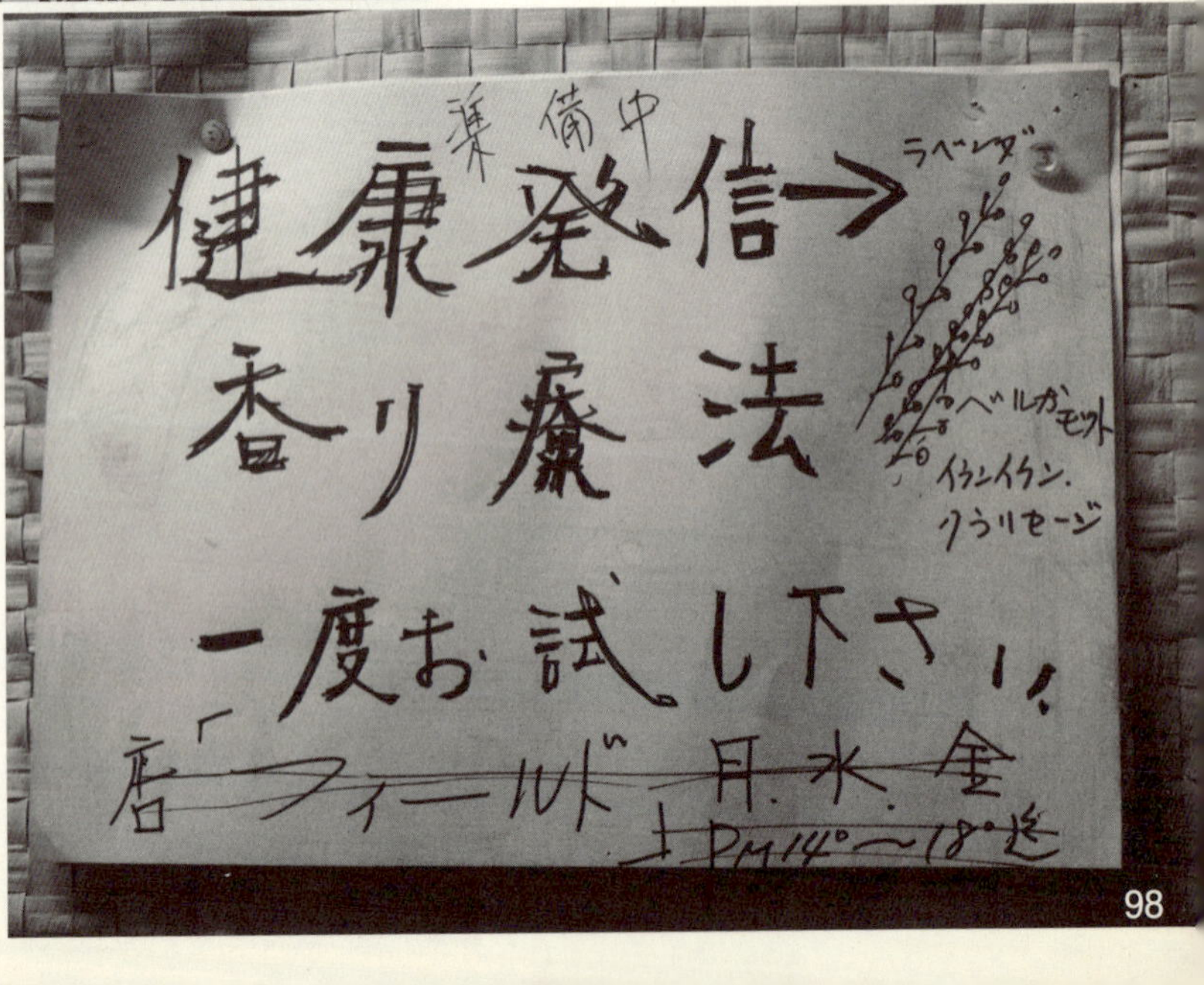

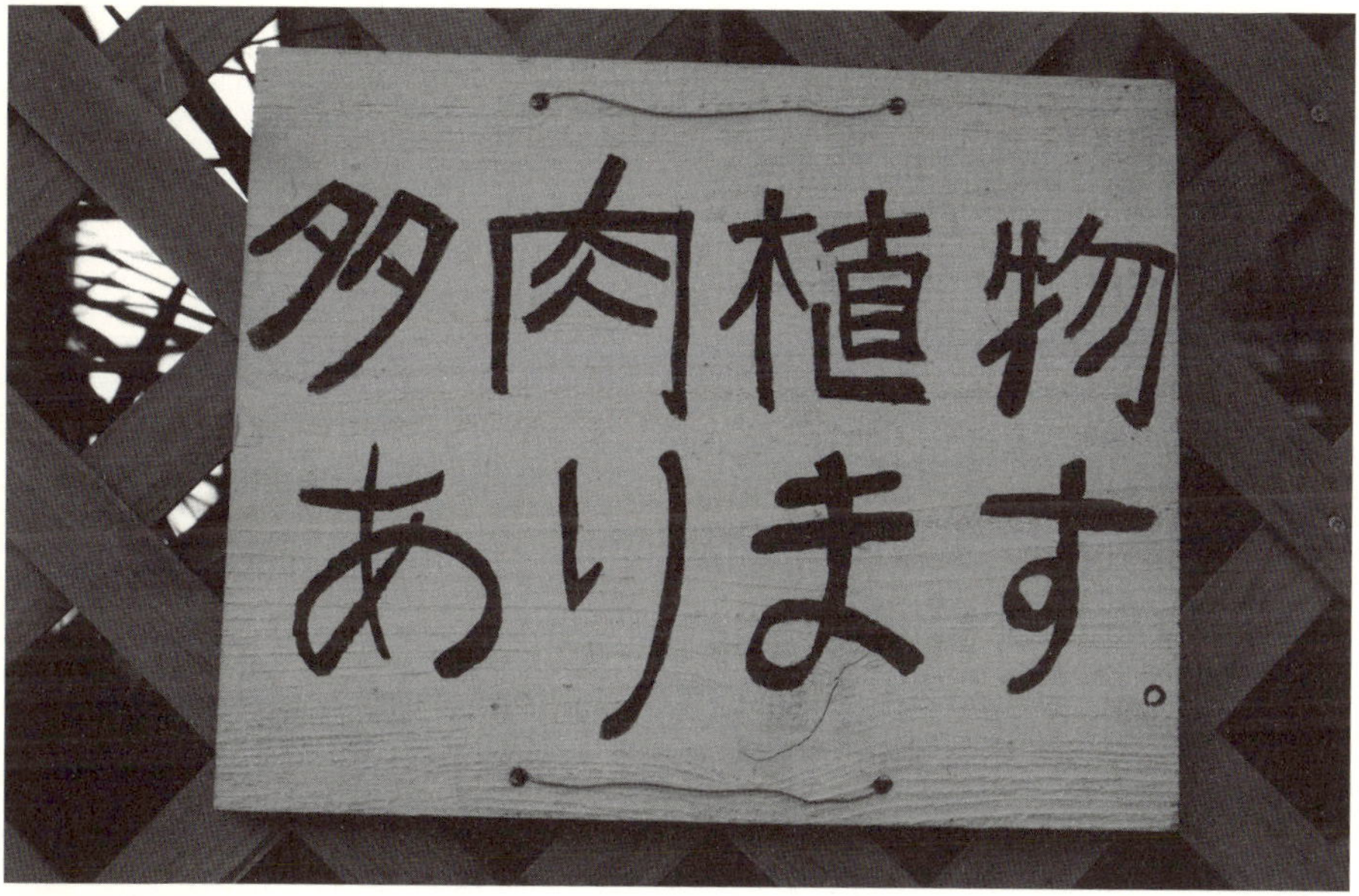

緑の恐怖

ワイアール星人。スフラン。サタンローズ。ザザーン。元・怪獣マニア的にその辺を思い出す

伐採だけに「木刈るに」なーんちゃって

オマケに「8・31・8」で「ばっさいや」と読ませる二段構え

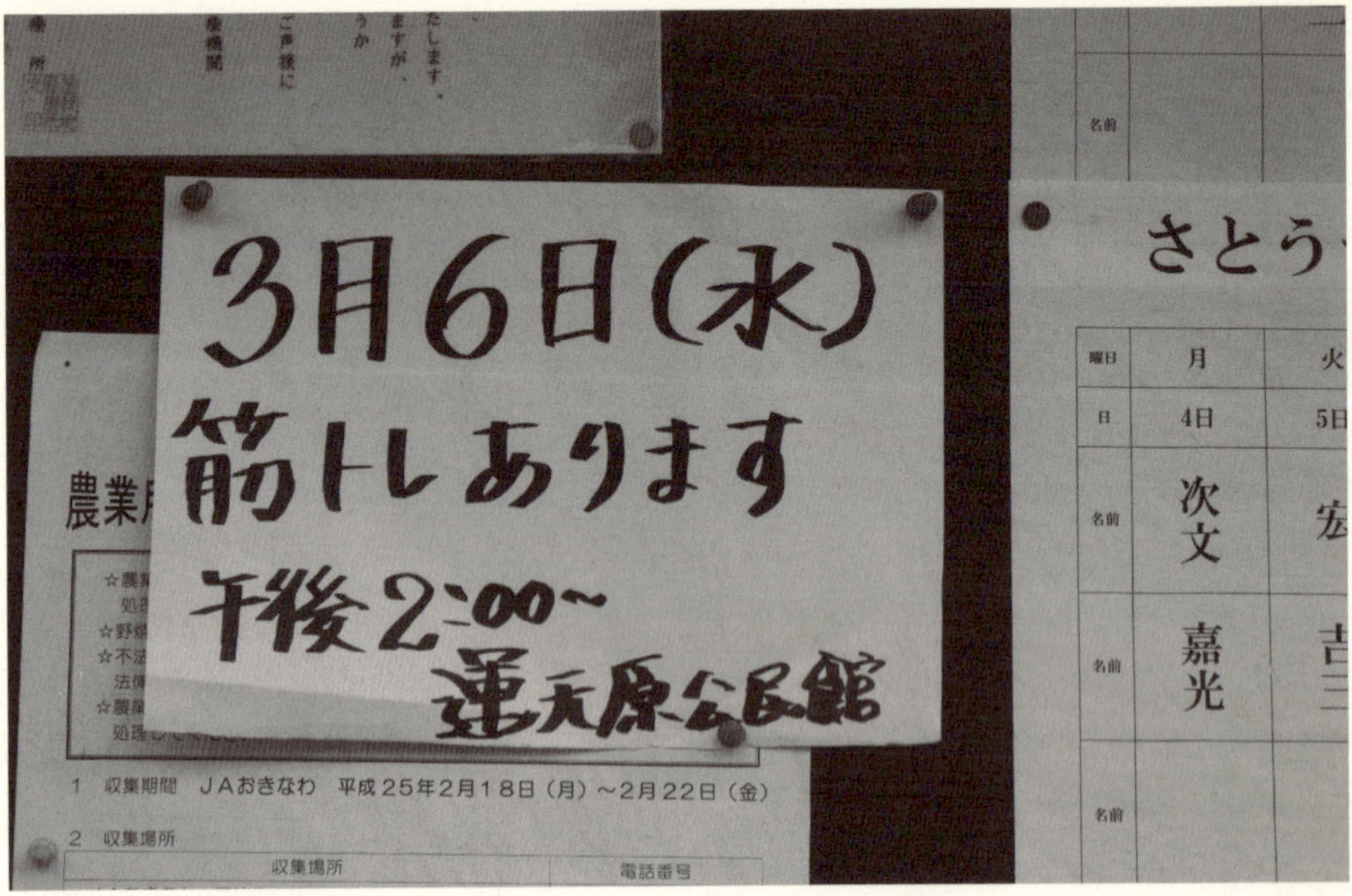

⬆村民マッチョ化計画

「沖縄には、村の人が全員マッチョな集落があります！」「ええーっ!?」（バカテレビ番組）

⬆ウンコは英語でなんと言う？

カベル「確かにウンコに相当する英語がないな」 **セイウチ**「SMの世界ではアレだね、ゴールド」 **カベル**「しねーけどな、SM」 **セイウチ**「CLEAN　UP　AFTER　ME！」 **カベル**「だからしねーっつーの！」

そこの君!

ちょっとそこの君!
6:30には帰りましょう
アンダー

セイウチ「あんだーそそ?」 **カベル**「アンダーソンだろ」 **セイウチ**「沖縄の人はね、カタカナのソとンの書き分けができないの」

ガンリン
リン

がんりん?

確かにできていない、「ン」と「ソ」の書き分けが

そこの君!
〈パート2〉

さあ何があった? っていうか「曲がり角にあるもの」は「曲がり角」ではないだろーか?

そのまがりかど なにがある
ちょっとまて、そこの君
5年
まりあ

どうもアルパカと
カピパラです
いつも安全運転ありがとう
WS WORLD SIGN

なぜお前ら が言う？

セイウチ「アルパカの前髪がアレだね、松本零二風だね」
カベル「そういえば古代進も鉄郎もこんな感じだな。俺はデビュー一周年を前に、突然ヘンな髪型にしたら、それが結局流行ったマッチかと思ったぞ」

UMA《未確認生物》が お出迎え♥

メンソーレ
入口です

店長「入口にシーサーの絵、描いといて」
バイト店員「えー、オレ絵なんて描けないっスよー」
店長「いいから描けってんだよ！」
というわけでサラサラッと描かれメンソーレ！

うん、ありがと。

セイウチ「あ、この人那覇の知り合い。一緒にサッカーやってたメンバー。いい人だよ、随分会ってないけど」 **カベル**「いい人なら家に行って会ってやれよ」

指図すんな！

セイウチ「確かに曲がりたくないね」
カベル「意地でも曲がるもんか！　という気分になったぞ」

コーヒー？ 紅茶？ それとも ファミリーナにする？ (古いわ！)

昭和の香り漂う「デコちゃん」とは一体…？

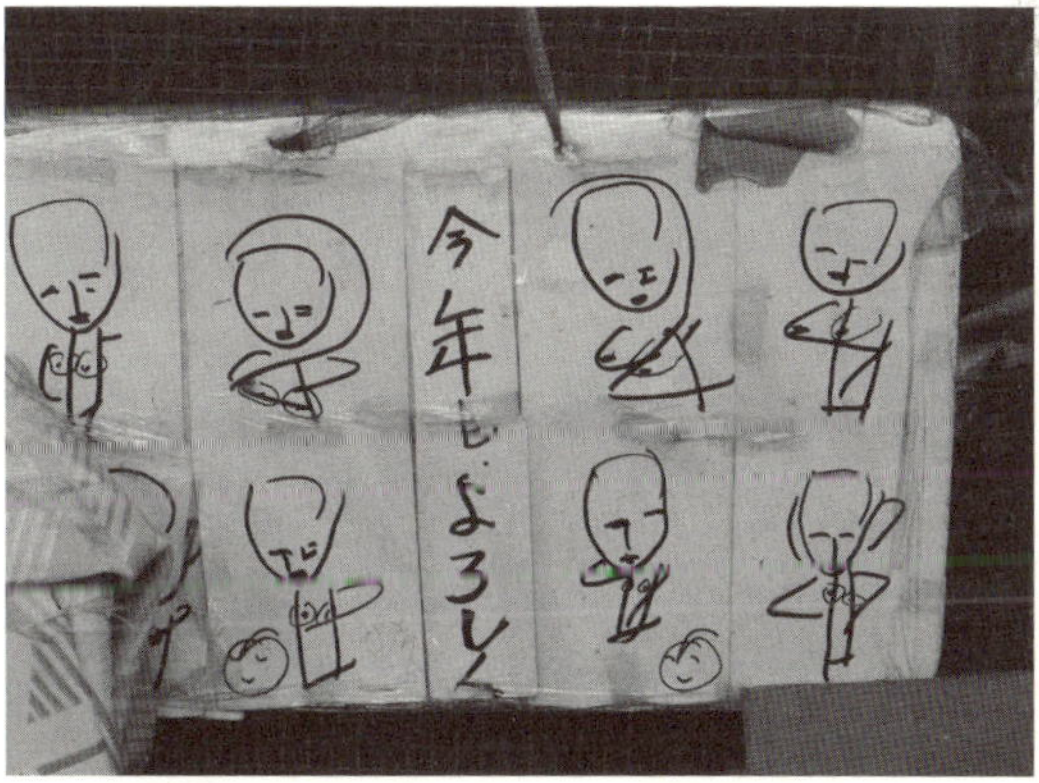

こちらこそ

セイウチ「オッパイ出してる人がいるね」
カベル「よく見ると全員、乳首がしっかり描かれているな」

祭りなのかよ!?

カベル「沖縄そばダイニングってどーゆーこと?」 **セイウチ**「そばがフルコース状態で別々に来るの。前菜が紅ショーガ、肉料理がソーキ。そして最後の〈お食事〉がそば」 **カベル**「そんなに気取っても〈わっしょい〉。コンセプトが統一感に欠けるな」

丸尾君とマリンブルー

カベル「海が似合わない男トップ10に入るだろう、丸尾君は」
セイウチ「随分ザーッと線が入ったね。海が怖いんだね、きっと」

※編集長クボタから「丸尾君て、だ〜れ〜?」とイチャモンが。「ちびまる子ちゃん」くらい見ておけっつーの！

ゴミは心の一部です!!

俺のゴミ箱だい！

みんなのゴミ箱ではなく個人のゴミ箱なら、家の中に置いてはどうか？ 花の絵が古い

見られた!?

セイウチ「どこから見てんのかな？」
カベル「この木の上からじゃねー？」

ぎくっ！

いつも全裸でゴメンなさい。明日からはゴミを出すときは服を着て…（そういう〈出し方〉ではない！）

許さん！

セイウチ「海外から来たユルさんじゃないよね」
カベル「そんなお前を俺はユルさん」

波はしゃべりません

セイウチ「右のコレは足場? 非常階段?」 **カベル**「作業員の声が聞こえそうだな」

急募!!

カベル「兄弟姉妹ならともかく、他人の制服でも〈おさがり〉って言うかな?」 **セイウチ**「いわゆるタダの古着だね」

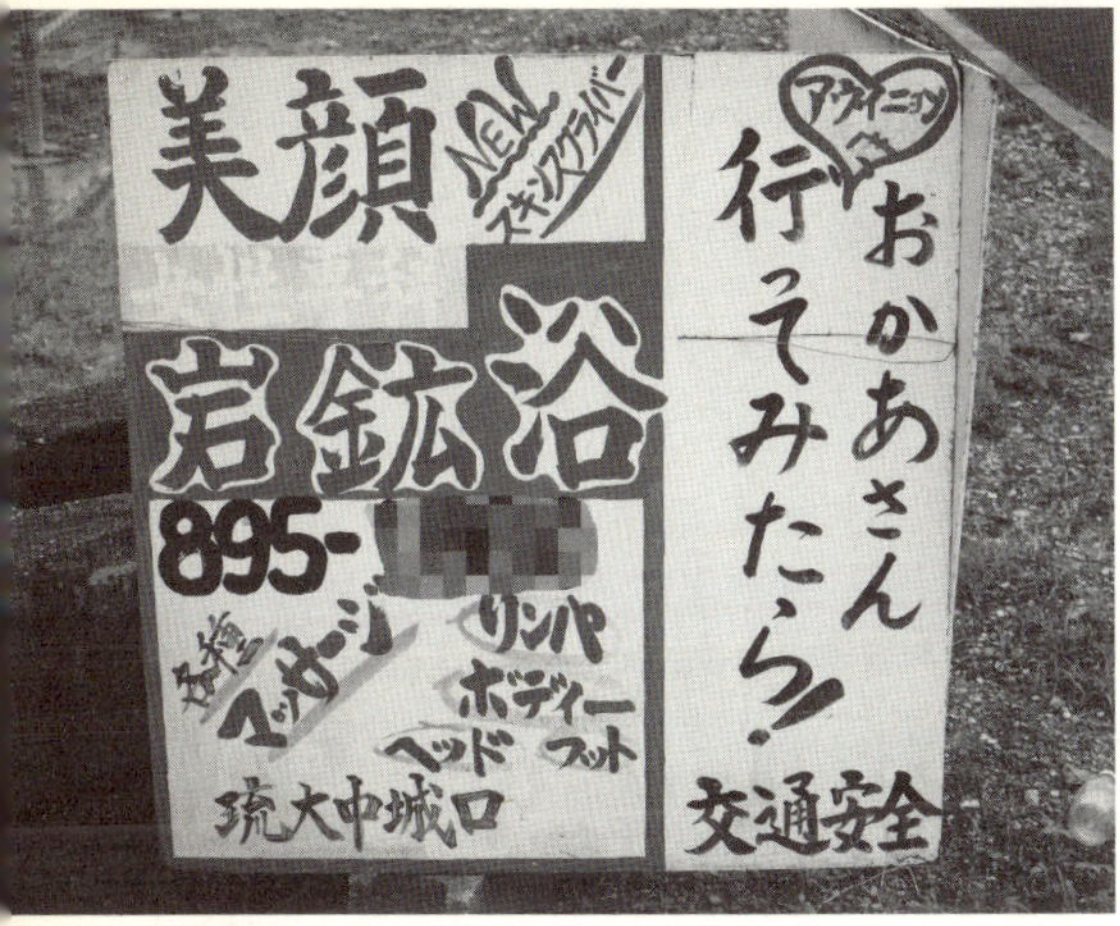

↑ ブスな母ほど引っ掛かる（コラッ）

カベル「〈がんこうよく〉ってあるんだな。なんかゴツゴツして痛そうだな」 **セイウチ**「これは、あういにょそ？ すきそすくらいばー？」 **カベル**「アヴィニョンじゃねーの？」 **セイウチ**「アヴィニョンってなに？」 **カベル**「知らん」

↑ どんだけボーボーなのか？

セイウチ「もしかして削るのかもね」
カベル「それだったら赤くなるだろ、血で」
セイウチ「でも1000円で白くなるならお得だよ」
カベル「とても白く塗るのかも。その子的に」

↑ 要するに冷房はナシよ！

そして店員はタンクトップ&短パンでお出迎え。あー暑苦しい

↑ キンキンに冷やしました

セイウチ「不完全冷房ってあるのかね」
カベル「ここの冷房は不完全そうだな」

燃えます燃えます！（Ⓒ二郎さん）

カベル「宮古島のホテルにチェックインしたら、部屋のベッドの枕元にコレが」 **セイウチ**「これ、むしろ推奨してるよ」 **カベル**「へ、どーゆーこと?」 **セイウチ**「試してください。やってみーみたいな感じしない?」 **カベル**「そう言われれば……なんか怖いな」

自慢するほどじゃない

セイウチ「ぶ、ぶ……無事にコを達成?」
カベル「〈むじこ〉だよ！」 **セイウチ**「ついこの間やったんだね、事故」
カベル「27日前にな」

白米に梅干ひとつ だったりして

セイウチ「いやこれきっと、普通の弁当でしょ。値下げ競争のナレの果て」 **カベル**「デフレがこんな所まで来ているのかね」 **セイウチ**「あんまりやると、近所のマトモな食堂が閉まっちゃうね」

ポチ限定

最近見ないなポチとタマ。磯野タマは俺より年上だし

さりげなくデュー押し

カベル「おっ、またデューが。沖縄やたら押すな、デュー」 **セイウチ**「復活したのが嬉しかったのかもね」

太っ腹か、アホなのか

セイウチ「一気に3台も契約するかね?」 **カベル**「テレビのサイズも言ってほしいよな。 6インチくらいだったらイヤだし」 **セイウチ**「テレビだけで電気屋の前に集まった時代とは違うってことだね」

うっそー、やーだ、かーわいい！

「ぶりっ子」全盛期には、サザエさんまで「うっそー！」と言っていた

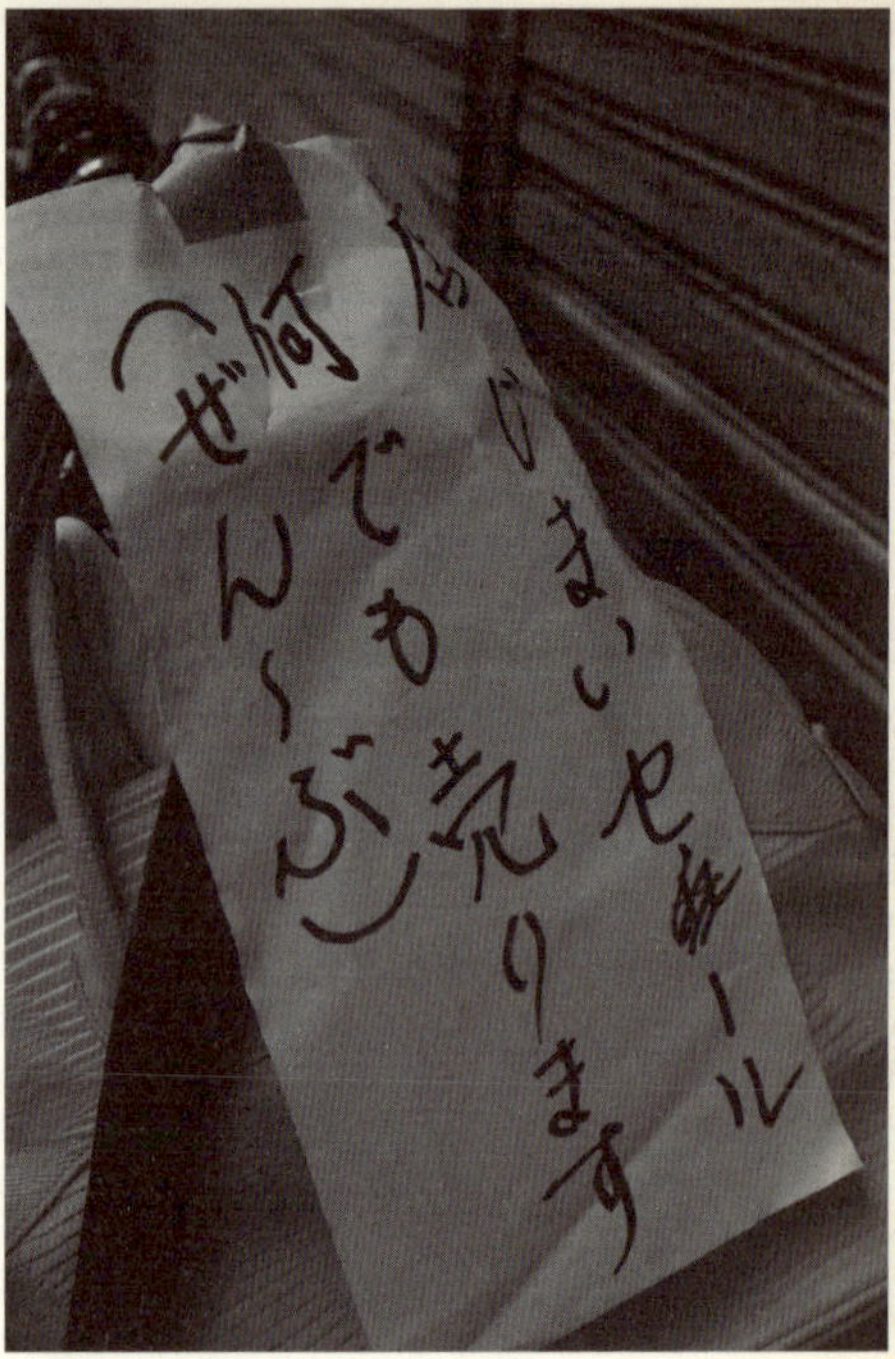

ぜん〜ぶ

セイウチ「言いにくいね、ぜん〜ぶ」 **カベル**「〈ん〉を伸ばすのって難しいな」 **セイウチ**「この人、基本的に伸ばしたくないんだよ。右下の〈セール〉も〈セル〉って書きかけて直したし」 **カベル**「あ、ホントだ」 **セイウチ**「〈ぜん〜ぶ〉も〈ぜん〉まで書いて〈あっ〉って思ったけど、もういいやって思ってそのまんま行ったんだろうね」

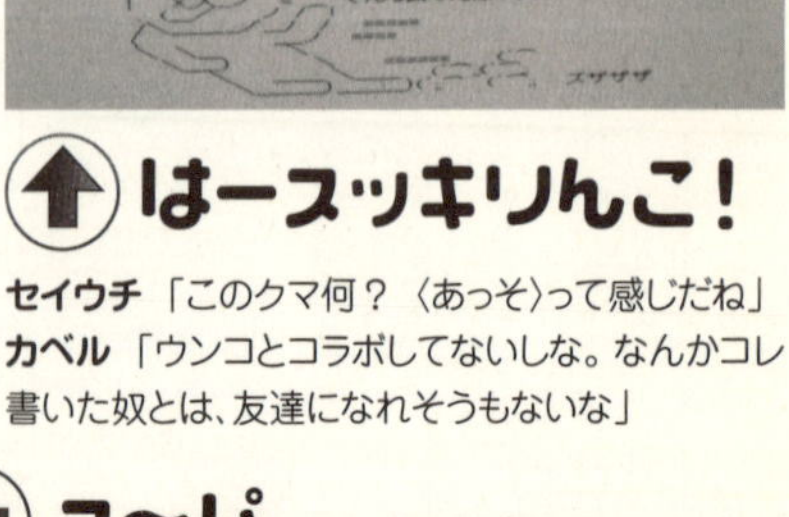

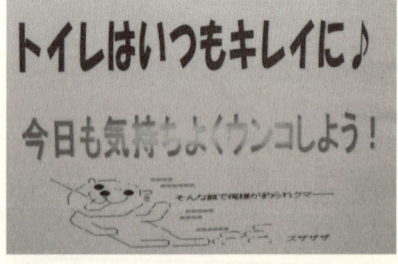

はースッキリんこ！

セイウチ「このクマ何？〈あっそ〉って感じだね」
カベル「ウンコとコラボしてないしな。なんかコレ書いた奴とは、友達になれそうもないな」

ス〜パ

ス〜パゲッティでも食うか。ス〜パマン（←弱そう）

ANA なりふり構わず

ボーイング787のツケが、こんなところにまで

気にするな

じゃあ明日ヨロシク！

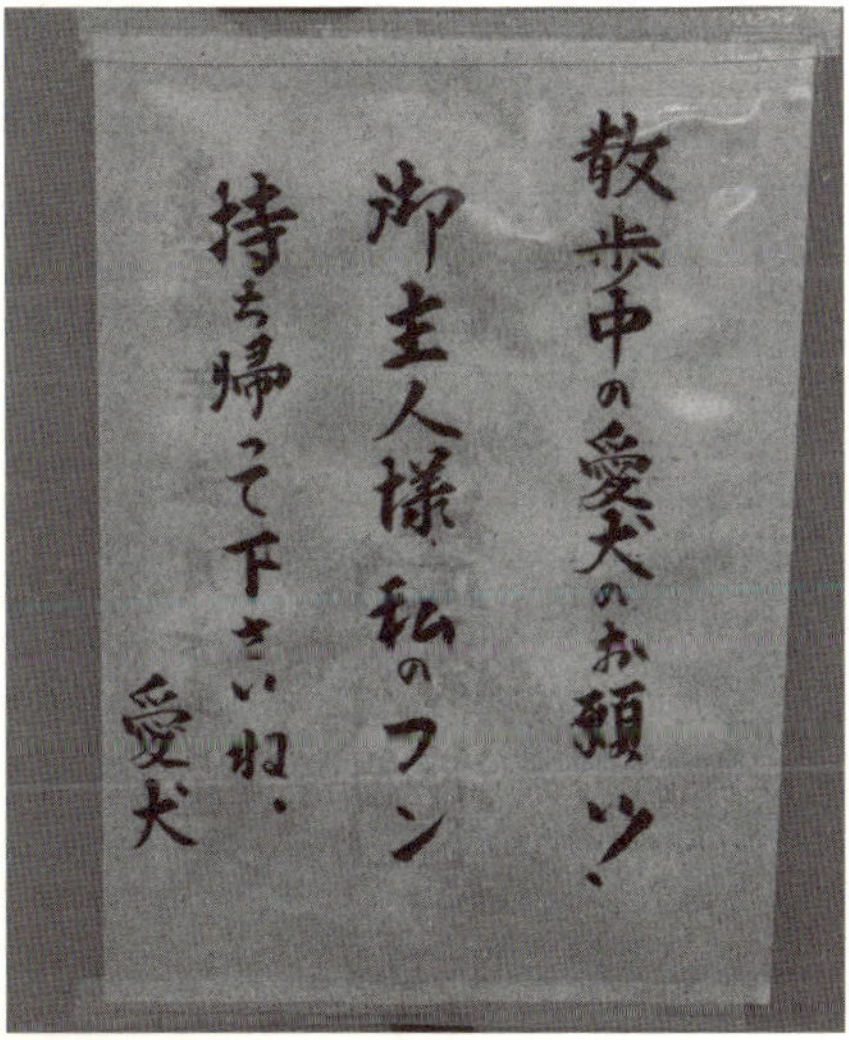

私の名前は愛犬です！

自分で思っているほど、お前は愛されていないことを思い知るがいい！

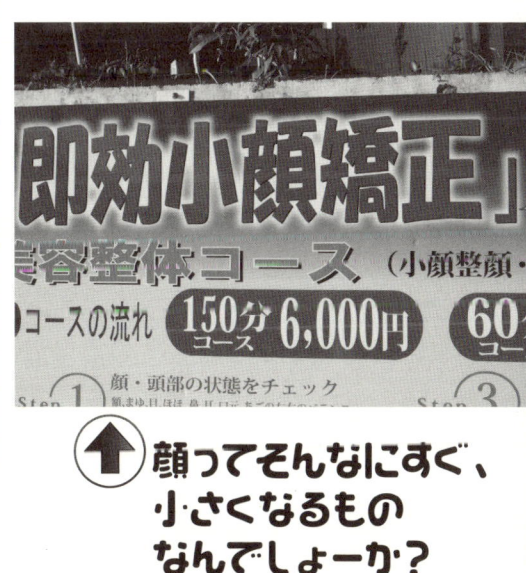

顔ってそんなにすぐ、小さくなるものなんでしょーか？

そして「150分」は、威張るほど「即効」でもないと思う

もうぐっちゃぐちゃ茶飲み話

入り乱れる人間ドラマが三時茶を美味しくする!?

本島で知り合いの夫婦を訪ね「東京は寒いんだってねー」「はいー」とか無難にゆんたくしていたら、別のお客が突然来た。中年のオジさん。だが来たと思ったら、

「いけね！　オレ娘の迎えに行かなきゃいけないんだった！」

と叫んで5秒でいなくなってしまった。座敷に漂うオジさんの残像……夫婦の奥さんが、ふと言った。

「比嘉さん（仮名／いま来て帰ったオジさん）も大変だねー……」

意味ありげ。ななななんっすか？

「彼は42歳で離婚したサー。娘が18歳で、その同級生と付き合って子どもができたサー」

えっ？　ってことは18歳の少女と子を作った？　しかも、

「相手の娘は、籍は入れず養育費だけくれって言うサー。籍を入れると相手の親の面倒も見なきゃいけないからイヤなわけ。そのうち子どもは生まれて、でも比嘉さんは会わせてもらえないの。そうしたら！」

「お前が会っちゃったんだよな！」

ご主人がウヒャヒャと笑い口を挟んだ

（なぜ笑う？）

「そうなのよ！　この前遠くの喫茶店に入ったら、赤ちゃん連れてその娘が入ってきて、気まずいわけ。父親が会えないのに私が会っちゃうなんてアーッハッハッハ！」

（もう一度聞くが、なぜ笑う？）

「そうそう、お前はもう近所の喫茶店は入れないからな」なんで？

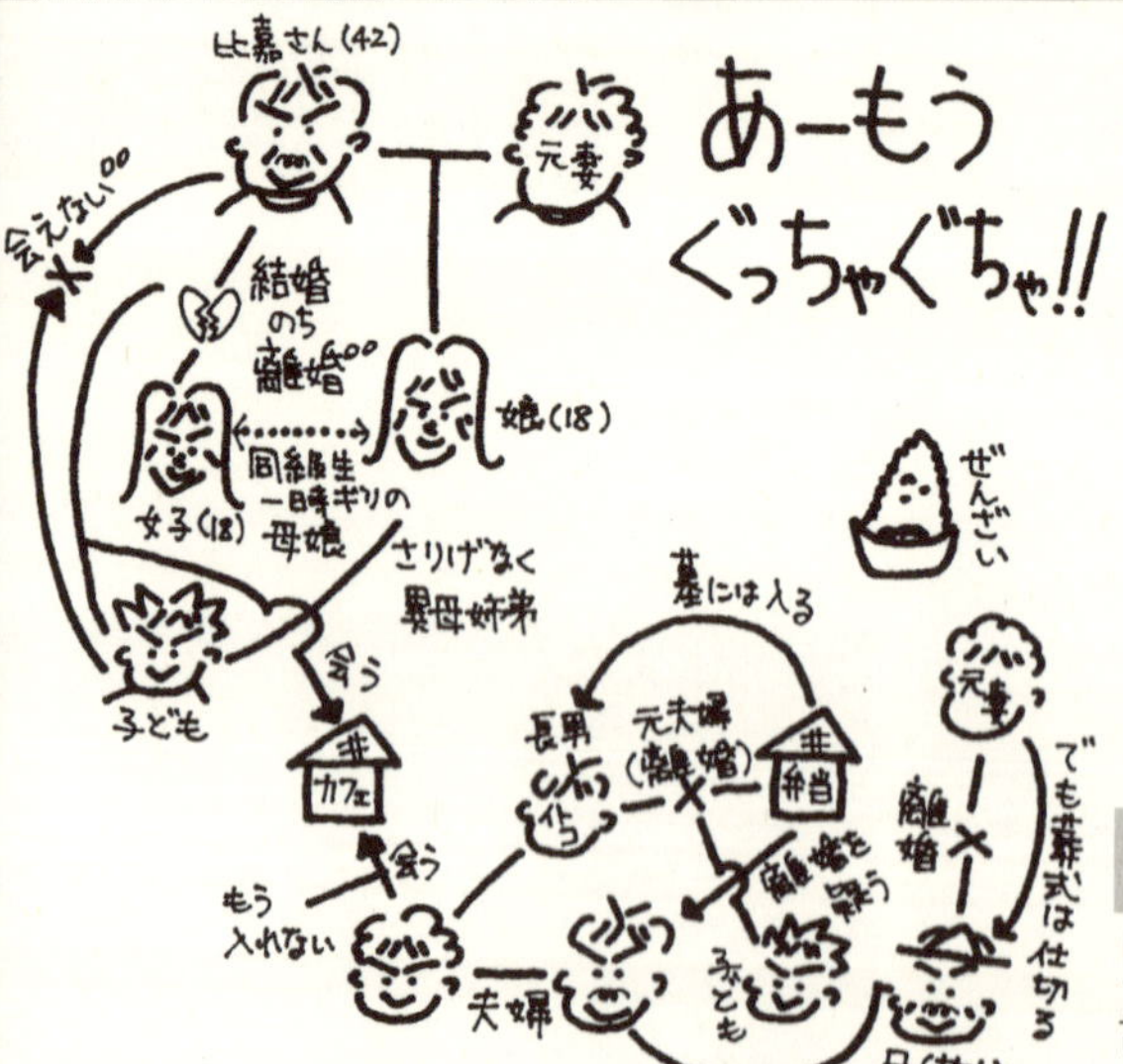

「私この前、ひとりで近くの喫茶店に入ったら〈私が離婚した〉って噂が流れたわけ！　いつもダンナと一緒なのが、たまたまひとりだっただけなのに！　だから喫茶店は遠くまで行くことにしたの」

「俺もこの前、息子とふたりで弁当屋に行ったら〈別れたのかい？〉って聞かれて、面倒くさいから〈まあな〉って答えたサー」

「そうしたら近所の人が〈出ていったって聞いたけど、いるサー〉とか私を見てヒソヒソ言うわけ！　その弁当屋、私のイトコの離婚した相手なわけよ！」

「アソコは大変だよ。長男と結婚して子ども産んで別れたから、死んだら別れた長男と一緒の墓に入らなきゃいけないしな」

「主人のお兄さんもね、離婚したあと去年孤独死して、結局葬式は別れた元・奥さんが仕切ったの。仏壇も管理して、ぜんざいを供えて〈あの人はぜんざいが好きだったねー〉って今言うくらいなら、なんで別れたわけ？　生きている間に、ぜんざい出してあげれば良かったのに！」

だああっ！！！

ドロドロに絡み合う人間模様について行けない！　一見のどかな午後3時のお茶も、その内容はけっこうグチャグチャ、それが

沖縄なのだ。

翌日、行きつけのマッサージ屋のお兄さんにこの話をすると、

「僕もこの前、似たようなことがありましたよ」と言う。何があった？

「●●●●パブ（風俗だす）に行ったら、相手してくれた子が友達の妹だったんです。もうビックリ！」

……その話、全然似てねーよ！ と突っ込む隙間もなく、●●●●パブを語るお兄さんの声はどんどんデカくなるのだった。起きている間はしゃべる、話題は脱線しながら果てしなくしゃべる。沖縄はそんな人たちを中心に回っている……。

古ジーンズ屋の衝撃

アンタもこれ履けばベストジーニストさー！（と本当に言われた）

基地近くのフリマで、米兵お下がりジーンズがズラリ並んで売られていた。1本500円！ 買うぞ！ でも試着はどこでするのかにゃー。

「ここで着替えればいいサー」

売り子のオバちゃんは、笑って地面を指差した。……道ばたで!?

「これ敷いてあげようねー」

とオバちゃんが道に広げたのは、車の日よけシート。これで足が汚れずに済む……って気にしているのはそこじゃない！ 路上で着替えるのが恥ずかしいんだってば！

「ああ、こうすれば見えないサー」

オバちゃんはなぜかビニールシートを広げ、闘牛士のようにヒラヒラと振り始めた。その陰で着替えればヒラヒラで目の錯覚が起こり見えない……と言いたいらしいが意味不明なので、僕はあきらめて

ジーンズ
首で計測中！
（しかも路上）

路上でパンツ一丁に。そんな僕を見て、通りかかったオジさんが笑って言う。

「首で合わせれば大丈夫サー」

く、首で？ どういうこと？

「貸して。こうすればいいリー」

オジさんはジーンズの前ボタンを留めたまま、ウエスト部分をグルリと首に回した。そのサイズがピッタリなら、ウエストも合うという。そんなバカな！

……でも試したら、これが合うから人体は神秘なのだ。5本買って2500円ってのもビックリたね。

パイプライン通りの古着屋で、ヒザ周りがほど良く破れたカッコいいジーンズ発見！ 試着すると……うわおピッタリ！ テンションが上がったそのとき！

店にオバちゃんが来て、ビリビリのジーンズ姿の僕を見て一言。

「そーんな破れたジーンズ履いて！ オバさんが縫ってあげようね！」

やめてください！ 店員お兄さんいわく、こちらのお母さんは息子がオシャレで破いたジーンズを、息子の留守中に気を利かせ、アテ布をあてて縫ってしまうんだって！

「破れているのがいいわけ？ どこがいいわけ？」「寒くないわけ？」

オバちゃんが一言しゃべるたびに、せっかく上がったテンションはどんどん下がっていくのだった。なんだかにゃーもう（でも買ったけどね）。

はみだしぶちくんこーなー

「こうえいでございます！」那覇からバスに乗って北部に向かっていたら、運転手兄ちゃんが突然そう言うから何が「光栄」なのかと思ったら、次のバス停は宜野湾市の「広栄（こうえい）」だったのだにゃははのは。というわけで沖縄はいつも夏だねあー夏休み！チューブも驚いて目が点になるわけだ！

●ウィスパー・マダム――囁きのご婦人たち

吐息まじりの本音は口紅の香りがした(うぷっ)

本島中部のホテルに予約の電話。ぷるるる、ぷるるる。スチャッ。

「はーい もしもしー」

オバアちゃんと思しきご婦人が出る。

◆月◆日から、ひとりで2泊したいんですけどー。

……無言。聞こえなかったのか。だが

「もしもしー!」と声を張り上げると――。

「(うふふっ)」

……へっ、何だ今の?

「(うっふっふっ)」

電話の向こうでオバアちゃん、吐息だけで笑っている。

「あのーだから◆月◆日に……」

「(私には、わからんねー)」

オバアちゃんは吐息だけで囁いた。ここでパタパタと足音がして「電話? 誰から?」とオジさんの声。ご主人らしい。良かった。

と思ったら主人は電話に出るなり、こう言った。

「もしもし、おたくさん誰?」

……T横インとかRインのマニュアル対応が、懐かしく感じられた。それはまあいいとして。

沖縄のご婦人は突然囁く。普段はデカい声でゆんたくしているのに、ちょっとバツが悪かったり、本音を思わずポロッと言うとき、吐息だけの小さな声でしゃべる。

そして囁くのは、けっこう年配の女性ばかりである。

本島南部のステーキ屋。初老のオジさん&オバちゃんが営む素朴な一軒で、ステーキも美味い。だが。

ジュウジュウいうステーキを運んできて、テーブルに置くその瞬間、オバちゃんは必ず囁く。

「(美味しそうだね、ふふっ)」

……何をどうしてほしい? 一口欲しいのか? さらに俺が一口めを食べる瞬間「(ほら美味しい)」と囁くこともある。なぜ?

本島中部の古い海産物食堂。日替わりランチ「小魚唐揚げ定食」を頼むと数分後、大きなお盆に定食を載せてオバちゃんが運んできた。やはりテーブルに置きながら一言。

「(小魚じゃなかったね、ふふっ)」

皿にはアジくらいある中魚が山盛りデーン! 小魚じゃないならなぜ「小魚定食」と命名するのか? ここで次の客が来ると、オバちゃんは「いらっしゃいませー!」と野太い声で出迎え。囁きの余韻は一瞬。

小魚を頭からかじると、太い骨が上アゴにひっかかった。小魚のクセに。(60ページに写真アリ)

やはり本島中部。バス停にオバちゃんがひとり。バスはなかなか来なくて、2人並んでしばらく待つ。

20分後、ようやくバスが来てドアが開いた瞬間、オバちゃんは僕の耳元に顔をフッと近づけ、囁いた。

「(来た……バス。ふふっ)」

……バスが来たのは見りゃわかる。なぜそれを囁くのか?

オバちゃんは車内で友達を見つけ「しばらくぅ!」と声を張り上げ、数秒前の囁きが嘘のよう。吐息の温もりだけが耳にまとわりついたままバスはズンズンと進んでいった。うふふっ(伝染った)。

白昼のデットヒート!

客がいるのも忘れて 運転手の暴走魂が牙をむく!

沖縄で路線バスに乗ると、運転が荒くて驚くことがある。細い県道を猛スピードで走り、自転車やバイクがいても減速など全くしない。そんなバスには何度か乗ったが、この前乗ったバスは本当に凄かった。

本島南部で乗った那覇行きバスは凄まじく急いでいた。時速40㎞制限の道で80㎞超え! 赤信号に変わった直後の交差点を、迷わずアクセルを踏み突破! 歩道のない道でオバアちゃんがいても減速せず、風圧でオバアちゃんがよろめく!

「ちっ!」

前方に車が迫るたび(正しい速度で走行している)運転手は舌打ちして、追突寸前まであおる! 車間距離1m以下! 怯えた前方車が車線変更すれば、待ってましたと爆走。いったい運転手に何があったのか?

バスはやっと那覇市街に入り、古波蔵《こはぐら》交差点に近づく。右折すれば目的地・開南だ。

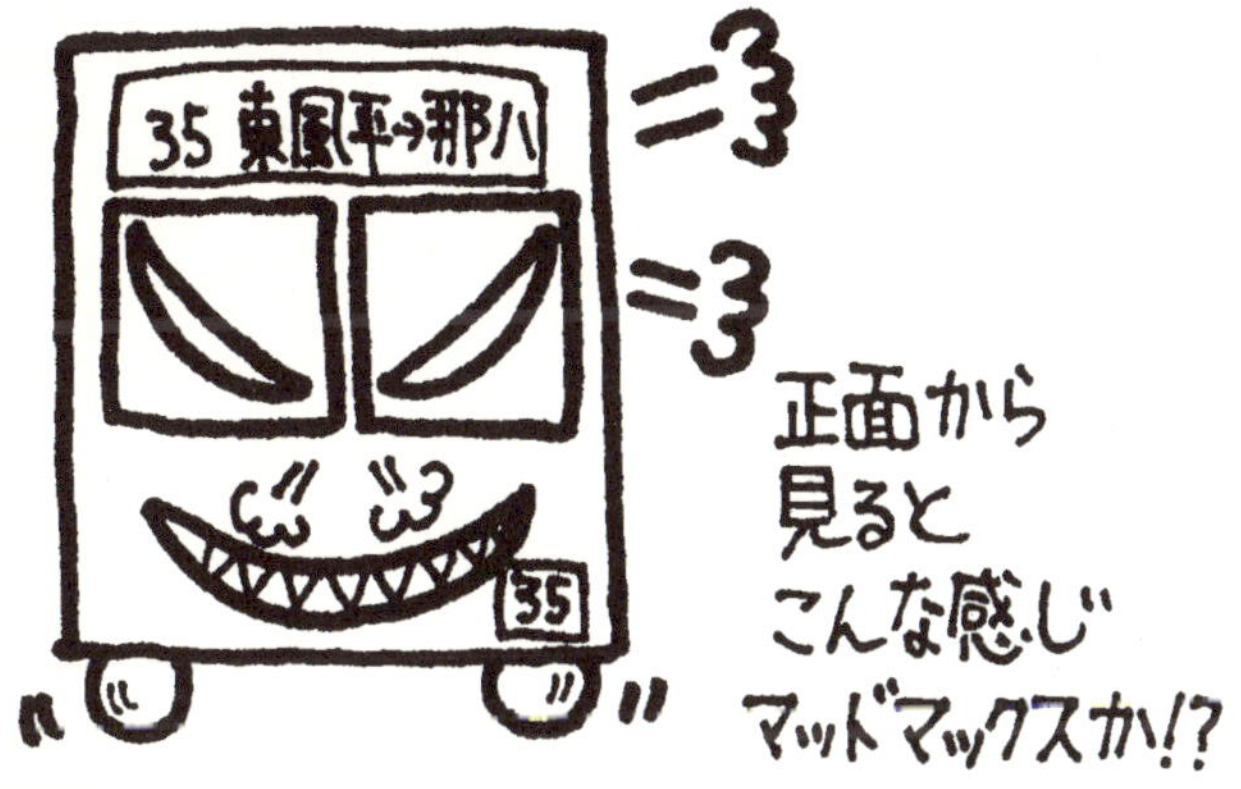
35 東風平→那八
35
正面から見ると
こんな感じ
マッドマックスか!?

だがゴールを目前にして、ついにそれは起こった!

右折レーンに入ると前方にタクシーが1台。普通のスピードで走っているが、運転手はなんと右折するタクシーの内側に強引に入り、内輪側から追い越しにかかったのだ! ムチャクチャだ! …すると。

タクシーがキレた。

減速してニョロニョロと蛇行。そして窓が開き運転手の右手が出てきて……中指が立った! 続いて人差し指で輪を2回描きパッと開く。——クルクルパー!

次の瞬間タクシーはマッハの速さで、その場を走り去ったのだった。

翌日、再び南部で那覇行きバスに乗ると……昨日の爆走運転手! また同じ恐怖を繰り返すのか?

と思ったら、

「両替はバスが停まってからお願いします」

「時間調整のため、しばらく停車します」

運転手は前日とは別人の、小鳥のように穏やかな運転で那覇に向かっていった。

バス会社にクレームが来たのかもね、たぶん。

ノンビリしている沖縄だが、車の運転となるとなぜか、ケモノの本性むき出しの人が多くて怖い。

バスもタクシーも一般ドライバーの皆さんも、譲り合って運転しましょうね。あー怖かった。

はみだしぶちくんこーなー

本島中部・コザでバスを待っていると、猛烈なヘソのゴマの香りが! 何だこの臭いは? ……と気絶寸前の僕の前を、荷台にブタを満載したトラックが通りすぎていくのだった。うかうかバスも待てねー「ぶちくん」な夏が、そんなわけで今年も沖縄にやってくるのさ!

やっべー、まちがっちゃった!!

⬆うけたまわまりす。

セイウチ「ほー、まりす……うけたまわります……（またスマホで調べる）そうだね、送り仮名ちがうね」 **カベル**「だから違うって言ってるだろうが。しかしお前、スマホなしじゃ生きていけない人間になったな」 **セイウチ**「うん」

⬆左だーっ!!

セイウチ「何がおもしろいのコレ？ ……（しばらく眺めて）あーっ、右なのに左だーっ！」 **カベル**「オメーみたいな奴がいるから、こういう看板がまかり通るんだな」 **セイウチ**「でもほらダヴィンチだって、鏡文字書いちゃってたし」 **カベル**「……なんでダヴィンチ？」 **セイウチ**「だってほらレオナルド」 **カベル**「そういう所はよく見てんだな、オメーは」

↑パーフェト（このおっちゃんの仕業か？）

セイウチ「……これは、どこが間違い？」 **カベル**「このテーマはいちいち説明が必要なようだな、オメーには」 **セイウチ**「……（やっと気づいて）あー、パーフェトね。このオジさんに聞いた？ パーフェトって何?って」 **カベル**「聞いてねーよ別に」 **セイウチ**「バスケットのゴールがあるね」 **カベル**「だからどうした」

↑これも惜しい！

セイウチ「ベホマデンみたいだね」 **カベル**「……は!?」 **セイウチ**「呪いの最上級。ホイメ→ベホイメ→ベホマラー、んで最上級がユンゲラー。あれ、ドラクエ世代じゃない？」 **カベル**「じゃねーよ」 **セイウチ**「ユンケルの上級がユンゲルで、その上がユンゲラーで、最上級がユゲマズン」 **カベル**「だからドラクエ世代じゃねーんだよ！」 **セイウチ**「（構わず）効きそうだね、ユゲマズン」

↑惜しい！

おそらく鈴木福くんのほうが、俺より収入が多いだろう。そして愛菜はハリウッド進出。生き急ぐな。すこし金を分けてくれ（涙）。

↑それは“Sun Set”か・もね

カベル「間違いではない。ただローマ字で書きたかったんだね」 **セイウチ**「この最初の字は“S”なの？」 **カベル**「筆記体のSだろ」 **セイウチ**「筆記体なんて、もう何年書いてないかな。中学以来書いてないよ」 **カベル**「英語店名を、なんでわざわざローマ字で書くかね」 **セイウチ**「コーヒーシャープと同じ。まず耳から入ってきて、それを聞こえた通りローマ字で書いたわけ」 **カベル**「なんちゅーか、ねじれ現象だな」 **セイウチ**「きっと発音はいいよ。この通りに読めば」（※64ページも見てちょんまげ！）

↑ハイアー＆メイク！

セイウチ「ハイアー！　スライ＆ザ・ファミリーストーン！　なんかだんだん〈あれ、これは正しいのかな？〉と不安になるね」 **カベル**「お前と一緒にいると、確かにそうなるな」

↑ばくしゅうPART2?

セイウチ「……えー、コレは合ってるよ！」 **カベル**「あ、ホントだ！〈幕〉に見えてた」 **セイウチ**「ほらだから、自分は正しいと思ってるとそーいうことに」 **カベル**「……うーむ、まさかお前に間違いを指摘されるとは、うーむ」 **セイウチ**「あ、でもアレだね。〈夜勤〉のキンが1本足りないね(一応スマホで調べる)」 **カベル**「ホントだ」 **セイウチ**「〈昼〉は1本多いね(またスマホで調べる)」 **カベル**「なんでもスマホだな、お前」 **セイウチ**「だって信じられないもん、自分の漢字が」

↑ばくしゅう

セイウチ「〈こはく〉なんて難しい字は書けるのにね」 **カベル**「自分の店名を正しく書いた時点で力尽きたのかもな。〈ふー、書けたー〉って」 **セイウチ**「でもさ、こうやって人の間違いを発見すると、なんで〈自分は漢字を正しく書けるぞ〉って思うんだろーね。なんでそこまで自分を強く信じられるのかな？」 **カベル**「……何の話だそりゃ？」→これがなんと、次のネタの伏線に！

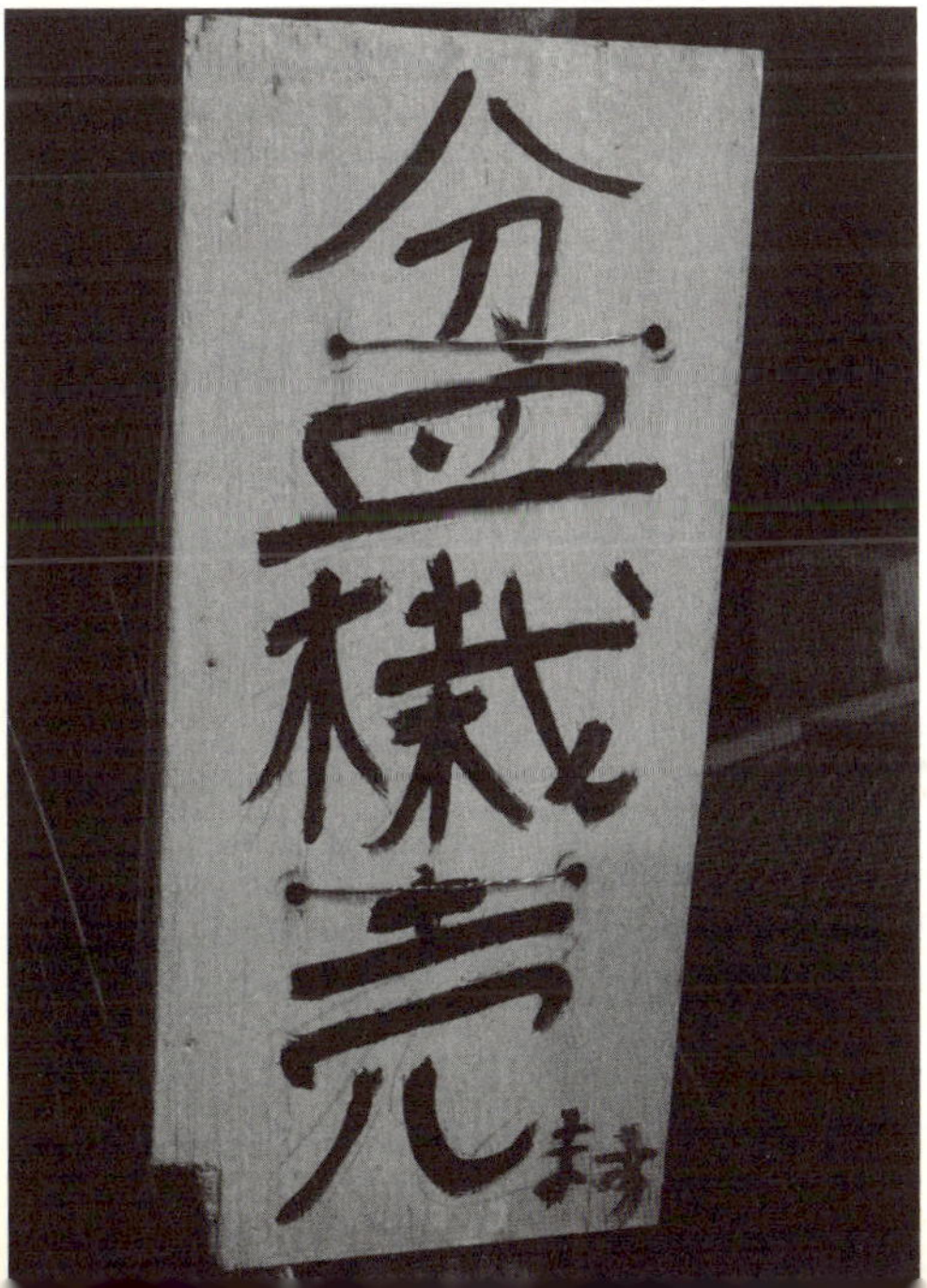

←「木」が余計だったね

セイウチ「このワイヤーも含めて漢字に見えるね」 **カベル**「それはきっとお前だけだな」 **セイウチ**「〈売ます〉もアレだね、下の右側のハネが〈し〉と合体してるね」 **カベル**「……し？　なんでここで〈し〉？」 **セイウチ**「ああ違った、〈り〉だ」 **カベル**「まさかと思うがお前、平仮名は読めるよな？　大丈夫だよな!?」

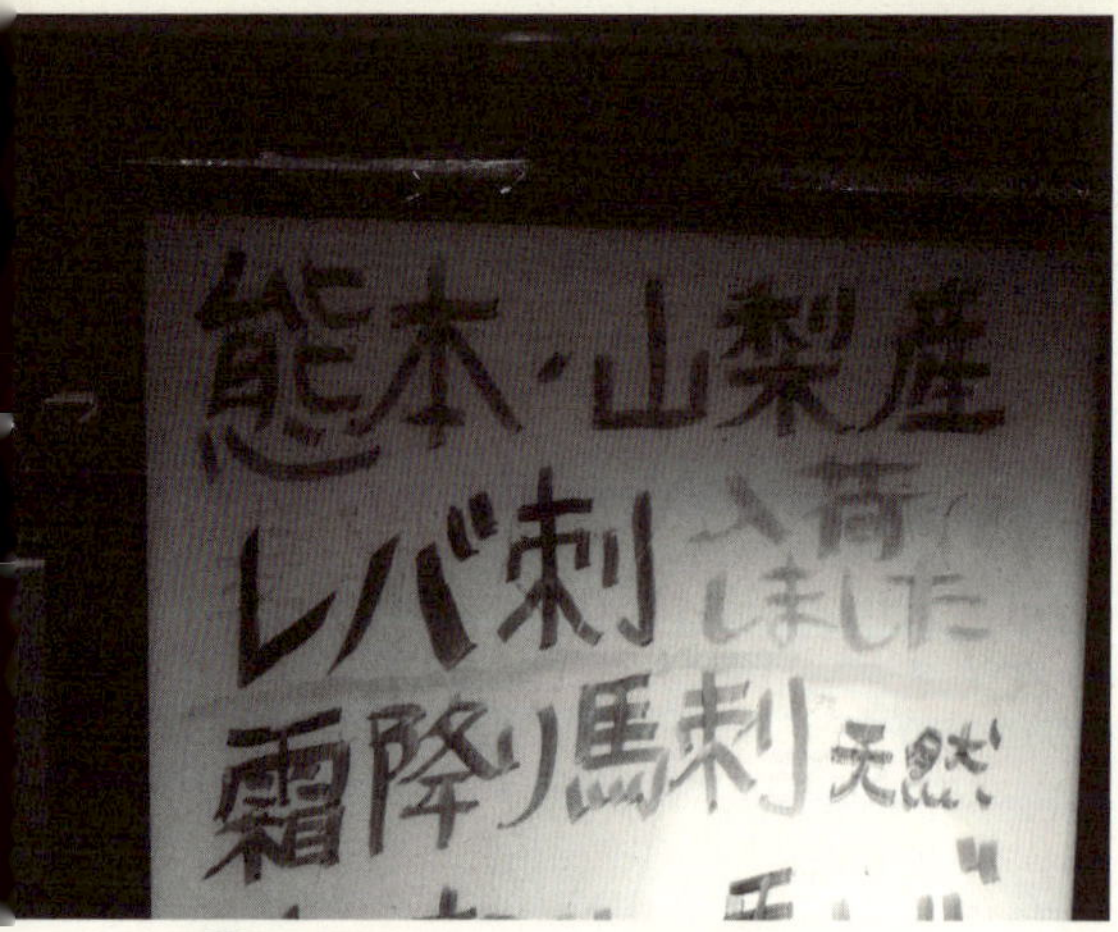

たい・もと産

白態(しろたい)、態田曜子(たいだようこ)、態さん八っつぁん(たいさん・はっつぁん)

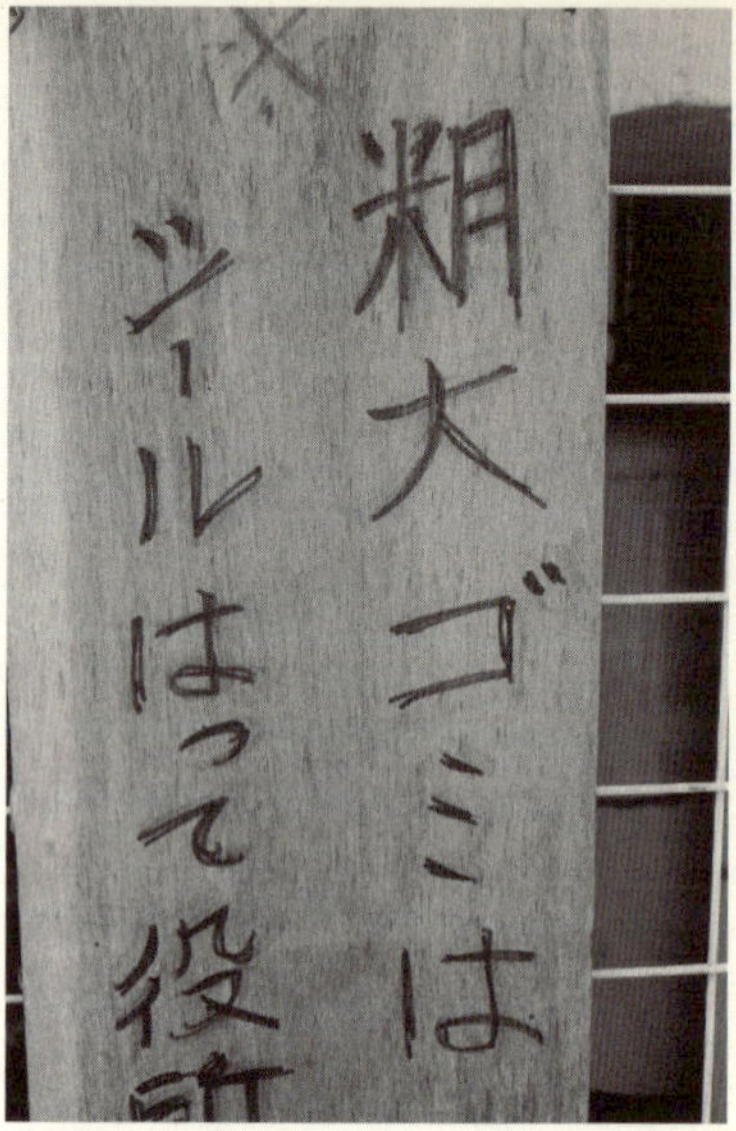

見たことない漢字

セイウチ「……のりだいゴミ?」 **カベル**「粗大ゴミだろ、文脈から推理して」 **セイウチ**「米ヘンに月……もちつき? ウサギ?」 **カベル**「だから〈もちつきだいゴミはシール貼って〉って、どういう状況だよ!」 **セイウチ**「上のコレ(※印)は? 浮き出てきたマリア像?」 **カベル**「信心深い少女の手かお前は」

奥様ラーメインタビュー
(そりゃ"ラーマ")

セイウチ「スパゲティー! ショーガ! 仮面ライダーショーガ!」 **カベル**「どーしてそこで引っ掛かるんだよ!」 **セイウチ**「この人はアレだね、〈め〉で止めてイン踏みたいんだね。ラーメ! 炒め! みたいな」

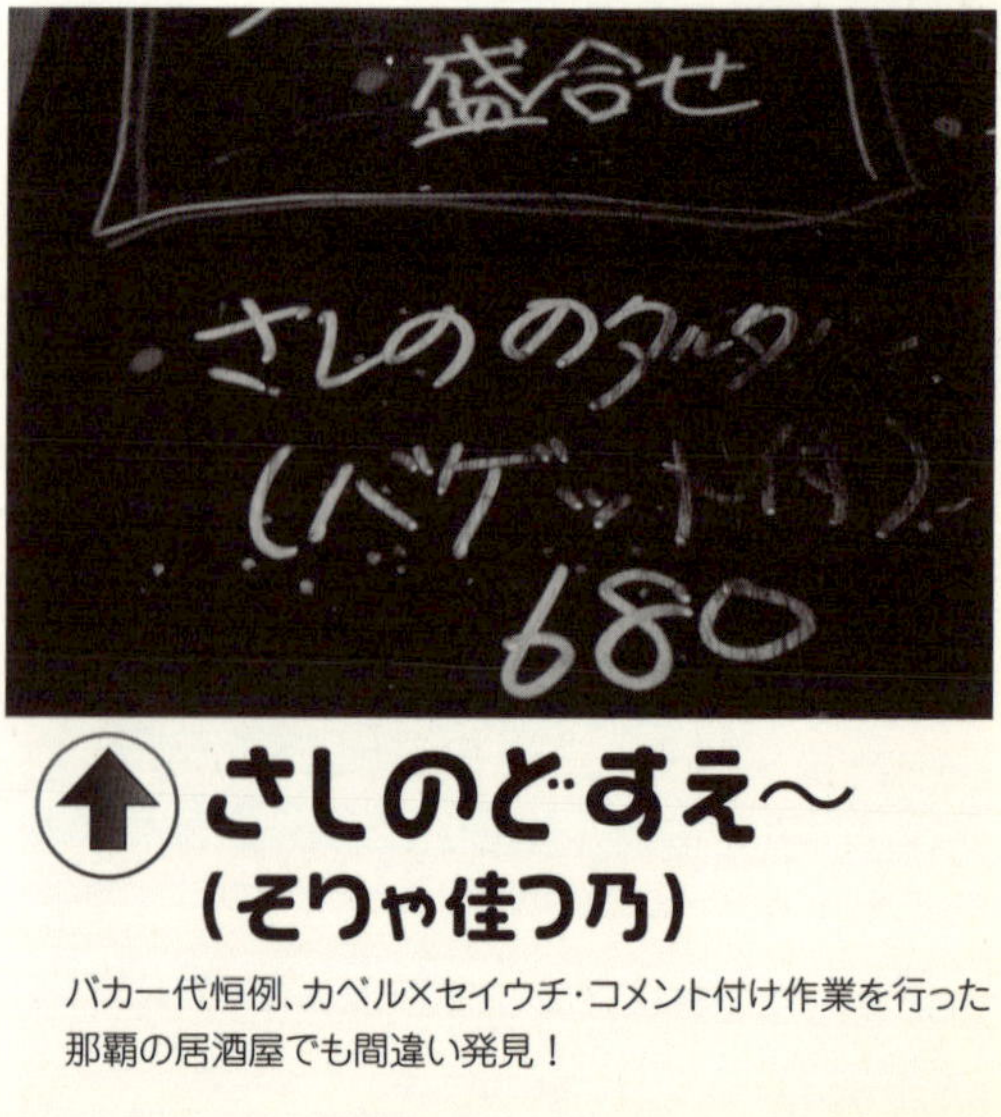

さしのどすえ～
(そりゃ佳つ乃)

バカー代恒例、カベル×セイウチ・コメント付け作業を行った那覇の居酒屋でも間違い発見!

数字にこだわりました

5分違いの出来事（麗時って……）

セイウチ「……あれ、コレは何？」 **カベル**「こっちは0時0分、んで同じ店なのに、こっちは0時5分」 **セイウチ**「えー？　でもこっちは5分でこっちは0分だよ！」 **カベル**「だから5分違うのが変だから写真撮って見せてんじゃねーかよ！（イライラが頂点に！）」

こちらは2分短縮

短縮して調子に乗ったのか、自分で自分を「写真屋さん」と「さん付け」

1分延長入りま〜す!

セイウチ「こ、こいそランドリー?」 **カベル**「コインだよボケ!」 **セイウチ**「ほらだって、沖縄“ソ”と“ン”書き分けられない人多いから」 **カベル**「小磯ランドリー。急に下町情緒が漂うな」

← 年齢は問え！

セイウチ「不問にするから75歳くらいのホステスが誕生するんだよ」 **カベル**「〈八千代〉という名前の店に、若い子は応募しないだろうな」 **セイウチ**「（突然）♪千代に〜八千代に〜♪」 **カベル**「どうした、国粋主義者か?」 **セイウチ**「ううん別に」

39歳はアウト！ →

セイウチ「たぶん39歳女子はね、自分をセーフだと思ってんの。でもここはアウト、ざまーみろ（何かあったのか？）」 **カベル**「20歳女子と38歳女子が同時採用で同期になるのもキッツイなー」 **セイウチ**「ハート割れてるし。ここに集うかな、男」

▲「どど〜んと1kg!!」のコピーに男子なら目が釘付け！

かべるっちの
沖縄大実験

かべるなりあの目方でドン！

キロ弁はホントに1kgあるのか量ってみた

「キロ弁!」

その強烈なネーミングを知ったときから、大メシ食らいの俺は気になって仕方なかった。なんてったってキロ弁だぜ、キロ弁！

え、キロ弁って何かって？　作るのに長い時間がかかるんだよ。長い間〜ま〜たせてご〜めんって、それは「キロロ弁」。いやもうサフランライスでさ、かかってるカレーもまっ黄色！　それは「きいろ弁」。じゃねーよ「キロ弁」って言うからにゃ、重さが1キロある弁当なんだようおおおおっ！

というわけで食べてみることにしたよキロ弁。んでただ食べるだけじゃツマんないから、ホントに1キロあんのか量ってみることにしたよ。どうやって量るかって？　自宅から量りを持っていったんだよ！　羽田のスカイマークのカウンターで「危険物はお持ちでないでしょーね？」「んにゃい」ってお姉さんチェックもクリアして持ってきたんだよ那覇までよ！

まあそんな苦労を経てキロ弁屋に行ったわけ。ちなみに「那覇店」ってことは、さらに店舗を拡大して県民総キロ弁計画が進行中？　そして店に入ると……ぬわっ！　けっこう種類があるねキロ弁。ハンバーグ、鶏の照り焼き……おっ、チキン南蛮！　マヨネーズ大好きっ子のオイラだからコレにしよ！

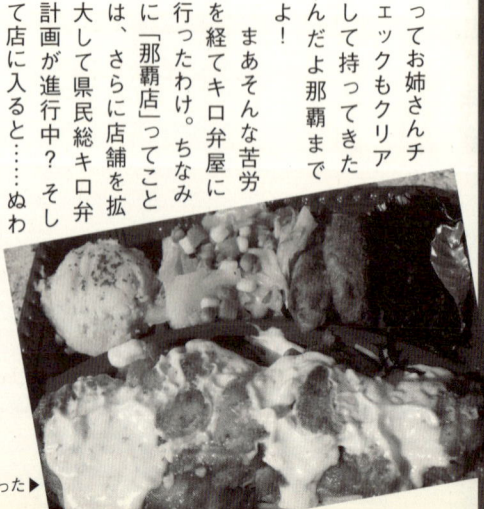

「あーりがとっさいます！」

と店員のお兄ちゃんに会計してもらい、弁当片手にホクホク向かった先は、すぐ近くの「とまりん」前の緑地。青

チキン南蛮弁当、これは950gだった▶

▼なんとなくハトが多い……

▼ハンバーグ弁当オカズ部分685g!

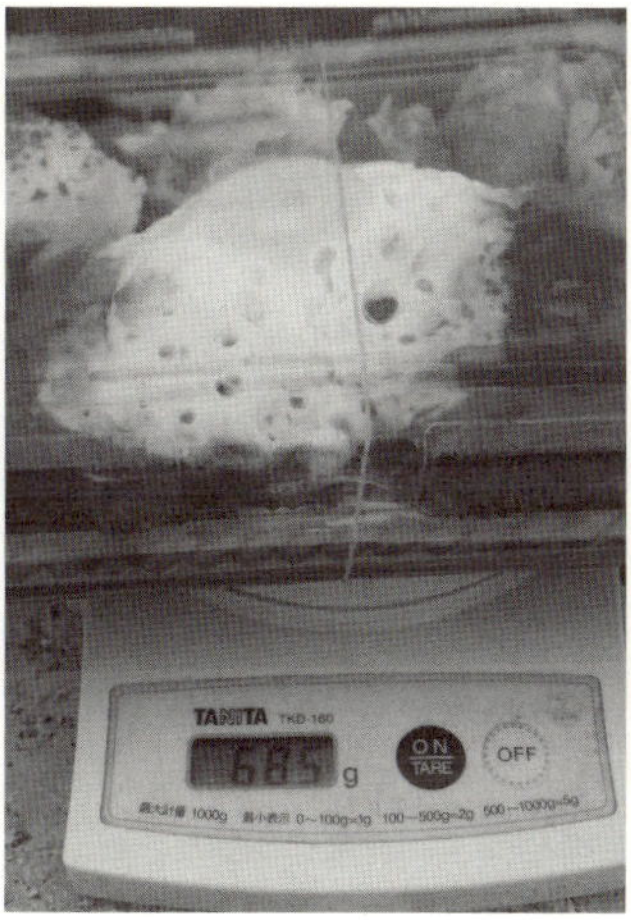

▼そしてライス400g、合わせて1085gだぁ!

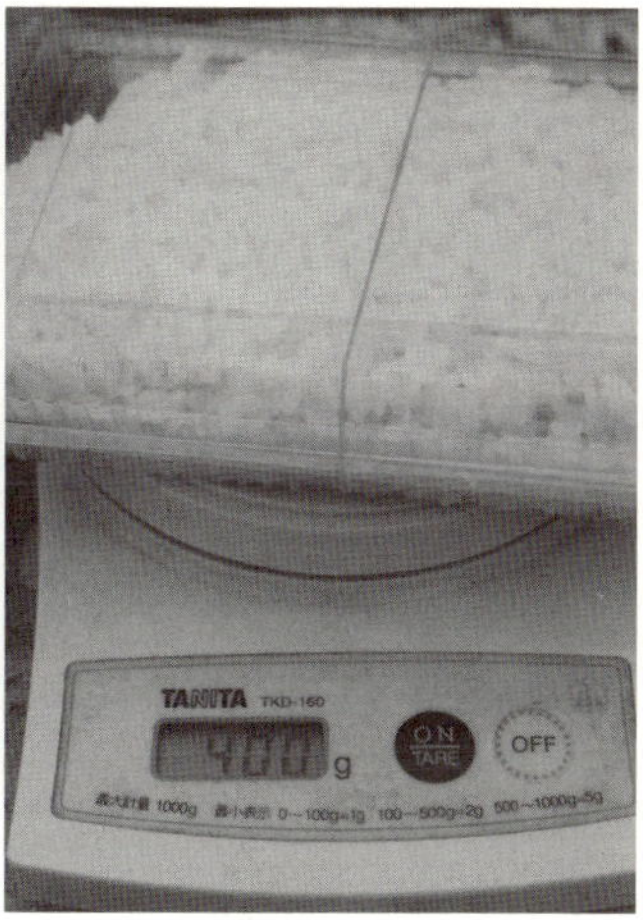

空の下、船でも見ながら食べようって思ったわけだよこの時は。それが恐怖の始まりとも知らずに……。

まずは計量から。ハカリにオカズだけボンと載せる。……565g、少なかないけど、キロ弁のオカズとしては「こんなもん?」な印象。続いてその上に、ご飯もボン。

どっひゃーん!!
ないじゃん1キロ! 950gじゃん!

まあ50グラムの誤差なら許容範囲かちら、と無理やり自分を納得させて、ベンチに座って食べ始めたよチキン南蛮弁当を。ハトが足元に3羽いるなー、って最初は気にもしなかったね。オカズはキャベツとミックスベジ炒め、ひじき煮、マッシュポテトと野菜も多くてけっこうヘルシー。そしていよいよメインのチキンを箸で持ち上げたとき、それは起こった!

バサバサ、バッサバッサ。
クー、クークークー!(よお、そのチキン俺によこせよ!)

ただ事じゃない数のハトが寄ってきた! その数ざっと30羽以上!! ベンチに座る俺の太ももの横に下り立つな! 空中で羽ばたきして、弁当と同じ高さで静止するな!

寄ってくる! どんどん寄ってくる! こっちくんなテメー! とケリ入れた瞬間タルタルソースがついたままのチキンが一切れ、太ももの上に! そのチキンめがけてハトがまっしぐら、怖いよー!

思わず立ち上がった次の瞬間、肩口にザリッと違和感が……俺の肩に留まるなー! 寄ってくる! 奴らはドン

▲ハトが寄ってくる。このあと惨劇が!

▲このあとハトに襲われる著者

ドン寄ってくる！　パンくずを食べる時とは違うケモノの目で寄ってくる！

こっち来んなバカ！　とか叫びながら、弁当をなんとか食べ終わった俺はもう倒れそうだった。

っていうか、ハトはチキンを食べるのか？　もはやキロ弁が950gしかなかったことよりも、ハトの意外な凶暴肉食ぶりが、トラ夫とウマ子になって俺の中に残ったのだった。

翌日、俺は再びキロ弁屋に行き、今度はハンバーグ弁当を買った。もはや重さを量るためではない。ハトが肉食かどうかを調べるためだ！

やはり「とまりん緑地」に行くと……いる。奴らは平和の象徴のフリをして、草をついばんでいる。恐怖心を悟られたら襲われる。俺は何食わぬ顔してベンチに座り、弁当の包みを解いた。

せっかくなので重さを量る……え、オカズ685g、そしてご飯400g、合わせて1085g？　1キロ超えてんじゃん！　昨日と100g以上誤差あるじゃん！

と驚く俺の目の端が、奴ら（ハト）がワサワサ動くのを捉えた。来るなら来い！　だが……。

れれっ？　お出かけですかれれれのれ!?

奴らはワサワサ動くだけで、ハンバーグには目もくれず、襲ってくる気配などまるでないのだった。あんりまあ杏里はキャッツアイ。

結論。キロ弁は多少の誤差はあるものの、だいたい1kgである。

そしてハトはチキンが好き。っていうか怖えな、チキン好きなんだコイツら。

ちなみにハンバーグ弁当、Bドンキーの100倍美味い絶品だったから食べてみてねん！

▲牛丼＆カツ丼＆カレーチェーン「どん亭」でいちばんデカい「どん亭スペシャル」は、味噌汁も合わせて881g！（器の重さはあとで引いたのさ）

▲元祖タコライスといえばコレ！　キングタコスの「タコライスチーズ野菜」は710g！

ハチャメチャ娘、宮古島上陸!

マー君に忠告 別れるなら今のうちだ!

「すいませーん、奥の席なんですけどー」ある日の宮古島行き飛行機。通路側に座る俺の頭上で、甘ったるい女の声がして見上げるとギョッ!

カップルだ。男はまあ普通だけど彼女が凄い。黒目が完全に隠れるビッシリつけマツゲ! 前は見えているのか? すげー娘が隣に来た、と思ったらそんなの序の口だった。

窓際に座った彼女は、バッグからA4サイズの大カガミを取り出し、さらなる化粧開始! それ以上何を盛る? そうこうしていると飛行機は離陸し上昇、一緒にマツゲ娘のテンションも上昇! この日はイマイチな天気で、機長からアナウンス。

機長「えー当機は宮古島に向けて降下する際、揺れが予想されます」

マツゲ「ねえマー君(彼氏)、当機は宮古島に向けて降下するとき揺れるんだってーん」繰り返す必要はない! さらに「今どこかなー」と言って窓の日よけを開け、「わかんなーい。ウフッ」

じゃあ閉めておけ! そしてマー君は眠いらしく目を閉じるが、そうはさせまいと娘は話し続ける!

機長アナウンス「宮古島の天候はあいにくの雨模様です」娘「晴れてほしいんですけどー。晴れてほしいんですけどー。晴れてほしいんですけどー!」1回言えばわかります! そしてマー君の返事がないとみるや、おもむろに「るるぶ沖縄」をペラペラめくり、また一言。

「このケラマ諸島って、なんかつまんなさそう!」…ああ、世界に誇る美ら海が一言でぶった切り! もちろん話の合間に「超ウケるー」と言うのも忘れない。周りをよく見ろ! ウケてねーよ誰も!

しかし真のサプライズは、このあとに訪れた。マツゲ娘はマー君の手相を無理やり見始めたのだ。

「えっとー、わーマー君1回結婚してそのあと離婚するってー!」

忠実に描いたらバケモノになっちまった!!
もちろん金髪 でも100%日本人
ライオンがくぐれそうなピアス
マー君 死期が近いよ!
つけづめー(大)
そいつのツメ ゴジラではない
殴ったら凶器になる指輪

そしてトドメの一言!

「大変マー君、死期が近いよ!」

絶望的な情報をケラケラ笑って伝えるお前は悪魔か? そして1回結婚して離婚してその上死期が近いとは、マー君も忙しい。

この娘はまもなく宮古島に着く。島の平和は風前の灯…だとは誰も知らないまま、飛行機は島に向けズンズン降下していくのだった。

はみだしぶちくんこーなー

那覇のホテル。朝のロビーでバナナをモモモと食べていると、背後にお兄さん。「吉田さんですよね? ファンなんです」「ほ、ほへはほーほ(そ、それはどーも)」バナナくわえて返事する俺を、ひきつった笑顔で見つめた彼は、果たして今もファンでいてくれるのだろうか。

かべるっちの

沖縄スキマ観光

誰が呼んだか 沖縄のディズニーランド！
コザ&北中《きたなか》 ラブホ街完全MAP

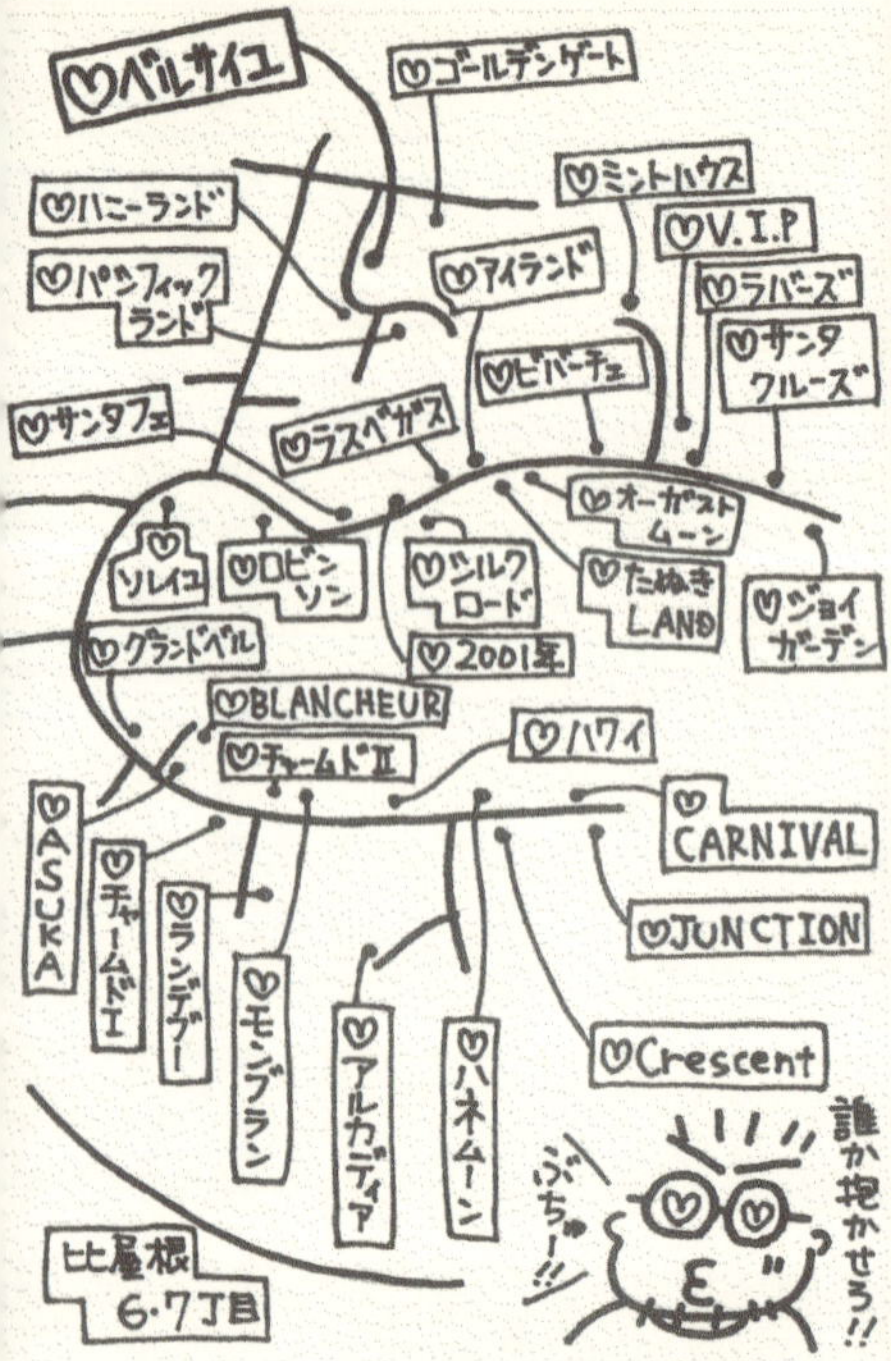

2001年SEXの旅から、たぬきホテルまでバラエティ豊か！ 相場は1時間2000円以下！

アロハ〜。本部町の「ドライブインハワイ」（Aランチ選手権グランプリ！）とは何の関係もない

本島中部・コザ付近に「ディズニーランド」があると、俺は前々から聞いていた。それがどうやら北中城村《きたなかぐすくそん》北部・屋宜《やぎ》原《ばる》のラブホテル街のことらしいと知って、俺は屋宜原に出かけたね。屋宜原はA&W沖縄1号店がある街だけど、ハンバーガー食ったあとナオンも食っ

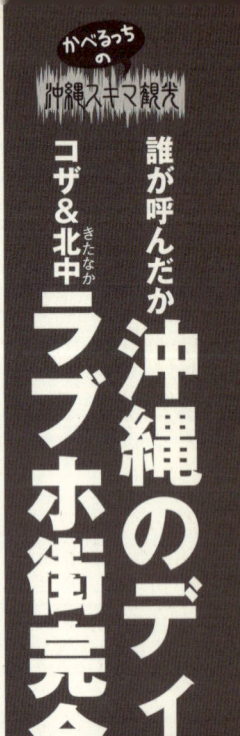

フランス革命でアントワネットもいなくなり、宮殿は売られて自動車ホテルに。あ、沖縄で「自動車ホテル」っつったら「モーテル」のことだかんね

おひとりで泊まってどーするんだ、俺

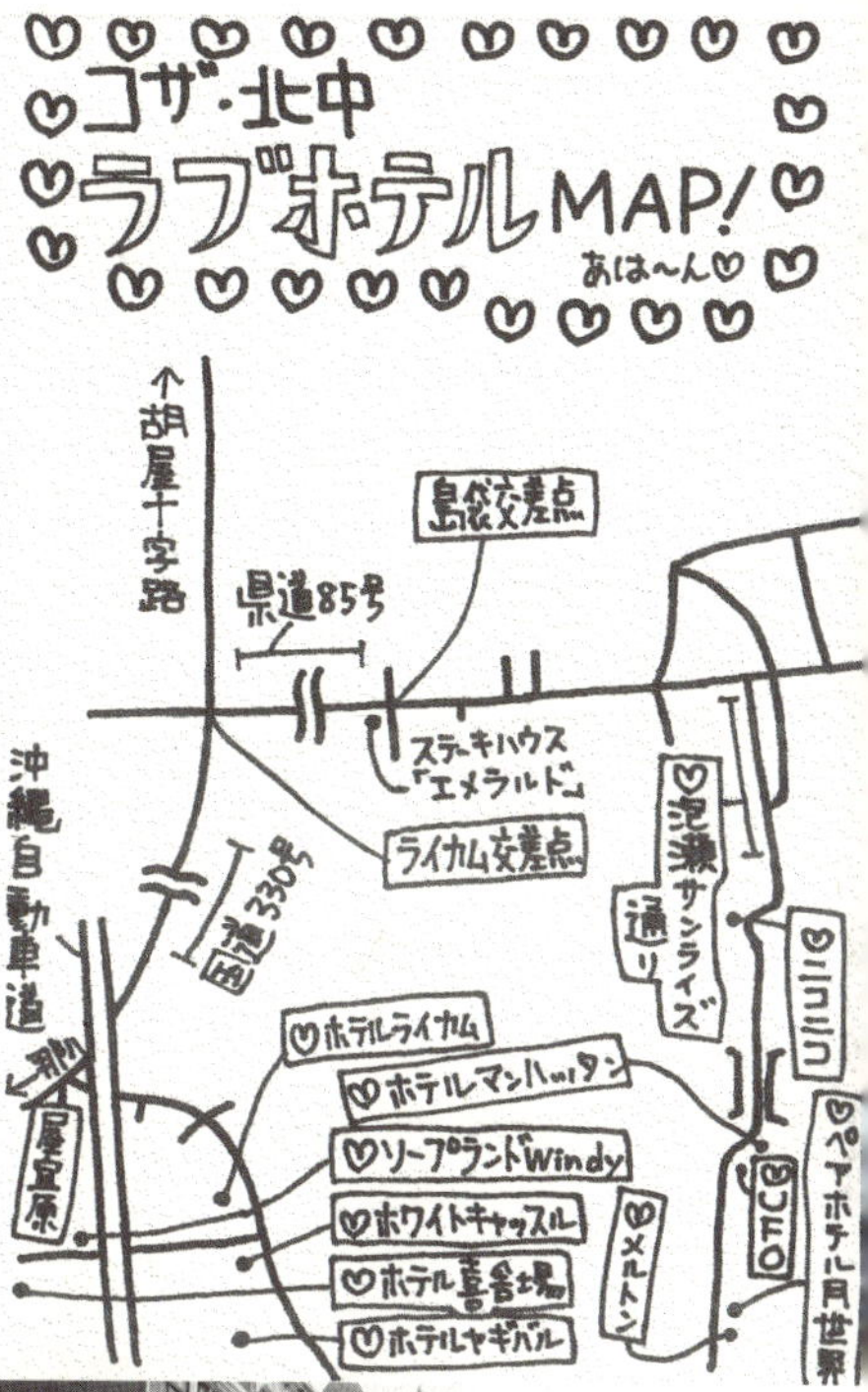

「月世界」はショーパブではない、くれぐれも。18歳未満なのにオヤジの作業服を勝手に着て「もう大人です〜」っつって入ろうとしてもツマミ出されるから要注意

ちゃうわけだなガーッハッハッハッ(下品オヤジ)。

んで屋宜原を歩いてみて、確かにラブホはあるんだけど「こんなもん?」な素直な感想。そしたらライカム交差点からステーキ屋「エメラルド」に向かって、エメラルドのさらに先にもラブホ街「泡瀬サンライズ通り」があることを知ったわけ。ラブホ軒数もけっこう多くて、ヤシの木形の電飾とかけっこう頑張っていて、まあディズニーランドと言えなくもねーなーって一応納得したよ。んでもって、その辺のことを出したばっかの『さらにひたすら歩いた沖縄みちばた紀行』(彩流社)にも書いたわけだね。当然みんな読んでくれたよな!

……とか思ってたら、それじゃ終わりじゃなかったんだな、コレが。

その先にあったんだよ、真のディズニーランドが!

泡瀬サンライズ通りの入口を横目に、さらに進んだ先の県

あたしをエジプトに連れてって！ 1時間でもいいから…

道22号沿い「沖縄市比屋根《ひやごん》7丁目」こそが、真の沖縄ディズニーランド！　ウネウネ曲がる坂道沿いに、これでもかと立つラブホ群はもう圧巻！　中でも俺は「ホテルシルクロード」に目が釘付けになったね。広大な敷地にファラオ王朝風の巨大ホテルと、ピラミッドにスフィンクスまで気分はもうエジプト！　あと森の中に突如現れる「自動車ホテル・ベルサイユ」も気に入ったね。今はやっていないのかな？

ちなみに沖縄市の男は誰もが一度、ホテルシルクロードには世話になるんだってさ！　いいねなんか、世界をマタにかけて男になる感じ！

ってなわけで、歩いて歩いて全部見た沖縄のラブホ、せっかくなんでMAPにしてみたぜい。沖縄にジョーカノ（彼女）連れてって、あんなことこんなことしようと思ってるそこのチェリーボーイ諸君、ぜひ役立ててくれたまえ！

「んん～んばっ、んばっ、ぶちゅ～！」「ちょっ、ちょっ、ちょっと待ってええっ！」泡瀬サンライズ通り入口に、なぜか子ども看板

「お楽しみキャンペーンって何かしら?」
「一緒に入ってみればわかるよムフフフ」

沖縄に何だか多いぞ自由の女神。だからっつって彼女が自由にヤラせてくれるわけじゃないことを覚えておけ

ランデブー＝人目を忍んであいびきすること(デジタル大辞泉より)。ビビデバビデブー。ウクレレは高木ブー(また登場)

ラスベガスほかいろいろ、とりあえずヤシの木は生やすぞ、みたいな。
「月貸し致します」って、一ヶ月毎日?　絶倫か!?

エロくてエロくてエロくなっちゃったのよ！

↑ 買ってくれたら、すごいことしてあげるわよ、ぼ・う・や❤

セイウチ「販売員の〈員〉に刺さってるね、ズドーンと」
カベル「刺さってるな」 **セイウチ**「上の鏡で化粧のノリとかチェックしてから出かけるわけ、奥様。行政も協力のもとだね」

いつまで？

カベル「期間は未定だけど、しばらくの間は夜の社交場よーん、みたいな。……なにポカーンとしてんの、お前？」 **セイウチ**「後ろにうっすら見えるのは、赤瓦？」 **カベル**「よくもまあ、無理やりそこを見るもんだ」

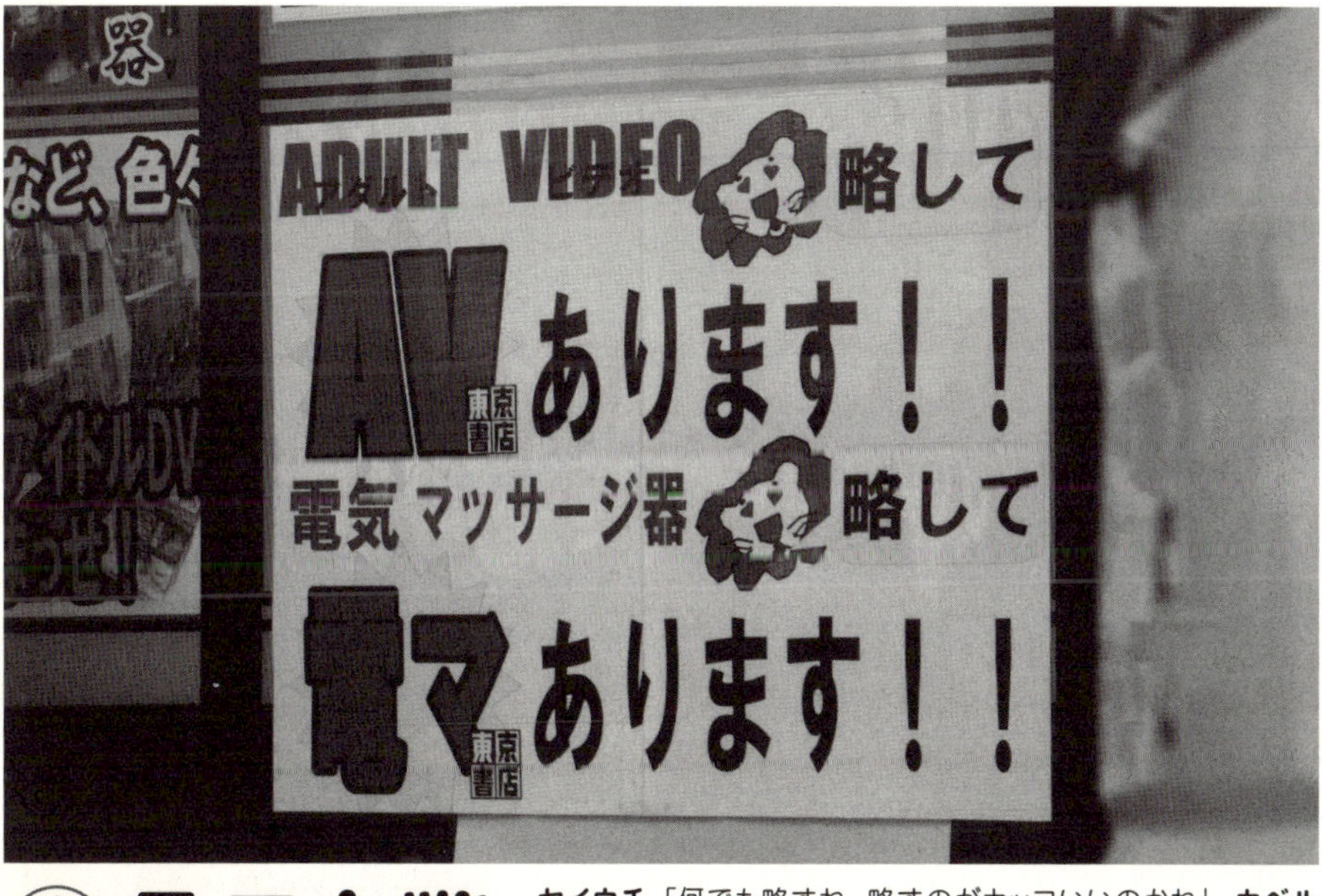

電マ大戦

セイウチ「何でも略すね。略すのがカッコいいのかね」 **カベル**「エロビあります」 **セイウチ**「クンニやります」 **カベル**「その略は昔からだろーが」 **セイウチ**「電気アンマって最近してないね」 **カベル**「一応大人だからな」

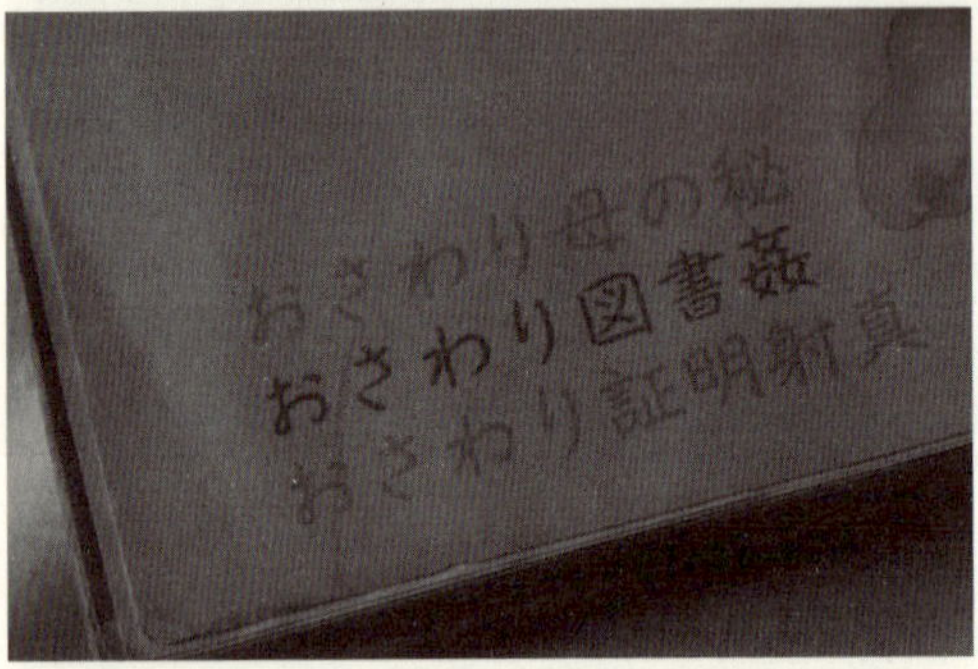

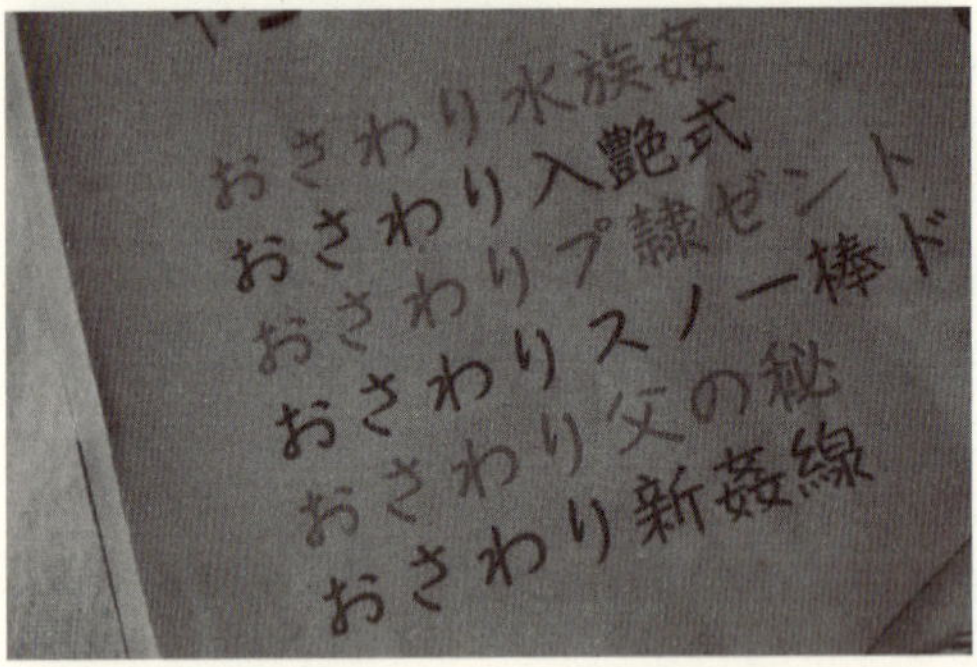

⬆ は、はぁん、はあああん！

カベル「別に沖縄の雑誌じゃないんだけどさ、屋宜原のホテルに泊まったら部屋に置いてあったわけ。発行が15年前！　どんだけ使われたんだって」 **セイウチ**「官能小説家の知り合いがいて、〈セイウチさんにはいろいろ世話になったから〉って小説もらって読んだよ。週刊連載の単行本化だから、5ページに1回ヌキどころがあんの。っていうか15年前にあったんだね、スノボ」 **カベル**「寒くて縮み上がりそうだな、スノー棒ド」

⬆ 今週の三位一体！

セイウチ「これ凄いね、フガッ(豚鼻で息を吸う)」 **カベル**「人を呪わば穴3つだな」 **セイウチ**「やっぱ使うのかね、穴は3つとも」 **カベル**「具体的に想像させるな！」 **セイウチ**「サリーちゃんの友だちのヨシ子ちゃんの弟(3つ子)を思い出すね」 **カベル**「さらに近親関係を加える気か!?」

「女房の目を盗んで、やっとここまで来たよ」「このまま私を連れて逃げて！」 ⬆

セイウチ「水木しげるの字みたいだね」 **カベル**「せっかくの不倫妄想も、お前にかかると消えていくな」 **セイウチ**「または忍者の詰所みたいな字だね」 **カベル**「忍者は〈ここは詰所でーす〉って看板立てねーだろ」

那覇・波之上ビーチ近くにて

セイウチ「はーっ、波之上にね」 **カベル**「奉納行事とかもする場所なのにな」 **セイウチ**「こーいう店って、何もロリ系だから行くわけじゃないの。同級生と松山とかで飲んでて〈よし！ そーいうとこ行くか！〉ってなったとき、キャッチに〈ヌキありますよー〉って連れて行かれた先がコレだった、みたいな」

フリーセックスの国から

カベル「いまだにスウェーデンって言うだけで、顔赤らめるオヤジいるからな」 **セイウチ**「スウェーデンじゃなくてスエーデン」 **カベル**「100円硬貨に対応してんのかな。なんとかクローナじゃなくて」

ワサレ教師とアバズレ娘

セイウチ「これどこ?」 **カベル**「●●●島（島名と日付から該当者を割り出せるかもしれないので誌面では伏せる）」 **セイウチ**「ひょえー、じゃあリゾート泊まったのかな。旅費も出しただろうし、大金持ちだね担任教師」 **カベル**「公立中の教師だったら許せんな。血税から払われた給料で……」 **セイウチ**「釣りをするなんて！」 **カベル**「そこじゃねーだろポイントは」

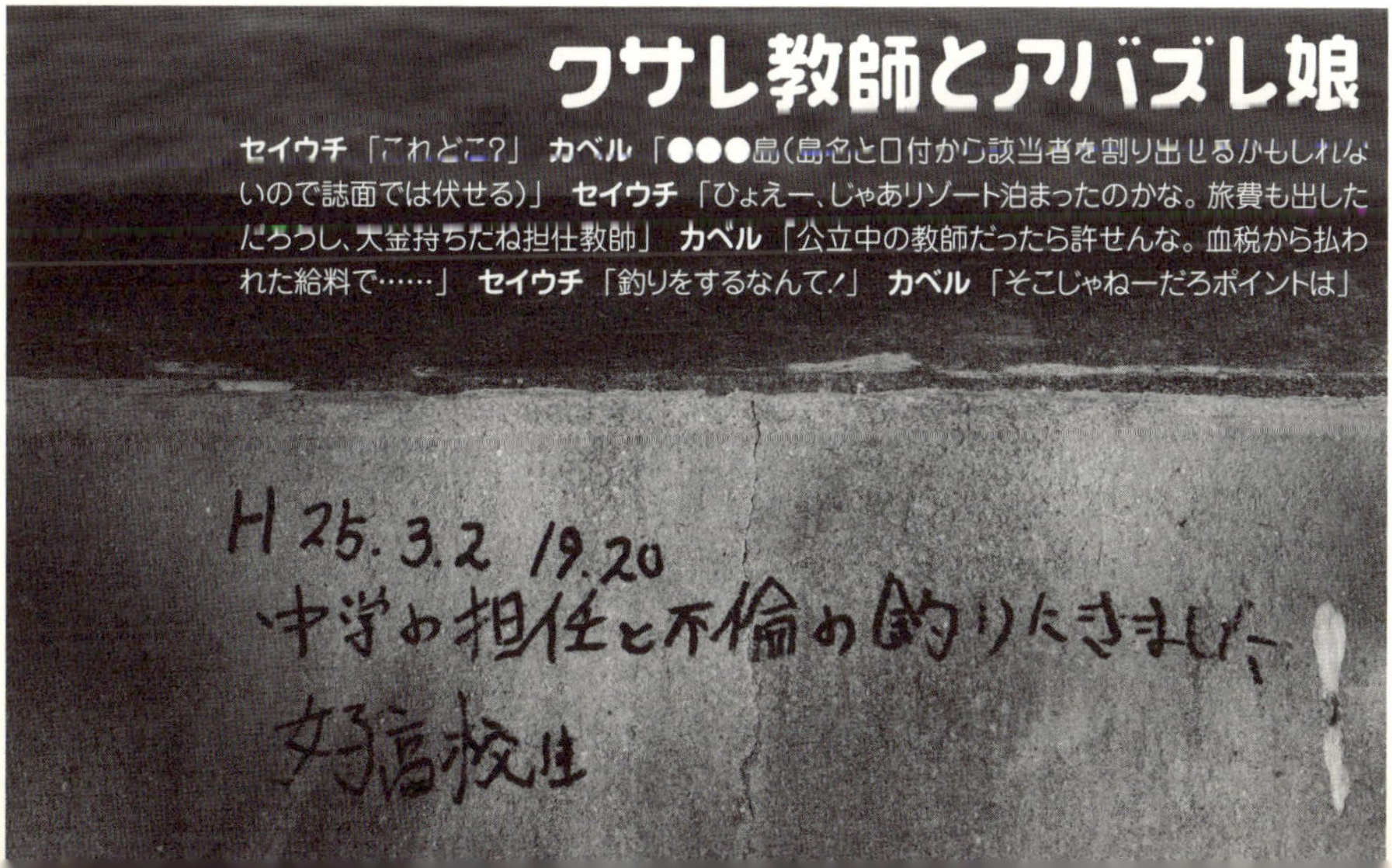

アメリカンホテルでワオッ!

コザに漂う異国情緒も オバちゃん色に染められて

本島中部の基地の街・コザに行った。行ったのだが、いつも泊まるホテルが予約できなくて、市街から少し離れた古いホテルに泊まった。アメリカ統治時代から続いている雰囲気の、レトロアメリカンな香りが漂うホテル。

「はーい。お部屋は5階の509号ですねー」

黒地にハイビスカス模様（毒々しくて怖い）のアロハを来たフロント母さんに、チェックイン手続きをしてもらい、荷物を引きずってエレベーターへ。さてと、部屋は5階だっけ。5階、5階…。

ない!? そんなバカな!

部屋は5階だと言い切ったくせに、なんとエレベーターは4階までしかないのだ。どういうこっちゃ? と思いつつ4階まで行って下りると、エレベーターの目の前から5階に続く階段がシレッと続いている。仕方なく、重い荷物を引きずって階段をヨッコラセと上った。

そして壁の途中に微妙な継ぎ目。はっはーん、最初は4階建てだったのが、5階を増築したわけだね。エレベーターのことまで考えなかった? なかったんだろうねきっと。

さてと夜になった。晩飯はどこで…おっ、ホテルにもレストランがある。しかもステーキ900円、安いじゃん。ここにしよっと。

「ステーキくださいー」「今日はウナギもオススメですよー」「いやステーキで」「ウナギが美味しいよー」

レストラン担当の母さんは、執拗にウナギをゴリ押ししてくるのだった。ちなみにウナ重は1760円、沖縄じゃステーキより高級品なのね。っていうかアメリカンホテルなんだから、ステーキを押せってーの。

そんでもってステーキも食べ終わり、街に繰り出してバーにでも…およっ、ホテルにもバーあるじゃん。中を覗くとアメリカンホテルのバーだけあって、バーボンがズラッと並んでいる。良さそうじゃん、ここ。入ってみよー。

♪ハアなんとかでっ、イーヤサッサ、ハイヤッ!♪

おーい、バーじゃねーだろコレ! カラオケスナックだろうがおい!

店内ではカウンター狭しとオバちゃんが4人、マラカス振って大カラオケ! 入ってしまった以上、一杯飲まなきゃ出られないので、意地でバーボンのロックを注文。するとオバちゃんのひとりがゴソゴソとカウンターに入り、バーボンを注いでくれる。全員客かと思ったら、ひとりはママだったのだ。

…ああっ、氷を手づかみでグラスへオバちゃん! バーボンなのに、つまみは柿の種そして「黒糖も食べる? 兄さん」

いりません!

一杯飲んでホウホウのテイでバーを出ると、コザの貴重な夜はもうふけていたのだった。

んで翌朝、レストランで朝飯が出てきた。トーストと目玉

はみだしぶちくんこーなー

本島北部でタクシーに乗ると、運転手のおっちゃんの携帯が鳴った。着メロは『聖者の行進』、ちょうど信号待ちで、おっちゃんが電話に出る。「もしもし…今はダメだ」意外に渋い声、そして着信画面に映る「タミコ」の文字…。ロマンスと人間模様を乗せて、沖縄の旅は続くのだ。

焼き、ウインナー1本にレタス、コーヒー。和朝食とかないのかな、まあいっか。

結局このホテルに4泊した。朝飯も4回食べた。

レタスの枚数、ウインナーの本数（1本！）に至るまで、4回とも全く同じ朝飯であることに、1回目の朝から気づくはずもないのだった。うぇーん！

大学に通っています！

飲酒偏差値なら日本一！難関校のエリートぞろい

某所のバーで知り合ったAさんは、しょうもない人である。40代後半の会社員だが、仕事はあまりしない。適当な用事を作っては外出しては、昼酒が飲める店に入り浸り、真っ昼間から飲んでしまう。

「仕事？　部下がやってくれるよ！」

いい年なので役職だけはあり、日々をグータラ過ごしながら、それでも給料は人並みにもらっている。周囲の人々が「いいねー、それで給料もらえるんだから」とあきれても気にしない。嫁ももらわず、昼も夜もグータラ。夜は繁華街に出かければ、2日に1度は千鳥足のAさんを見かける始末。とにかく「そんな人」なのである。

だからAさんの口から、この一言が出たときは、少し驚いた。

「これから大学で寄付してくる」

ランチ後のカクテルを飲み干すと、いつになくキリッとした表情でAさんは言った。思わず、

ちなみに
平日
昼間の
Aさん
仕事ができそーに
見えるが
仕事はしない
えへっ♡
寄付してくるさー

「へー、そんなことしているんですか。意外ですねー」

とホメると…周辺の客がザワザワそしてニヤニヤ。ひとりが言う。

「あのね、何の学科だかわかる？」

え？　わかんないっすけど。

「コレだよねー、Aさん」

その人はそう言って、右手で何かを握り、少し回すフリをした。……パチンコ？　なんと「大学に寄付する」は「パチンコに行く」意味の隠語だったのだ。アホかー！　感心して損した。本当に損した！

そして「大学」、このメンバーだけのギャグかと思ったら、沖縄全県でけっこう頻繁に使われている。カラオケ大学に泡盛大学、スナック大学ヒージャー（ヤギ）科！　入試科目はもちろん「酒」！

そんなある日、ランチを食べに行くとAさんがいた。いつになくションボリして、うつむいている。どうしたんっすか？

「…停学になっちゃった」

カラ出張ならぬ、カラ外回り（飲酒付き）が上司にバレて、大目玉をくらったのだ。もちろん勤務時間中の飲酒は厳禁。そして。

「…今度やったら学生証取り上げ（＝クビ）だって」

今にも泣きそうなAさんは、大学どころか小学生それも低学年に見えた。もうすぐ50歳。しっかりしろ。

●グサッとくることをハッキリ言う人

言葉の千本ノックがウブな旅人を乱れ打ち！

今年の誕生日は、沖縄本島北部の名護で迎えた。昼間は誕生日と関係なく淡々と仕事をしたが……せめて夜くらいは誕生日らしく過ごしたいと思い街をウロウロ。雰囲気のいいバーを見つけ、入ってみた。

いい店だ。カウンター奥の棚にバーボンやスコッチが並び、抑えた照明がホンワリとボトルを照らしている。白シャツ黒ベスト姿のマスターは、寡黙だが誠実な雰囲気。

ハーパーをロックでください——飲み慣れないバーボンを頼むと、マスターが氷を丸く削り、グラスに入れてクルクルとステア。はい、どうぞ——スッと出てきたハーパーを、少しだけ口に含む。1年の疲れがバーボンと共に流れ、消えていく。この1年、よく頑張った。ハッピーバースデー、俺……。

「今日、誕生日なんです」

誰かに「おめでとう」と言ってほしくて、マスターにそれとなく誕生日のことを言った。そして「おいくつになられたんですか？」と聞かれ年齢を答えると、マスターは驚いた表情。大した苦労もしていないせいか、僕は実年齢より若く見られることが多いのだ。思わず「もっと若いと思いましたか？」と言うと……。

信じられない答えが返ってきた。

「いや、もっと上だと思いました。50代か、もしかしたら60代かと」

……はあぁっ？

「いやだって、ハゲてるから！」

プルプルと肩を震わせ、笑いをこらえるマスターは、もはや寡黙でも誠実でもないただの愉快犯！　屈辱の60代疑惑とともに新しい1年は始まったのだったチクショー！

沖縄の人は、思ったことをそのまま口に出して言う。表裏がないのはけっこうだが「こんなことを言ったら相手を傷つけるかも」と躊躇することもない。とにかく思ったら言う。相手の心にグサッと突き刺さることでも、構わずに言う！

本島西部に浮かぶ渡名喜島を旅したとき。予約した民宿を訪ねると、主人がなんとなくケゲンな表情。なんだろう？　部屋に荷物を置きに行くと、主人はケゲンな顔のままついてくる。そして、この一言。

「アンタ、今すぐ風呂に入ってくれないかな？　汗臭いんだ！」

ええっ!?　真夏の沖縄を歩けば汗くらいかくだろう！　それでも言われた通り到着早々からひとっ風呂浴びたのに、その後も主人は俺をつけ回し、俺が歩いたばかりの

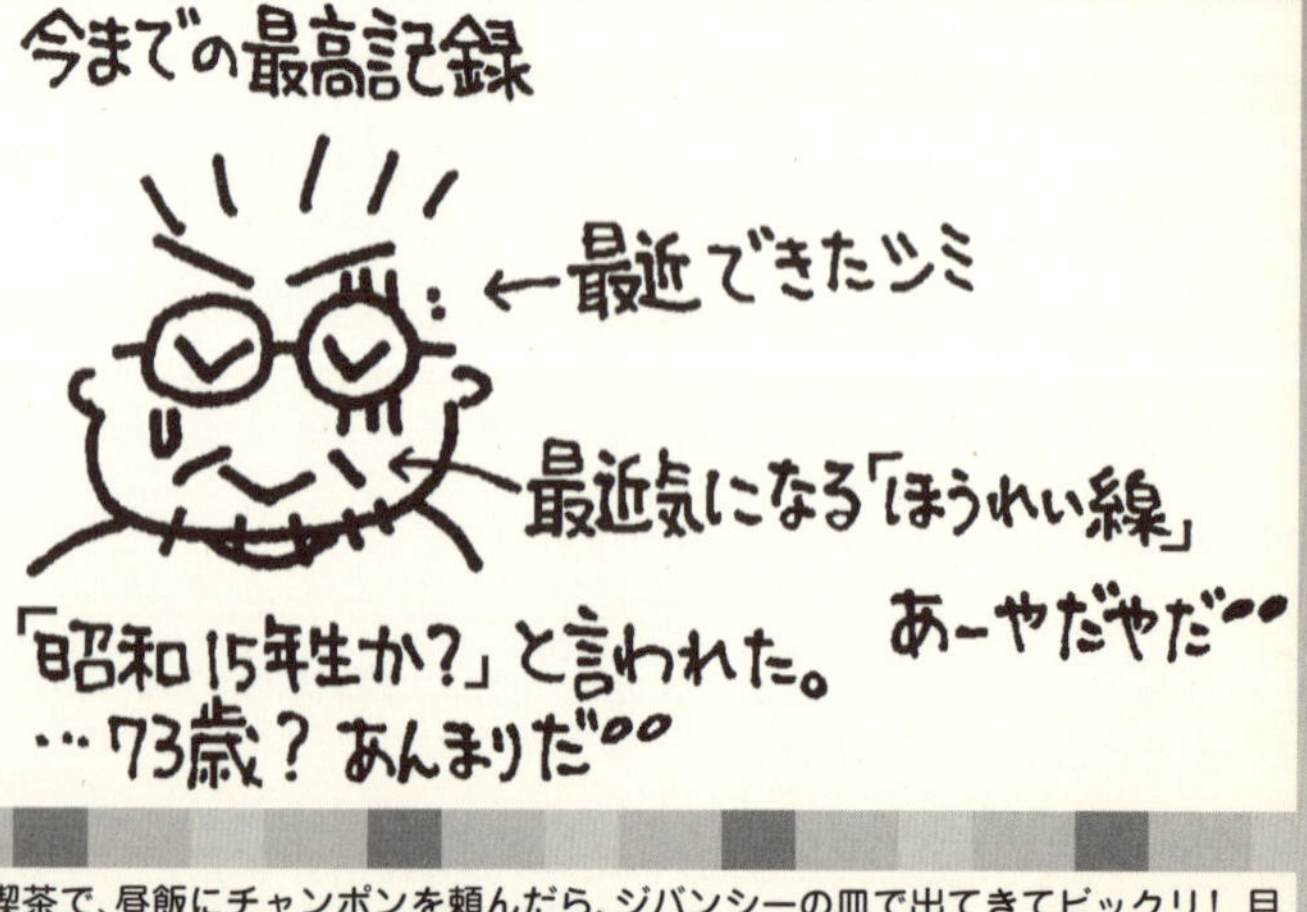
今までの最高記録
←最近できたシミ
最近気になる「ほうれい線」
あ〜やだやだ〜
「昭和15年生か？」と言われた。
…73歳？あんまりだ〜

はみだしぶちくんこーなー

宮古島空港の喫茶で、昼飯にチャンポンを頼んだら、ジバンシーの皿で出てきてビックリ！　目を丸くする俺に喫茶オバちゃん「ああ、沖縄のチャンポンは下がご飯だから」驚いたのはそこじゃない！　高級ブランド皿に盛られチャンポンも本望だろう。ジバンシーの立場？　知るか。

床をイヤミったらしく雑巾で拭いたりしていた。すみませんね汚くて。ああすみませんね！

取材で知り合った店を、東京で買ったお菓子持参で訪ねた。奥さんがお菓子の包みを開け、一口パクリ。

「美味しくないわね、コレ！」

グラリ。突然のストレートパンチを浴びて倒れそうになったが、かろうじて持ちこたえる。だがそこに続けて「うーん美味しくない！」「ホント美味しくないわ！」とジャブの雨あられ！　倒れるぞ本当に！

僕はこう見えても傷つきやすいのだが、それが沖縄の皆さんには伝わらないのだろうか？　さらに「この前来たときより老けたねー」とかトドメ刺されて、もう失神しそうなのだった。沖縄は癒しの島？　【冗談はヨシ子さんなのである。

小芝居バスアナウンス

セリフに感情を込めて乗客の心をつかむのよ！

毎度のことながら沖縄でノホホンとバスに乗っていると、それは突然聞こえてきた。

「……かなえたいの。アナタの願いを。ウフフッ……」

なんだなんだ、この色っぽいウィスパーボイスは！　だが車内には、色っぽくささやきそうもないオバアちゃんが2人いるだけ。そして引き続き頭上から「アナタの願い、かなえましょう！　沖縄ナントカ総合学院！」って、ウィスパーの主はバスのアナウンスだったのだ。沖縄のバスのアナウンスは最近、やたら台詞に感情こもった「小芝居バージョン」が増えていて、乗車するたび驚いてしまう。

「大丈夫だよ、そばにいるから！」といきなり野球部マネージャー女子高校生風に励まされても！　アナウンスお姉さんは、たぶん相当な大人だから、元気ハツラツぶった演技が不憫にすら思えてくる。ちなみに何の広告かというと「いつもあなたのそばにいる、沖縄メディカルスポーツ学院！」ってどうも小芝居アナウンスは学園系が多い。今ときは芝居仕立てが、若者の胸に響くのだろうか。学院が「そばにいる」って、校舎が家の前まで来てくれるのか（下らない突っ込み）。そして……。

心で演じるのよマヤ！
おそろしい子……
前、見えてます？
アンタがおそろしいわ!!

バスに揺られつつ、ふと思った。

このアナウンス、どんなお姉さんがしゃべっているのか。役者を目指して劇団に入った女優の卵？　それとも声は若いけど、外見は普通の主婦のバイト？　なんて妄想に浸っていると、再びアナウンス。

「キュッ、キュッ、キューブ！　キュッ、キューブ！　沖縄不動産の玉手箱、キューブは胡屋一丁目ー」

何かと思えば不動産屋？　ここまで弾けなくても。アナウンスお姉さんも大変だアハハハハ。

とか笑っていたら、降りる予定のバス停を、バスはとっくに通り過ぎていたのだったバカバカもう知らない！　バスのアナウンス、そんな普通のものまで普通じゃないのが沖縄。「もっと感情込めて！」とかバス会社の人に演技指導されるアナウンス嬢が、俺には見える。心で演じるのよマヤ！

（芝居ってことでオチは『ガラスの仮面』にゃはは）

歌は世につれアホにつれ

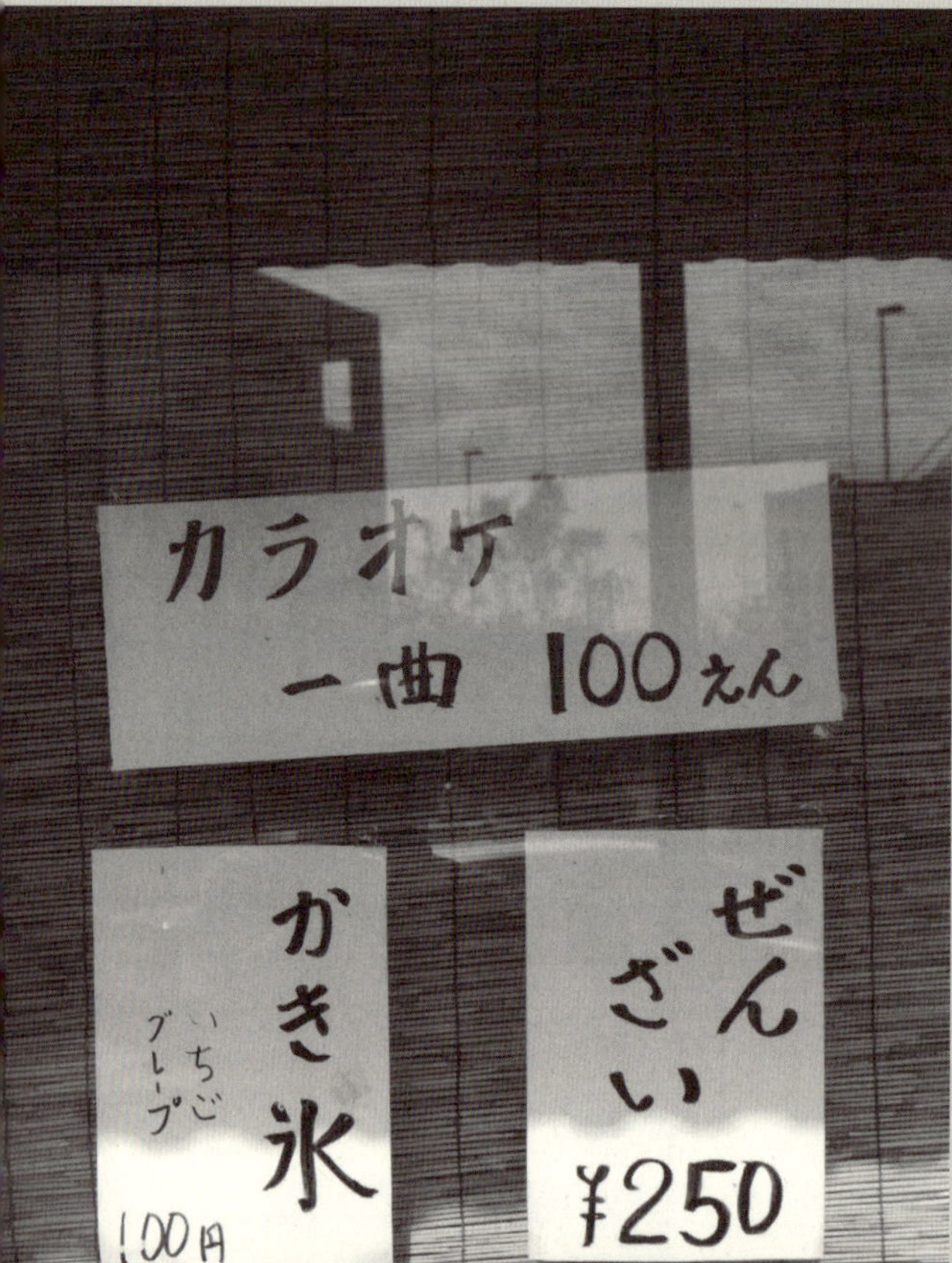

⬆ぜんざいカラオケ

カベル「ぜんざい（沖縄じゃカキ氷）食べながら歌うか?」 **セイウチ**「歌いそーだね、沖縄のじーちゃんばーちゃん。違和感ないね、そんなに」 **カベル**「歌いながら白玉が口に入ったら?」 **セイウチ**「歌い続けるだろうね」

ちょちょいとやっちゃう三原さん

カベル「ラーメンはまだしも、カラオケもインスタントって?」 **セイウチ**「マスター、『兄弟船』入れて！ →ちょっと待って、いま作るから、みたいな」 **カベル**「作るってどーいうことだよ?」 **セイウチ**「即席だけどね、みたいな感じ」

歌地獄

セイウチ「Tせら? ブルセラみたいなこと?」 **カベル**「Tシャツにセーラー服かも」 **セイウチ**「そしてノーパンかも。スペシャルゲスト、誰だろーね」 **カベル**「誰だと思うお前?」 **セイウチ**「マイク真木」 **カベル**「マイク放さないマイク真木、スペシャル感薄いな～」

審査委員長は古関裕而さん
（それは家族対抗）

カベル「東京タワーの写真まで持ってきて、何だコレ、右下の中部ガイド」 **セイウチ**「職場単位でしか飲みにきちゃいけない店なんだね。プライベート禁止！　一軒くらいあってもいいね、そういう店」 **カベル**「全てのテーブルで〈ささどうぞ、部長から〉状態？　オレはイヤだね」

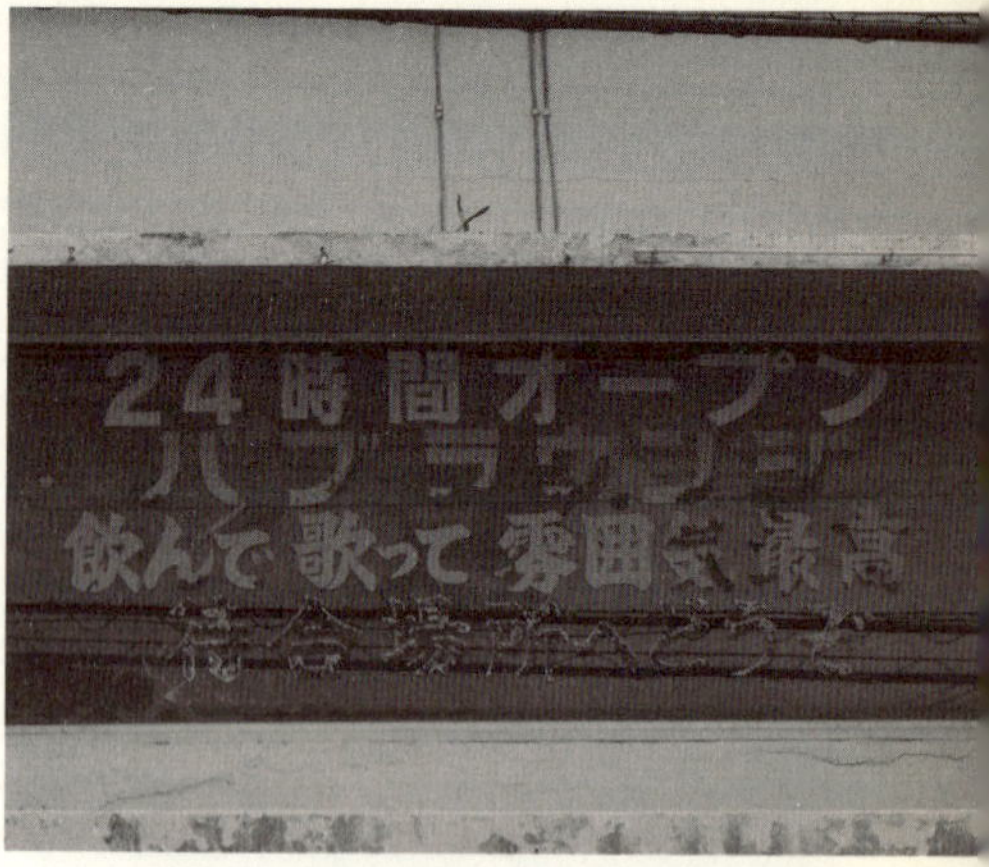

雰囲気最高
（自称）

セイウチ「あーここはアレだね、すぐには入れないの。待合場所にまず行って」 **カベル**「雰囲気最高だけにハードル高いな。っていうか待ち合わせじゃなくて待合。阿部定か」

バンザーイなしよ
（欽一）

セイウチ「略すとカラオケスタスタタンだね」
カベル「スタ誕って沖縄でも流れてた？」
セイウチ「うん、お笑いスタ誕もやってたよ」

今週のスポットライト！

セイウチ「THEがココにあることで著作権まぬがれてるね。〈いいえ、これはジ・ベストテン〉ですとか言い張って」 **カベル**「下のコレは。ソウル・チョコレート・グループ？　沖縄にこんなバンドいる？」
セイウチ「知らないね。魂のチョコレートってのもなんだか」

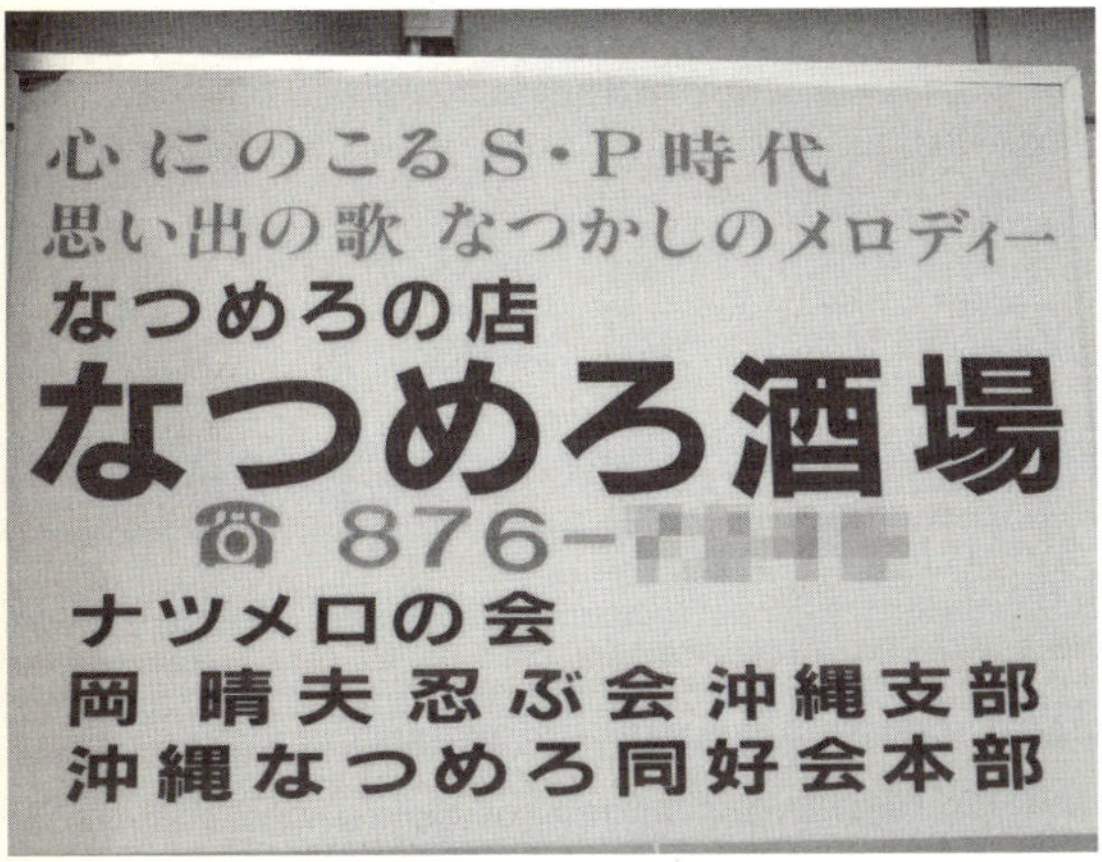

岡晴夫沖縄支部

セイウチ「岡晴夫って有名な人?」 **カベル**「大阪じゃ有名な……違った、それは岡千秋だ」 **セイウチ**「(必殺スマホ)……あー、憧れのハワイ航路の人!(そのまま本人の歌唱映像が音声と一緒に、作業中の居酒屋店内に流れ出す。周りの客がちょっとイヤな顔) しっかしSP時代が懐かしい人、そんなにもう生きてないよね」

夏木マリのメロディーではない

と言いつつ彼女の歌ももはや懐メロか。
♪もう〜イヤーン 絹のくつ〜したは〜♪

それは超懐かしのメロディー!

カベル「♪たらちねの〜♪」 **セイウチ**「それ何?」 **カベル**「万葉歌。〈超〉なつめろだから」 **セイウチ**「問題はその時代の〈オケ〉をどーするかだね」

ナウいじゃーん!

セイウチ「ナウ!(とりあえずシャウト) 字体がナウいね、踊ってる感じで。この角のとこ、どーなってるの? オブジェ的に」
カベル「そこがナウいんじゃねーのか?」

飲みすぎ注意報発令中！

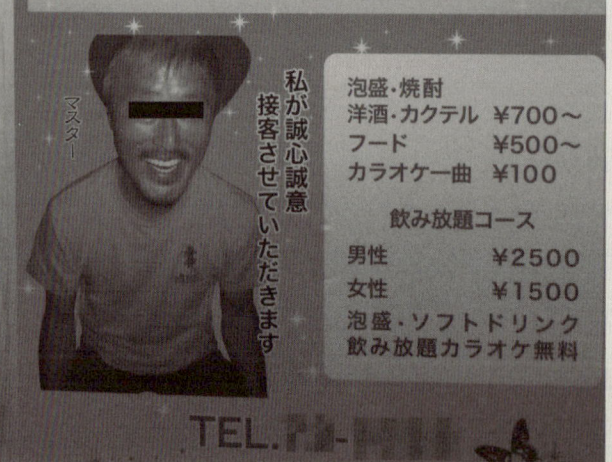

CLUB
[redacted]
The island of a beautiful paradise is south of the Okinawa island.
The name of the island is the Miyako island. A feminine
silhouette can be taken in to the beautiful gently-sloping Shimakage.
We are the goddesses of the Miyako island. A wonderful night is directed.
お詫び
当店では、只今ホステスさんの数が大変不足しております。
（マスターのセクハラにより、女の娘たちが次々にやめてしまった為？）
ご愛顧頂いているお客様、またガイドブック等を見ていらっしゃった
観光客の皆様には大変申し訳ございませんが、しばらくの間は
カラオケバーとして営業させて頂きます。
マスター
私が誠心誠意接客させていただきます
泡盛・焼酎
洋酒・カクテル ¥700～
フード ¥500～
カラオケ一曲 ¥100
飲み放題コース
男性 ¥2500
女性 ¥1500
泡盛・ソフトドリンク
飲み放題カラオケ無料
TEL.[redacted]

↑セクハラしたのは私です！

セイウチ「昔はあったけどね。女の子の従業員入ると、とりあえず〈オッパイ見せて〉って言って仲良くなる感じ」 **カベル**「コミュニケーションのつもりが、って男の言い分だな」 **セイウチ**「若いころはオッサンギャグとして成立してたのに、あるときからダメになったね」

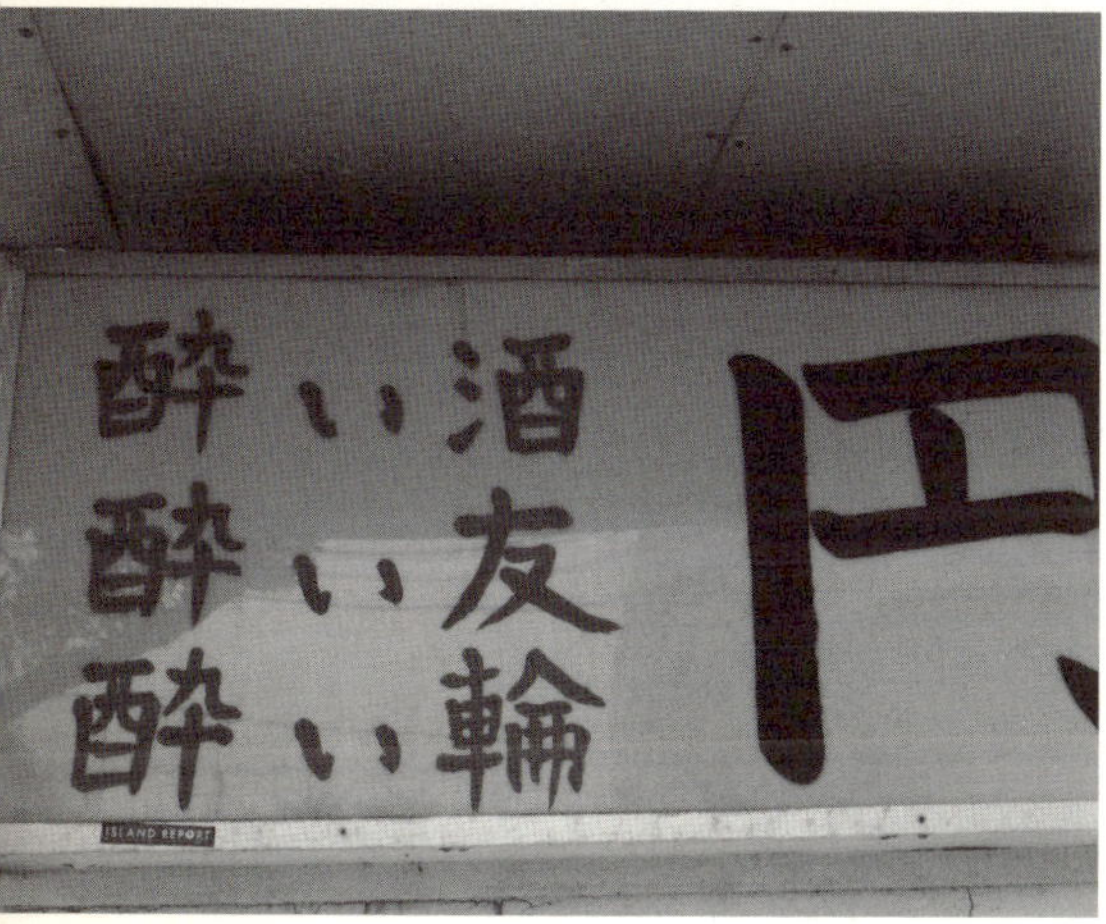

わ、わ、っわー、わがみっつぅ〜

(あ、ひとつか)

セイウチ「語呂悪いね。良いワッカくらいでいいのに」 **カベル**「輪なのに円だしな」 **セイウチ**「〈酔い円〉でよかったんじゃない?」

……しーん。

セイウチ「これ凄いね。行かないけど予約します、みたいな」 **カベル**「人数分のグラスと箸とオシボリが並んで……あ、0名だから人数分だと並ばないか」 **セイウチ**「わかんないよ。誰かが成りかわって宴を催してくれるかも」 **カベル**「誰かって?」 **セイウチ**「透明人間」

飲んじゃねーよ!

コイツに見守られてダーツ、カラオケそして古酒!それで楽しいのか、若い奴は?

しばらくご歓談ください

カベル「コレ何だろう?」 **セイウチ**「細木数子が〈アンタこれ画数悪いから伸ばして丸つけなさい!〉って言ったとか」 **カベル**「俺が聞いたのは、そういう〈何だろう〉じゃねーけどな」

哀愁のおやじ忘年会！

カベル「おやじプランがいちばん安いな。年に1度のぜいたくが3,500円ってのも」 **セイウチ**「おやじプラン全9品がコレ？　オカズが全部揚げ物だし。悲しすぎるね」 **カベル**「しかも卵焼きに焼き印で〈おやじ〉」 **セイウチ**「ぜいたくどころか罰ゲームだね、こりゃ」

哀愁のおやじオードブル！

カベル「こっちは一応5000円か。なんかでも、メニュー名が……。〈海老の〉じゃなくて〈海老no〉って？」 **セイウチ**「ラッパーだね。〈だよね〉を〈dayone〉と言っちゃう感じ」 **カベル**「鉄板でしょ？　と言われてもなあ」 **セイウチ**「イセエビがいなくなった途端に、ぜいたくな感じが消えそうだね。イセエビだけが頼り」

♪会はよ～会はよ～おやじの会はよ～♪

セイウチ「諸見小おやじの会は、このオードブル（左のやつ）で盛り上がるわけ？」 **カベル**「知らん。そしてルビふりすぎ。〈会〉くらい読めるだろ？」 **セイウチ**「〈おやじのえ？〉とか読むおやじがいるわけ」

髪は女の命なのよ！

⬆ 先生、オペの時間です（白い巨塔ごっこ）

カベル「オペ！　手術されちゃうのかな。メス！　とか言って」**セイウチ**「ブラシ！　蒸しタオル！　パーマ液！」**カベル**「それは普通の美容院だな、新米にちょっとキツいだけの」

たった1度のシャンプーで縮れ毛に逆戻り！

カベル「髪まっすぐになる感じしねーよな」
セイウチ「〈ストレ〉だし、なんか怖いね。うっすら営業中の様子なのも怖いね」

オバマカット始めました

セイウチ「〈パーマ〉の横の家、むしろアラブな感じしない？」 **カベル**「確かにイスラムの香りがするな」 **セイウチ**「オバマさんもね、ホントはイランと仲良くしたいんだよ。んでここがその、友好の拠点」 **カベル**「にしては警備体制が甘そうだな」

後頭部がデカく、目つきがイヤな女

セイウチ「BちゃんDちゃんだねえ」 **カベル**「書けねーことを言うなといっただろアホんだら！」

ふー、ゆー、がー、くーるーまえっにいぃ!

セイウチ「どうやってふくらますのかな?」 **カベル**「髪の毛でできてる風船だったらイヤだな」 **セイウチ**「『冬が来る前に』って、聴きながらハラハラしない? このハモリはどこまで上がるんだって。♪もういーちどぉ〜♪のあたり」 **カベル**「確かにどんどん上がっていくよな」 **セイウチ**「♪めーぐりあーいたぁいいい〜♪」 **カベル**「お前がそうやって公共の場(店の中)で歌い出すのもハラハラするな、オレは」

やさしさ(水谷豊)

カベル「どんな芝居すんだか」 **セイウチ**「髪の毛が1本ずつね、動いてしゃべるの。コンニチハ!とか」 **カベル**「いわゆるメデューサだな、それは」

パンチじゃねーじゃん!

セイウチ「パンチじゃないね」 **カベル**「チャールズ・ブロンソン入ってんな。うーんマンダム」 **セイウチ**「これは手入れの簡単なパーマってことで、パンチは別のこと言ってるのかもね」

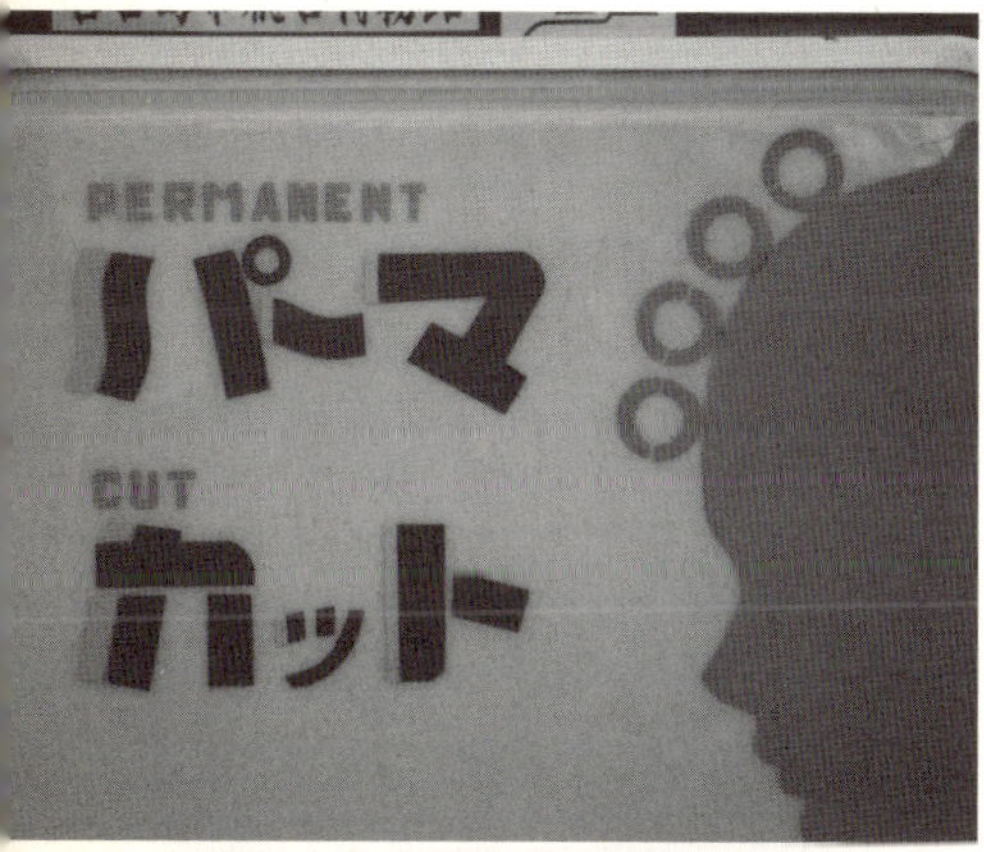

カーラーなのか、そういう髪型にされるのか

セイウチ「これはサザエさんの横顔?」 **カベル**「あのカールの中は筒状に空洞なのか?」 **セイウチ**「乗っかってるね。頭頂部も尖ってるね」

道ばた理解不能60連発!!

浦添ボディビルセンター
世界W.N.B.F.公認
初心者大歓迎
八十六年世界チャンピオン
新垣
氏が、ボディビルの
実積を活かし基礎から分りやすく

⬆ムッキムキ新垣ちゃん❤

セイウチ「すごいね新垣さん、世界チャンピオン。でも絵なんだね」 **カベル**「実物はどーなんだろ。意外と小倉一郎くらいかも」 **セイウチ**「じぁあヅラってこと?」 **カベル**「その小倉じゃない」

意味不明マッチョ自慢

カベル「その点この人は、写真だから本物だね」 **セイウチ**「この人やったら見るね。CMでも流れてるし」 **カベル**「この写真を北谷(ちゃたん)の58号沿いで撮ってたら、なんか背後で車が停まって。んで助手席からお兄さんが顔出して〈さすがですね！　僕もそれ気になってました〉って言って去っていった。〈さすが〉なのかな」
セイウチ「北谷を歩いてたのが〈さすが〉なんじゃない?」

あーら ご注文は ムキッ❤

セイウチ「怖いね。マスターじゃなくて兄貴と呼べ状態かも」
カベル「オレは入らなかったぞ。そのスジにモテるんで怖いから」

極限まで積む！

セイウチ「こんな写真載せていいの?」　**カベル**「もうなくなったからいいんだよ、この航路は。っていうか車のスキマに立ってるおっちゃんが、１台ずつ〈次その車入って〉〈次はその車ねー〉って呼んで、それが無駄なくスッポリ入るわけ。なんかもうパズル。上から見えてんのかって感じ」　**セイウチ**「ラストの１台が海に落ちないか冷や汗もんだね」　**カベル**「こーいう職人技も、どんどん消えていくな（シンミリ）」

↑住所、地名など、ほかの目印はないのか？

カベル「確かにアパートはあったぞ」
セイウチ「コレどこ?」
カベル「泡瀬」
セイウチ「埋立地だからねー。バス通ったとき、ほんっとにアパートしかなかったんだろーね」

↑路線バス様がバスに乗る

セイウチ「路線バスご一行様が観光バスに乗るの巻」 **カベル**「観光バス的には〈会社を支えてんのは俺たちだぞ！〉と思いながら、今回は路線バス様のほうがお客だから逆らえない」 **セイウチ**「んで路線バス様はここぞとばかり傍若無人に振舞うの。肩をもめ！ とか」 **カベル**「屈辱だな。でも〈せいぜい今日1日だけフンぞり返っているがいいさ〉とか思うの、観光バス」

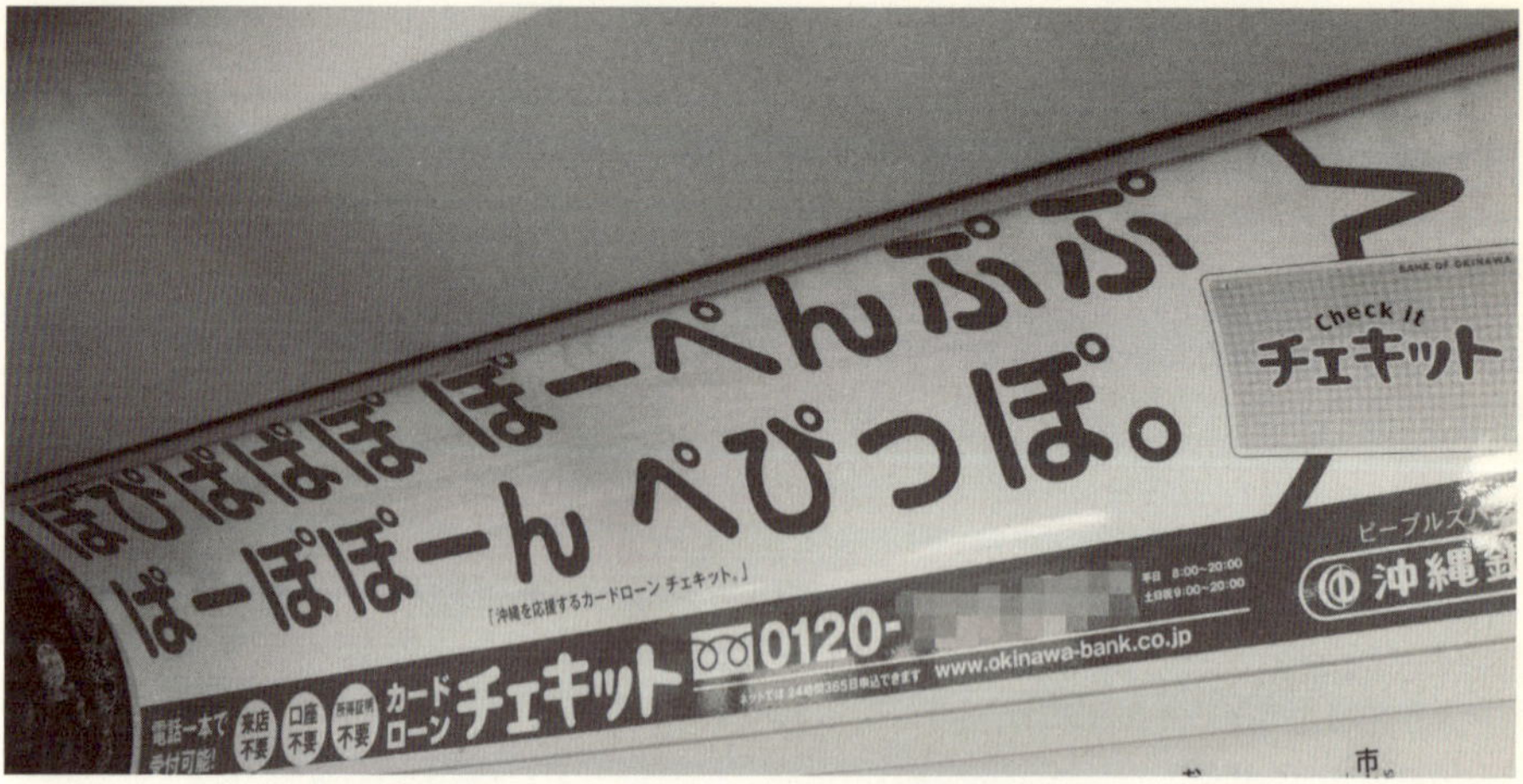

⬆ イワラちゃんですぱーぷー！

セイウチ「何これ、チキンラーメン?」 **カベル**「チとキしか合ってねーよドアホ。沖銀の宣伝会議で、この広告案のプレゼンは通ったわけだ」 **セイウチ**「幼児っぽくまとめてるけど、内容はローンだからね」

⬆ 今週の迫るショッカー

セイウチ「あはははは！　壁に書いちゃって40年そのまま！」 **カベル**「ここはご主人に話も聞いたぞ。〈ほら昔、ライダーの自転車流行ったでしょ？〉って」 **セイウチ**「ブリヂストンも〈ヂ〉だし」 **カベル**「それは正しいんじゃねーのかボケ」

尿道に管！

セイウチ「氷点下40度くらいの極寒でシッコすると、こーなるよね」 **カベル**「場末のヘルスで病気もらうと、こーゆー治療が必要になるから気をつけねーとな」 **セイウチ**「この首のクサリなに?」 **カベル**「あ、ホントだ。尿道ばかり見てて気づかなかった」

ゴーミ

セイウチ「あだ名かな?」 **カベル**「だとしたらヒドくねーか(ゴミ?) 名前じゃないの? 〈郷美(ごうみ)〉とか」 **セイウチ**「腕力強そうだね郷美」 **カベル**「そりゃ剛美(ごうみ)だろ」

クリスマスの公設市場にぶら下がるコイツ

カベル「どこからどう発想すれば、クリスマスにコウモリを飾るかね」 **セイウチ**「まあ本物がよくブラ下がってるけどね」 **カベル**「え、那覇でも?」 **セイウチ**「うん」

クリスマスの公設市場にぶら下がるコイツ PART2

カベル「じゃあコレは? クリスマスになぜ世界最大の蛾・ヨナグニサン?」 **セイウチ**「でも平和通りでよく、オオゴマダラとか飛んでるよ」 **カベル**「市場のアーケードの中を? 驚かねー?」 **セイウチ**「ううん、別に」

⬆500円のクリスマス定食

カベル「クリスマスの那覇で食堂入ったら、日替わりランチがローストチキン！　場末感プンプンのオバちゃん食堂なのに」　**セイウチ**「チキン出した時点で力尽きてるね。小鉢はキンピラだし」　**カベル**「デザートにサーターアンダギーまで。クリスマスケーキ的な意味かな」　**セイウチ**「にんじんシリシリーも付いてる。やっぱり途中で力尽きたねこりゃ」

⬆やーね、裏のハブ！

カベル「この近所で聞き込みしたら、ホントにこの中にハブいるんだって」　**セイウチ**「でも窓開いてるよ！」　**カベル**「夜は近づきたくないな。周りは草むらだし」

俺の歯ぐきを見ろ！

シカと歯科をかけたのかもしれないが、自分がシマウマである現実に気づけ！

カベル「中華料理って普通、上海か広東あたりのイメージでまとめねー？これじゃシンチャンウイグル自治区だろう」 **セイウチ**「壮大だね。ここまで奥地に行くと、中華も何もないよ。巨大ナマズ料理とか出てきそうだね」

自分で言う奴

作りながら「うわっ、俺ってけっこう面白い」とか思ったかもしれないが、世の中そんなに甘くないぞ

意味なく「悟空の大冒険テイスト」

怖くて入れません

開店したてで「すば」を名乗る店には、ありがちな現象

下町の銭湯で見たヤクザの背中をふと思い出す

カベル「これシーサーのつもりかね?」
セイウチ「もはや百鬼夜行だね」

隣に越してきたらイヤだ

セイウチ「いっぱいいるよー、こんな感じの親子」**カベル**「え、マジで?」**セイウチ**「隣に越してきたんでヨロシク〜って言われてうわっと思って。そんでその日の夜からテレビつけた途端に〈うっせーぞ！〉とか壁殴られんの」

ニヒルに決めても質流れ

カベル「お嬢さん、そのロレックス買わせてもらうよ。フッ……」 **セイウチ**「質流れの時計とバレた瞬間、女は去っていくだろーね」 ※どーでもいいのだが、いまワードで「フッ……」と打とうとしたら「富津」と出てきてビックリ←さらにこの文を打ってたら「打とうと」が「ウトウト」だって。あーもう休みたい！

宝石紳士

セイウチ「オウッ！ ミスタージュエリー！（ネイティブ発音のつもり）」 **カベル**「聞き取りやすい日本語だぞアホ。しかしミスター、最近はいないよな。ちょっと前ならミスター・マリックとかミスター高橋とか（新日レフェリー）」 **セイウチ**「ミスター和田」 **カベル**「誰だよ?」 **セイウチ**「アキ子」 **カベル**「殺されるぞ」

何を描き足そうと？

セイウチ「この人、この上ナニを描こうとしているのかな。カントリー野郎」 **カベル**「質屋の窓口男がこのファッションだったら、高価買取は望めないな」

お、おじいちゃんに悪魔が！

セイウチ「これ何？ この背中に乗ってる生き物！これがきっと悪魔なんだよ」 **カベル**「おおっ、そう言われればそうかも」 **セイウチ**「人間じゃないね、どう見ても」 **カベル**「おじいちゃんの口に歯を描き足したガキこそが、本当の悪魔かもな」

右がかわいい
カマドさん
そして仕事(しぐと)
どんすりば！

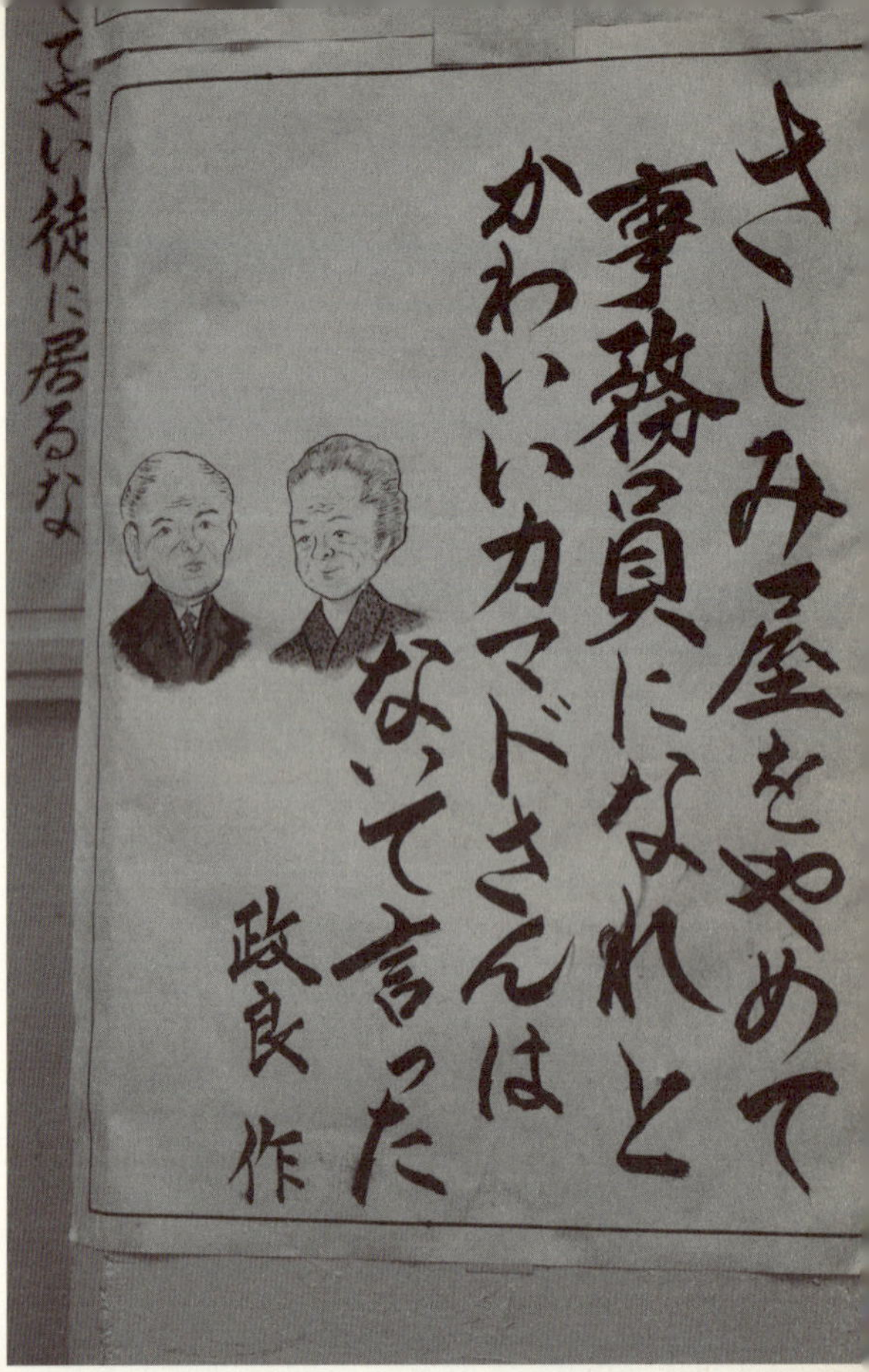

セイウチ「(ブリッ子風の口調で)さしみ屋のアナタじゃなくて、事務員のアナタが好きなの、カマドはぁ！」 **カベル**「カマドさん自分のこと〈カマドはぁ〉って言うかな?」 **セイウチ**「下のこっちは?　キスするヒマがあったら仕事しろってこと?」 **カベル**「この論法が正しければ、アメリカ人は全員貧乏かもな。キスバカ大国(なんの恨みが?)」

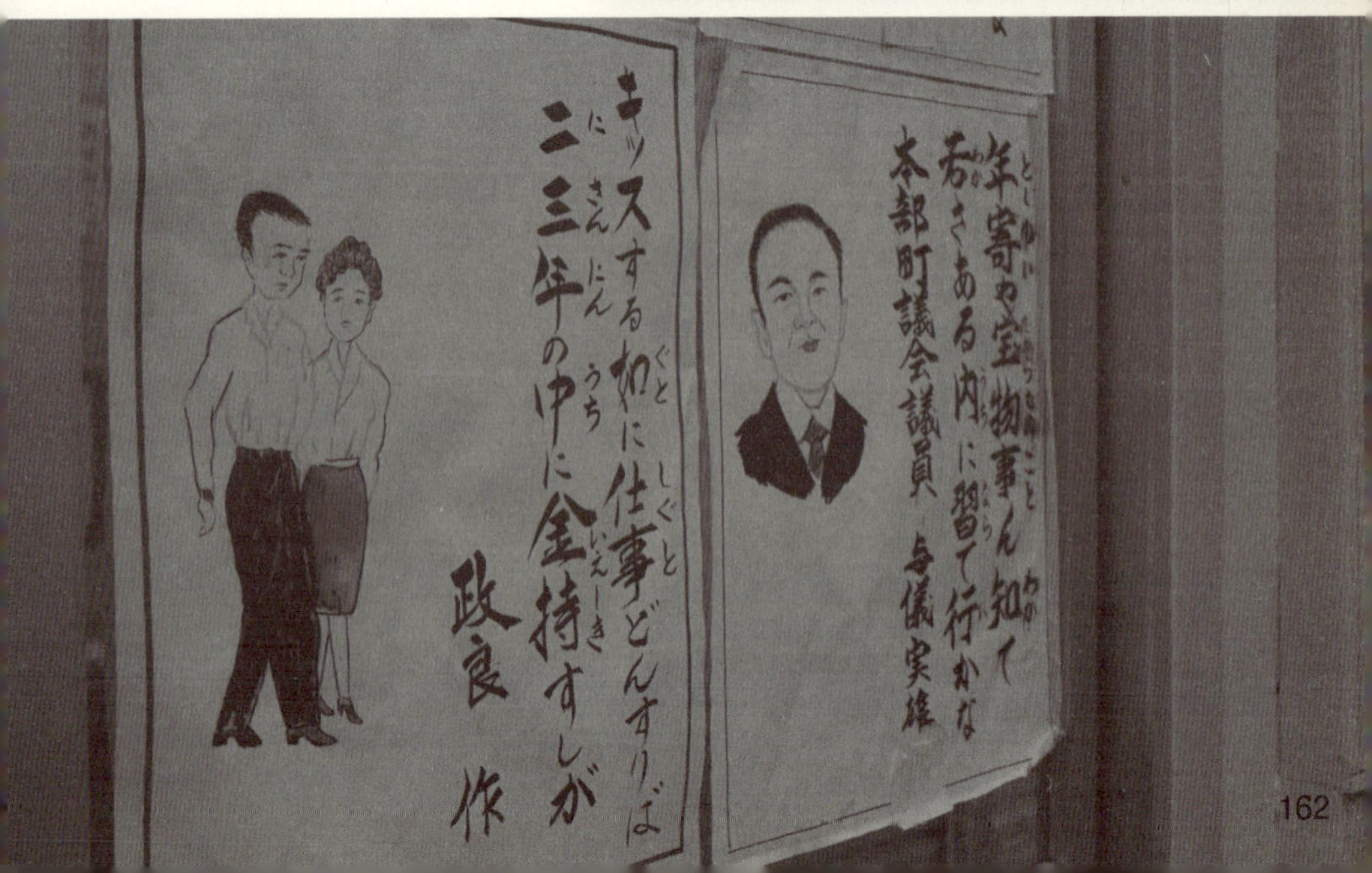

2億4千万のドライアイス

カベル「日本を代表するドライアイス製造会社かも」 **セイウチ**「ジャパーン!(ヒロミ郷の声マネで)」 **カベル**「氷屋ならまだしも、ドライアイス単品で商売成り立つのかね?」 **セイウチ**「ジャパーン!(引き続き郷のマネ)」 **カベル**「ジャパンってことは日本中を網羅するのかな? 沖縄から北海道まで輸送するのも大変だな。あ、北海道は天然の氷があるからいいのか」 **セイウチ**「ジャパーン!」 **カベル**「……いつかお前を殴る時が来るとしたら、それは今かもな!」

飄々と生きる

セイウチ「何があっても動じない感じだね、この人」 **カベル**「こういう風に生きたいもんだな」

ルマンドそしてホワイトロリータ

カベル「ブルボン王朝も落ちたもんだな」　**セイウチ**「昔は馬車で移動したのに、今じゃ大八車」　**カベル**「……なんで大八?」　**セイウチ**「屋根の上」　**カベル**「よく見てんなお前。ブルボンの高貴な菓子の中で〈味ごのみ〉だけ浮いてるよな」　**セイウチ**「それが没落の理由じゃない?　んで裸一貫、大八車で出直す感じで」

わたし、まけましたわ PART2

セイウチ「う、うたごえBANK?　いつか下ろせるのかな?」　**カベル**「うたごえバンクバンク…(徐々に小さくなる)」　**セイウチ**「どしたの?」　**カベル**「エコー」

わたし、まけましたわ

セイウチ「……(しばらく沈黙)あー、回文になってるんだ」　**カベル**「そこまで気づかれないようじゃ、せっかく回文にした効果は薄いな」

失われた野生の本能

カベル「すっげー寝てた。大イビキかいて。俺が頭頂部あたりに近づいても気づく気配ナシ！」 **セイウチ**「じきに起きるだろうね。〈あつっ！〉って」

オー、グレイシャス！

カベル「どんな運動すんの？　グレイシャス運動」 **セイウチ**「昔ミス沖縄とかミス那覇が、グランプリ以外に3人くらい選ばれちゃって、仕方なくてミスグランプリ那覇とかそれぞれ呼び名変えて」 **カベル**「……え???」 **セイウチ**「それ以来のグレイシャスだね」 **カベル**「……だから、え???」

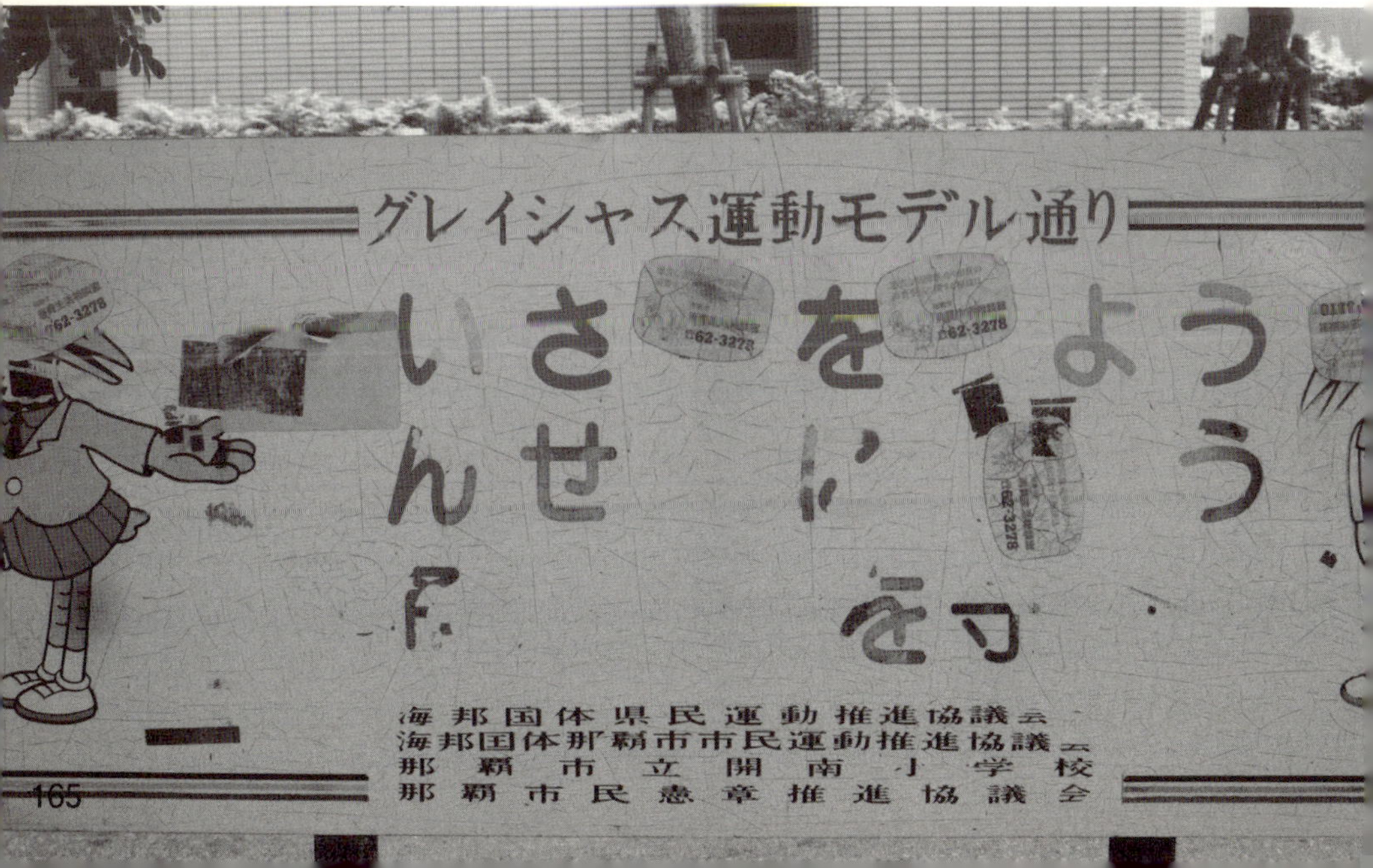

モデル初仕事

「◇◇子、この前のモデルの仕事どうだったの？　お母さんにも見せてちょうだい」「いや、あの、それが……」

へその？

セイウチ「ワサワサするね」
カベル「位置も絶妙だな。確信犯かもしれないけど」

一字入魂！

「マ」の一文字に彼女が込めた想いとは？ っていうか天才かも

キャンティみたいな感じ❤（みつるもメモリー）

セイウチ「下地洋品店しか普通の店がないね、森田ビル」 **カベル**「レディースファッションで〈がじや〉ってのも」 **セイウチ**「特攻服そろってます、みたいな」 **カベル**「そっちのレディースか？ みつるの思い出は見たい？」 **セイウチ**「見たくない。その上のハウスも。ビルなのに」

苺そしてオーラ

オーラ強すぎてオイラにゃ近づけねーだ。あ、オーラとオイラ、ちょっとだけダジャレなのうふっ

そういうお前は何者だ!?

カベル「未知の生物だな。頭から手が生えてるし」 **セイウチ**「未来少年コナンの船長が、こんな奴に乗ってたね」

色を描くんだそーです

カベル「色を描く！　写真は撮らない！　信じていいんだろうな?」 **セイウチ**「1000円ねー。当たる占いだとしたら安いかなー」 **カベル**「美美と書いて〈ちゅちゅ〉。糸満のビーチは美美と書いて〈びび〉」 **セイウチ**「美美ビーチはもはや海水浴場じゃなくて、バーベキュー場と化してるね」

ダチョーン！

カベル「ダチョウ牧場、沖縄にけっこうあるよな。女子は欲しいのかな、オーストリッチのバッグとか。奥さん持ってる?」 **セイウチ**「ワニ皮の財布なら持ってるよ」

美香おにぎり
イチローカレー
美香おにぎり
イチローカレー

宮里美香おにぎり
おにぎりには胚芽米に高温長時間かけたもみ殻玄米粉（ハード玄米粉）、黒ゴマパウダー、濃縮梅（陽梅）が入っています。
The Mika Miyazato onigiri rice ball
Onigiri is made of rice. Rice husk powder is cooked at a high temperature for a long time & black sesame powder, and a filling of condensed plum(Yambsi) is added.
アメリカ女子ゴルフ界に現る世界に一番近い人…!? 宮里美香。
確かな実力の源泉は玄米と梅干し、遠征時でも常にそれをおにぎりにしている。その価値観をお客様にもご賞味頂いて彼女のしなやかなスイングに思いを馳せてみませんか！
She is the closest woman to the American golf world!? Mika Miyazato's source of power is from brown rice and Japanese salted plum. She brings onigiri with her wherever she goes on expedition. We would like you to enjoy the taste of onigiri and let's think of her elastic golf swing!

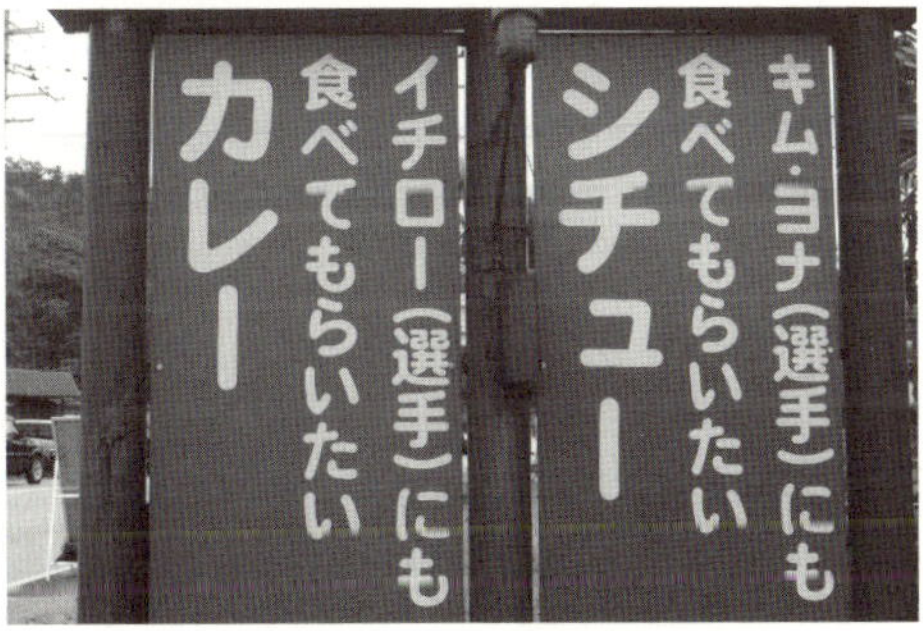
キム・ヨナ（選手）にも
食べてもらいたい
シチュー
イチロー（選手）にも
食べてもらいたい
カレー

イチロー、ヨナ そして美香(叶?)

セイウチ「……これはどーしたらいいんだろうね」 **カベル**「キム・ヨナがシチュー食べるイメージ薄いけどなー。そして叶美香かと思ったら宮里」 **セイウチ**「価値観をご賞味してスイングに思いを馳せる！ おにぎりでそこまで言われてもね」

……ああ、この結婚、失敗だったかも

式場から今すぐ逃げ出すか、それとも式は挙げて2ヶ月くらい夫婦生活を我慢して送ってから離婚を切り出すか、傷はどちらが浅いだろーか

むしろ五右衛門では？

セイウチ「沖縄に来ただすぅ！　ニャーンコせんせ〜い！」**カベル**「キクちゃんとハナちゃんは同一人物だと、俺はずーっと思ってた」

じーぐざぐざぐ じぐざぐじぐざぐ！

セイウチ「ほかのものも洗えたらいいのにね、ズボンとか」 **カベル**「スニーカーと一緒に洗ったらザビザビになるだろー。っていうか聞いたんだけど、昔は豚の中味（内臓）汁作るとき、中味を洗濯機で洗ってたってホント？」 **セイウチ**「まあ大昔の話だね。中味は臭いから、匂いとるために」 **カベル**「その洗濯機を覗き込んで、思いっきり息吸ったら？」 **セイウチ**「人生最初からやり直すね」

ファイヤー！

セイウチ「（落ち着き払って）ああ、ゴミの分別だねー」 **カベル**「なんだよ冷静だな」 **セイウチ**「だって沖縄じゃ普通だもん、コレ。正確には〈燃やす〉だけど」 **カベル**「〈燃える〉じゃ自動発火だしな」 **セイウチ**「たまにあるけどね。そーいう謎のゴミも」

カニ3連発！

セイウチ「そりゃカニは横断するよね」 **カベル**「タテに歩いたらサギだろう」 **セイウチ**「バーバーかにはカットが上手そうだね」 **カベル**「あのハサミはつねるにはいいけど、カットには向かねーんじゃないかな」
セイウチ「それにしてもツブラな瞳だね、かに食堂」 **カベル**「沖縄の人って、本土みたいにカニに執着あんの？」
セイウチ「別に。ヤシガニも食べ過ぎると腹こわすしね」

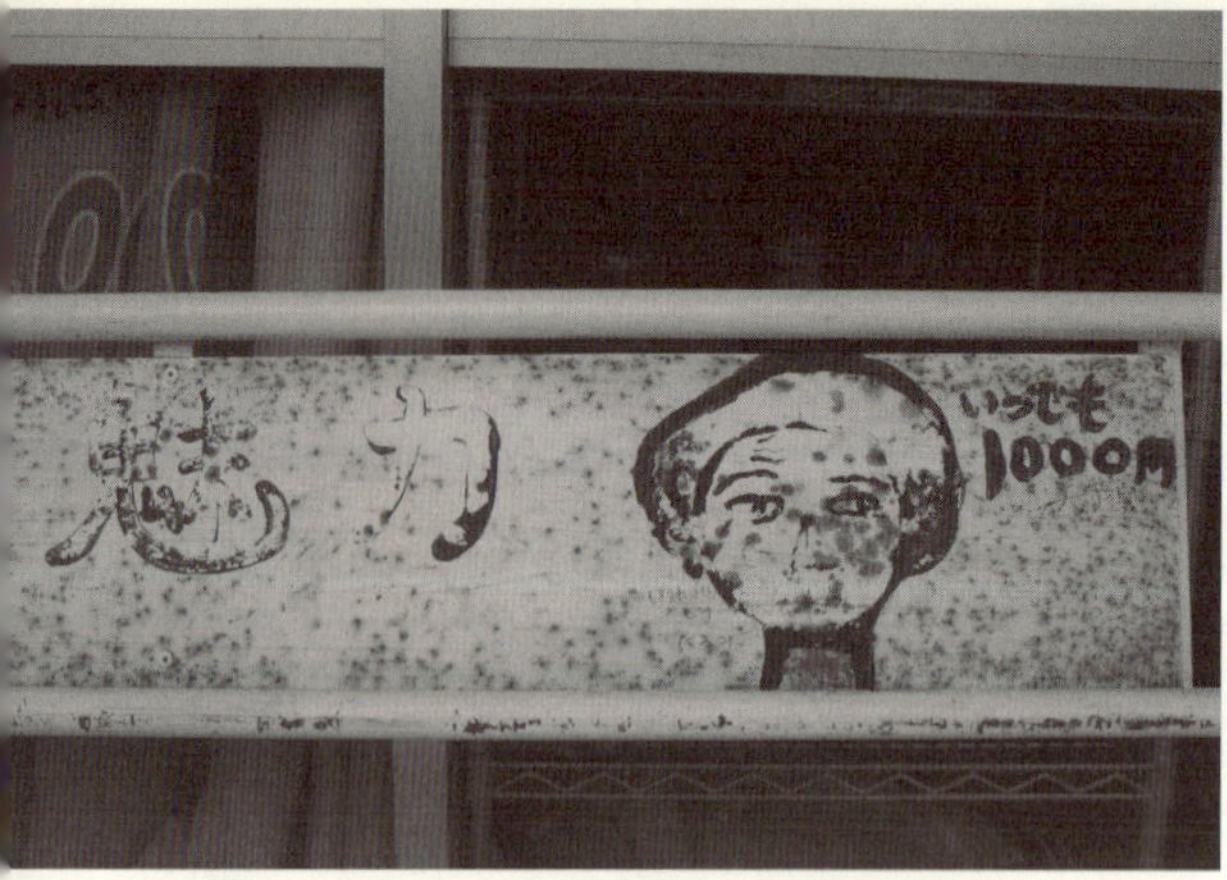

なんて魅力的な人なんだ……

いつでも1000円で、何をしてくれるのだろうか。
ツンデレ夫人

だから何を？

セイウチ「見るものないねー。……あっ、ひとつある！」 **カベル**「ホントだ、よく見ると」 **セイウチ**「うっすいなー。何て書いてあるの？ ……何これ〈トランラン〉って？」 **カベル**「見る価値はなさそうだな。たったひとつの出し物なのに」

新しいのに古い

セイウチ「女房でいるよね。新婚なのに古い感じがするの」
カベル「いるなー、友達の結婚式とかで。こーいうこと言うから俺には女房が来ねーのかな」

それは愛されるほど悲しい愛……

「アナタのそばにいる、アナタをいちばん大切に思ってくれている人の存在に、アナタはまだ気づいていないだけ」とか言う奴はうぜー

↑ びえ〜ん！

セイウチ「え？ コレこうじゃない？（と写真を上下さかさまにする）」
カベル「おおっ、オチョボロの女子に！（みんなもやってみよー）」
セイウチ「これどこ？」 **カベル**「なんか再開発タウン」 **セイウチ**「その仕事したくなかったのに、でも生きるため受注しなきゃいけない。心の中で泣いたんだろーね建築デザイナーが」

↑ しょぼっ

カベル「どんなイベントやるのかね、この屋台で」
セイウチ「何をやっても左後ろの家は迷惑だろーね」

ゲバラ泣いちゃう、もう!

セイウチ「俺の息子、ゲバラと誕生日一緒なの。そんで俺はポルポトとホーチミンと一緒。あとアンドレ・ザ・ジャイアントも」 **カベル**「お前だけ大物感に欠けるな。そしてなぜバナナ?」 **セイウチ**「キューバの首都だから」 **カベル**「そりゃハバナだ」

土星とタコス

セイウチ「宇宙食でタコスってどうなのかな」 **カベル**「ひき肉が船内にマンベンなく飛び散りそうだな」

喫茶店始めたの。でも閉じちゃったのウフッ (メルヘンのつもり)

セイウチ「めくれん？ 何がめくれないの？」 **カベル**「メルヘンだよこの大ボケ野郎！（ついにキレた）」 **セイウチ**「大阪じゃないコレ？ めくれへん。コレめくれへんわー」 **カベル**「その口を頭頂部までめくってやろうか!?」

ビンゴ大会は大騒ぎ!

ズラリ並んだ商品めがけ 島の皆さん大暴走!

南大東島で、ヒョンなことからグランドゴルフ大会に出た。どう「ヒョン」だったかは既刊『絶海の孤島』を読んでもらうとして(さりげない宣伝へっ)大会のあとの懇親会にも参加した。席につくと、すかさずオバちゃんが缶チューハイを配りにくる。

オバちゃん「どれがいいかねー?」オレ「巨峰ください」オバちゃん「私の巨乳じゃなくて? ワーッハッハッ!」そういうのいらねーから、巨峰ハイを置いてさっさと失せやがれ! 脈絡のないつまみトリオ「おでん・刺身・コーヒーゼリー」も配られ、懇親会はゆるゆる始まった。

「えーそれでは皆さんお待ちかね、ビンゴ大会始めましょうね!」

懇親会の唯一のプログラムはビンゴ大会。参加者全員、90過ぎのオバアちゃんだろうが0歳児だろうがウムを言わさずビンゴカードが配られ、ビンゴ開始!

「えーと、最初はBの4!」

おおーっ! と「4」がヒットした人から唸るような雄叫びが上がり、そうだ、当たればなんかもらえるんだ! な雰囲気が一気に盛り上がる。

「私は3だけど、ダメなの?」

とオレの正面に座るバアちゃん(推定87歳)。ダメだってば。そして開始数分で早くも、

「おーっと副村長リーチ!」

うぉーっと上がる叫び声! っていうかビンゴ大会は村長も副村長も、小中学校の校長も参加! その校長もリーチして「なぜVIPな人々が先に!?」とヒンシュク空気も流れつつヒートアップ! 「次は23!」バアちゃん「24はダメかねー?」ダメだってば! ここで司会のお兄さん「さ、今日は那覇行き航空券もペアで当たります。……ペアじゃない? 1名様だそうです(汗)」

ブブーッ! 「ええ、今ペアって言ったじゃん!」と大ブーイングが起こり、慌てて航空券はペアに変更(ありなのか?) そして徐々に「あー、ビンゴ!」「私もビンゴ!」と次々にビンゴ! 皆さんイソイソと商品を取りに行く。そんな中、僕のカードはまだビンゴには程遠い。

と言いつつ本日のビンゴは「外れナシ」。全員になんか当たるわけで、残り物には福がある、とデレーンとしていたら……異変発生。

「あ、また当たった! もう1回行ってくるわー」……もしもし隣のオジさん、今なんて言いました? やがて主催者側も異変に気づきザワザワし始めた。

「……えー皆さん、ビンゴは1回当たったらオシマイです! ひとりで2回以上当たらないでください!」

どっひゃーん! 万国共通のビンゴルールも孤島に行けば変わるのだ。ここで……おっ、オイラもめでたくビンゴ! 商品もらってきますー!

紙に包まれた商品を受け取ると……およっ、タポタポいってる! 液体だ! 酒か? 泡盛か!?

……包みを解いてみると、それは無情にも「ほんだしとしょう油のセット」ってなんじゃそりゃ!? ここで一句。煮物でも 作って欲しいが 彼女ナシ。にゃははチクショー。まさかのカツオ風味に呆然とするオレの耳に、隣のオジさんが「あ、3回目当った!」と叫ぶのが聞こえてくるのだった。

というわけで
ビンゴの賞品
しょうゆ
ほんだし
てへっ
コイツが空港の
荷物チェックで
イチイチひっかかった

『絶海の孤島』でも載せたネタだけど、詳しく書いてみまぴた♡

メガネは顔の一部です！

アバウトなメガネ選びに東江三姉妹もビックリ！

本島中部の三線屋でご主人を取材したんだわさ。んで終わって帰ろうと思ったら、そのまま車で那覇まで行くというので、一緒に乗せてもらっちゃったのウフッ。途中でご主人は「寄るところがある」ってんで道を山側にそれたわけ。坂をグングン上って、どこに行くのかにゃーと思ったら、車は森の中の小さな店の前で停まったのさへイベイビー。店はウッディなカフェで、ハーブや塩、ドライフラワーなんかも売るネイチャー方面な感じ。こんなヘルシーな店で何を買うのかなー？ と思って見守っていると……。

「メガネある？」

へ？ この森のカフェでメガネはないだろう。と思ったら物販コーナーに、塩やハーブやアロマキャンドルと並んでメガネが置いてある！ それもたったの4つ！ そして、

「これはどうだ？ ……ダメだ！」

ご主人はその中のひとつをオモムロに取り上げると、かけた。度が合わず、一つ目は失格。続いて2つめに手を伸ばす。

「これはどうかなー（と言ってかける）ダメだねー」

残りはもう2つだ。っていうか。メガネって、メガネって。

こういう風に買うものだろうか！

眼科で検眼して処方箋を作ってもらって、それを持ってメガネ屋さんに行って、ズラリ並んだ中からお気に入りのフレームを選んで買うものではなかったのか？

そんな僕の驚きに気づかず、ご主人は3つめのメガネをかけると、

「……まあいいか。いいな。コレちょうだい」

めでたくお買い上げ。ピントがドンピシャで合ったわけではないようだが、まあ許容範囲だったようで。

だが僕は聞かずにいられなかったので、聞いてみた。その選び方でいいんですか、本当に!?

「見えりゃいいんだ、メガネなんて」

……ぶっきらぼうに言い放つご主人に、男の生き様を見た気が……しないでもないのだった。うーむ。

メガネ主人61歳！
怒り顔だけど性格プリティ♡
見えりゃいいんだ！
でもTVロケで大物芸人Bが来たとき、そのフザけた態度にブチ切れて土下座して謝らせた。男だね!!

はみだしぶちくんこーなー

「イオン具志川に衝撃走る！ 東江（あがりえ）メガネに東江三姉妹が登場！」ええい、そのCMがテレビで堂々と流れるのが衝撃だわい！ キャッツ・アイも泣いて謝る南国三姉妹登場で、寒さを感じるヒマもないまま沖縄の冬はあっという間に過ぎていくのだった。っていうかまだ過ぎてねーよ。冬だよ。晴れると夏みたいな日もあるけどな！

出たいのに「出たい」と言わない人々

写真撮られるのは好きじゃない？ ウソをつけってんだよ！

「では当日、ご主人の写真も撮らせていただきますね」「わかったよー」というやり取りを経て取材に出かけた、本島中部の某食堂。 んで店に着くとご主人は、パリッとノリのきいたシャツを着て待っていた。 さっそくカメラを向けハイチーズ……ん？

ファインダーの中でご主人がケゲンな顔。 ど、どうしたのですか？

「どうしても撮らなきゃダメ？」

へ？

「ボクの顔なんか撮らなくても別にいいでしょー」

この期に及んで何を言い出すか！ お店の人の顔がわかるほうがいいですからと説き伏せて、微妙な笑顔ながらも主人の撮影成功。 それにしても撮影快諾だったはずなのに、いざとなったら渋るとは。 恥ずかしいのかもしれないと思い、僕はご主人の顔写真を本に小さく掲載した。

そして出来上がった本を送ると、主人から電話が来た。

「ボクの写真、もう少し大きくても良かったねー！」

はあああっ!? わかった。 本音では「出たくて仕方なかった」のに「そんなに出たくないフリ」をしていたのだ。出たいなら出たいと正直に言ってくれればいいのに！

……と思うのは僕ら本州者のあさかはさ、いや浅はかさ。 沖縄のオジさんオバさんは、カメラを向けるとやんわり断りつつ、実は「出る気マンマン」なことが多いのだ！

石垣島の某居酒屋で取材を申し込むと、マスターは「そういうの好きじゃないんだよね」と渋い顔。 口説き落として、マスターの顔も含め写真を撮らせてもらった。そして本ができて送ると、電話が来た。

「親戚に配りたいねー。30冊追加で買いたいねー」

おーい、渋い顔していたのは誰だーっ!? その後店に行ってみると

「出てみたら嬉しいもんだねー」と言って、マスターはウヒッと笑った。 取材は好きじゃない？ どの口が言ったんだか全く。

本島の某・民家改造喫茶店。 女主人のオバちゃんに取材を申し込む。

民宿のオバちゃんに「撮影したい」と頼んだら
「明日にして」と言われ、1日で
大変身!!
いつ行ったのか
パーマ！
化粧
バチ決め！
ああ撮影？
そうそう
今日だったわねえ!!
しっかり覚えていたクセに!!
ゆびわ
ゆびわ
昨日のオバちゃん
だはは！
パンプス

「ワ、ワタシの写真も撮るの？」「もし良ければ」「こーんなオバさん撮ってどうするの？ ダメダメよ！」

ダメダメ言いつつオバちゃんは奥に引っ込んでしまった。 仕方ない、店と料理だけ写真を撮って出ようとすると、入れ替わりにダンナが出てきてこう言った。

「少し待っててねー。いま女房、風呂入っているからー」

へ？ なぜフロに？ そして待つこと1時間、風呂上りで髪を完璧にセット、よそ行きの花柄ワンピースを着て別人に変身したオ

バちゃんが現れた。撮られる気500万点！「ダメダメ」じゃなかったのか？
これなら撮影OKだろう。僕はオバちゃんに声をかけた。
「外で写真撮りましょうか？」
「写真？ああそうね。写真ね」

……そこまでキメておいてなぜ、「撮影のことなんて忘れていたフリ」ができるのか？　そんな僕の驚きをヨソに、カメラを向けるとオバちゃんは100万ドルの微笑を見せるのだった。いやはや。

その道案内はわからん！

説明されればされるほど袋小路に迷い込む不思議

那覇でヒマな夜、まだ知り合って間もないころのトベセイウチを電話で呼び出した。「飲まねー？」「あーい」と商談成立、「首里まで来てくれると都合いいんだけどなー」と奴がワガママぶっこくので、「ゆいレール」首里駅で下りたら電話することになった。んで乗って下りて電話。どっちに行けばいいんだい？

「互い違いの交差点にファミマがあるわけさ。ファミマを背にして歩くと公民館と空手道場があって、その先の歩道橋で待ってるよーん」

……駅まで来いバカ。とムカつきつつも「ファミマがある互い違いの十字路」へ――のはずが。

ねーぞ！　再び電話する。

「〈ゆいレール〉がカーブしてブチンって切れるわけ。そのカーブの曲がる方向に戻るわけさ！」

はっ？　わかんねーけど、それでもレールがカーブしてブチンと切れる真下にファミマ発見、互い違いの十字路になっている。それを背にしてズンズンと歩くと、やがて公民館が……現れねーぞおい！

「その道違うさ！　十字路で一本だけ暗くて細い道があるわけ」

……コイツと飲むの、やめようかなと思いつつ最後の気力を振り絞ってファミマに戻り、いちばん暗い道

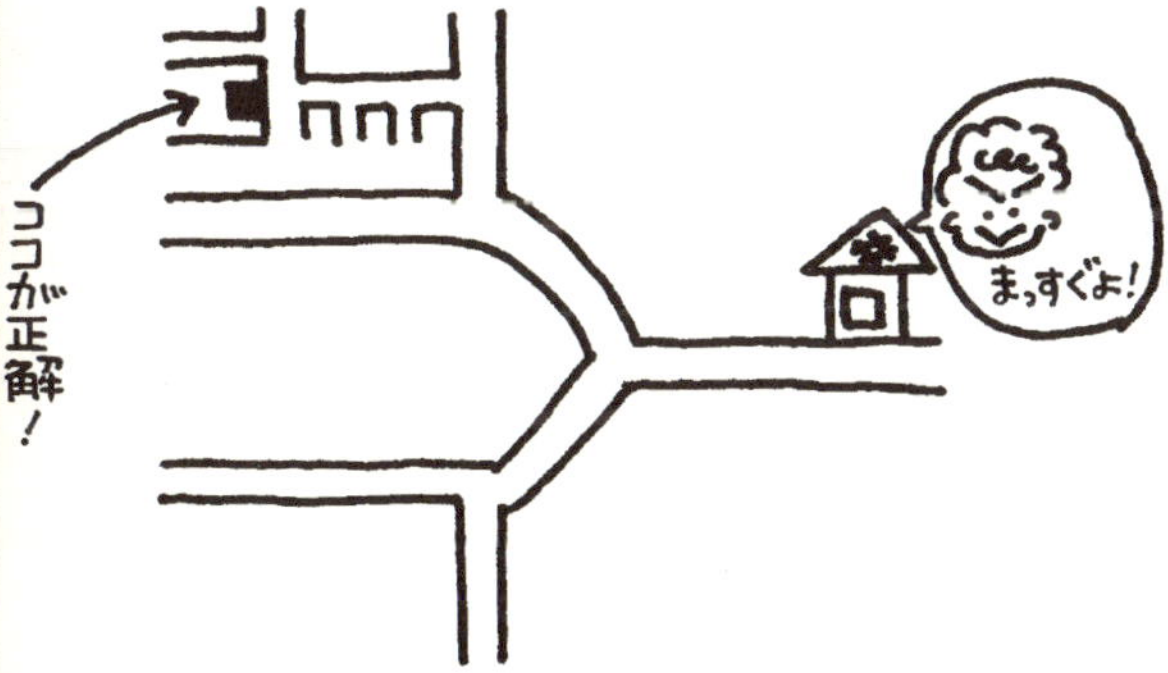

を歩き始める。これで違っていたらコイツとは飲まん。二度と飲まん！

それでも進むと公民館と空手道場が現れ、歩道橋の下で奴はイヒヒと笑って待っていた。屈託なさすぎる笑顔が神経を逆撫でする。

「もう少しでお前との関係、解消するところだったぞ！」「またまたー、ご冗談をー」とか言いつつ中年男2人は肩を組み、夜の街に消えたのだった。うぷっ。

ホテルに泊まろうとして、フロント兄ちゃんの言う通りに進んだら、トンでもない場所に出た。

売店のオバちゃんに「この道まっすぐ行けばいいよ」と言われてまっすぐ行ったら、正解は「まっすぐ」じゃなかった。

沖縄の人は道案内がヘタだ、と思う僕の耳元でセイウチは言った。

「わかりやすく説明したのに、なんでわからんわけ？」

……首を絞めそうになったが、イヒヒと笑う笑顔を見ると拳に力も入りゃしない。単純な交差点も迷路に変える。それが沖縄の道案内――。

はみだしぶちくんこーなー

那覇の街角で昼メシどき、食堂の店先にランチのお知らせ「味噌汁定食500円、刺身付き」！わ、私が脇役で味噌汁が主役だなんて、認めないわ！と刺身の雄叫びが聞こえる灼熱な午後。目がテンになりっぱなしのまま、こうやって沖縄の1日は暮れていくのさ。

キョーフの検閲!

予想もしない理由で原稿に赤字が乱れ飛ぶ!?

ある店を取材した(これ以上書くとどこかバレるんだよ!)。お店のオバちゃんと客さんがコーヒー飲みつつゆんたくしていて、「沖縄らしい光景だなー」と思いその辺のことも原稿に書いた。んでチェックしてもらうため原稿を送ると……。

「この原稿ダメだねー!」とオバちゃんからまさかの返事。なんで!?

「お客さんとコーヒー飲んだこととか知られると、私がサボっていると社長が思うわけサ。こんなこと書かれると、私はクビになるねー!」

そ、そんなのありかー? でもその下りを書かないと、店の雰囲気が伝わらない。なんとかならないでしょうか、と相談するとオバちゃんはキレ気味に言った。

「仕方ない、私が書き直すサー!」

さすがにそれはダメだーっ! というわけで、けっこう苦労して取材したのに、結局原稿は載せないことになってしまった。うーん残念!

残念だけど、実はそんなに驚かなかった。120パーセントおおらかな印象の沖縄の皆さんだが、実は「自分が本にどう書かれるか」をけっこう気にする。その理由が余りにも予想外なので、原稿にときどきドンでもない検閲が入るのだ。

ある伝統芸能を取材した(再びこれ以上書けねー! ←と思ったらイラストで描いていた)。保存会の会長、副会長ほか役員に話を聞き、副会長自ら指導する練習風景をみっちり取材した。そして原稿を書き、送った。

できあがった本!
いよいよ綱引き本番!
とここで副会長Cさんの
空手の演舞!Cさんは
空手五段の威丈夫であーだ
こーだ〜〜〜
文・かべるなりあ
オイラの横顔
ぷるる
ぷるる
誰だよ「Cさん」
会ってもいねーぞ!!

会長をAさん、副会長をBさんとしよう。そのAさんからトンでもない返事が戻ってきた!

「アンタの原稿だけどね、Bが出てくる部分、全部削ってくれないかな」

はああっ? なんて言いました?

「先週ワタシはBと言い争いをしてね、Bはもう副会長をやらんというわけサー。それならワタシもやってほしくないわけサー。だからBが出る部分を削ってほしいワケよ」

俺の知ったことか! 「では練習風景部分を全部削らなきゃいけませんよ」と食い下がりすったもんだ。その結果どうなったかって?

会ってもいない第三の男「Cさん」が急遽登場して、原稿はめでたくまとまったのでした。めでたしめでたし。めでたくねーよ!

ある民宿を取材して、ご夫婦のもてなしと料理に感動して、その辺のことを書いた原稿を送ったら奥さんにこう言われた。

「そんなこといいから、『赤瓦の宿』って書いてほしいわけサー!」

民宿は新築で、屋根はキラキラ輝く真新しいオレンジ赤瓦。古くない赤瓦に目も留まらなかったオイラだが、まさかそこが一番のセールスポイントとは。ウカツだった。

別の宿。にぎやかな宴会の様子を書いて送ったらこう言われた。

はみだしぶちくんこーなー

「かわいいペットのご相談なら、●●ペットセンター! お電話は×××の1515、ニャンコニャンコ!」……バスに乗る僕の耳元を、訳のわからんアナウンスが流れていく。この県は——沖縄は今後も相変わらず、こんな感じなのだろうか、と思いつつバスは進んでいくのだった。

「ウチ静かな宿だから、こんなこと書かれたくない。書き直して!」……「沖縄を旅して本を書いている」と言うと、「わー羨ましい!」とよく言われるけど、その実態はけっこうなイバラの日々なのである。

意地と情熱の「おもたせ」

心づくしの手みやげ、持ち帰らせずにおくべきか!

豆腐屋を取材したら、ホカホカの豆乳1リットルを「ビニール袋に入れて」持たせてもらってしまった話、書いたよね。あと既刊『沖縄ディープインパクト食堂』でも、パン屋を取材したらホールのチーズケーキを丸ごともらっちゃった話、書いたねー。

そう、沖縄では取材をすると、とにかく何かもらう。取材を終えて荷物をまとめていると、ご主人や奥さんが何やら家の奥に入ってゴソゴソ包み「あとで食べるといいサー」とか言って手土産を持たせてくれる。ありがたい。人情砂漠の東京では、そんなことは少ないだけに「ああ沖縄に来たんだなあ」と感慨も湧く。ありがたい。ああだけど……。

一応僕も取材はひとりで動いているので、手土産消費に限度がある。その辺を考えてもらえると嬉しい!

なんて強く考える今日この頃、またしてもそれは起こった。那覇で見つけた、ガイドブックに全く載らないパン屋。ご主人と奥さん、息子夫婦に迎えられ、取材も撮影もバッチリOK。んで取材が終わると午後1時、腹が減った。昼飯はここでパンを買っていこう。

と、よりどりみどり海老名みどりに並ぶパンの中から3つ選んでお代を払おうとすると、息子が「サービスしますから」と押しとどめる。だがここは街の小さなパン屋、タダでもらうわけにはいかない——と僕も少々意地になり、パン3つ分のお代を無事に払った。そして荷物をまとめ店を出ようとすると、

「吉田さん、ちょっと待って!」

息子が僕を呼び止める。まさか?

「これ持っていってください!」

彼が差し出したのは……どっひゃーん! 食パン2斤、計16切れ! これを俺ひとりで食べろと!?

「朝ゴハンにどうぞ」と満面笑顔の彼の好意を断ることなどできず、結局食パン2斤とパン3個をブラ下げて、店を出ながら思った。

パン3つ、素直にもらっておけばよかった……。

とか考えてもアフターフェスティバル(後の祭り)。「食パン2斤を旅をしながらひとりで無駄なく食べきる方法」を考えながら、僕は那覇の路上でしばし途方に暮れた。

沖縄あるある研究所
Returns
赤ずきんちゃんご用心篇
作・トベ セイウチ
沖縄人は事故にあうとすぐに魂(マブイ)を落とす。
ドロ
アポーン
沖縄では昔から医者半分、ユタ半分という言葉があり、
出ちゃった
そのままではマズイので本人の大好物をエサに魂を連れ帰りそれを…
アポーン
タバコ
チョコレート
ビール
好物関係
医者などの治療では不十分で、
まじないのような事をするのが一般的。
ただいま〜
入りましたか
はい連れて来たよ
ママブヤー
ポンッ
沖縄名物魂込めの儀式
あっチョコだ
身内に詳しい者が居れば、それで良いんですが、
そうでない場合、こんなのに相談するはめになります…
怪しいユタの想像図
お願(ウガン)しなさい
もっとウガンしなさい
無関係
何でもアリのユタワールド
地元でも誤解される方が多いのですが、基本「ユタ」はただの霊能力者であって、
あーだこーだ
ウチはノロの家柄だから
私の霊能力は本物で
ウンヌン
ドーン
金もってこい
もっともってこい
聞得大君
大阿母
首里大阿母
儀保大阿母
王朝時代の「ノロ」や「ツカサ」とは、全く別のしろものなんです。
伊勢神宮の大宮司が日本一の霊能力者である必要がないのと同じで
神事を司る「ノロ」や「ツカサ」が、必ずしも優秀な霊能力者である必要はない訳ですね。
あめのウズメもストリッパー?
顔も形も
知らない〜
大宮司様想像図
アマテラス様ごめんなさい
ウガン不足の悲しい末路
あなたの先祖が悪いのヨー
金も捨てるドブ
タスケテ
とはいえ料金は三〜五千円からと、気軽に利用できるものもあるようですし、ただの占い感覚であれば、何ら問題ございません。
それよりも沖縄で注意すべきは、「セコイ詐欺」
オレオレ詐欺
もしも僕があなたの息子だったら〜
事故っちゃってサ振り込んで♡
オレオレ
ATM
ちょっと貸して♥
借りぐらしって呼んでね
寸借詐欺
なんでお耳が大きいの?
お前をだます為だよ
今なら代理店になれるよ
絶体に損をしないシステムなんだよ
ねずみ講
儲かると聞けば、沈んでも同じ船に乗りたがる沖縄人ですから、当然の如く開業率ナンバーワン、廃業率ナンバーワンの体たらく。
中古車屋のドロ舟
ソバ屋のドロ舟
水のドロ舟
サプリのドロ舟
タスケテ〜
沖縄名物ドロ舟競争
結果として金に困ったダメな沖縄人が次々に「ソフトな詐欺」に手を染めるという悪循環を産み出しています。
実はコレ、近すぎる人間関係からくる「甘え」の精神が大きく反映していて、
どこか憎めない、愛すべきダメ人間を数多く排出する原因にも成っているのです。旅先のロマンスご希望の方は、特にご用心を。
ここはOKINAWA
ワーイ
マルチの定期便だよ
ミミは沖縄結マ〜ル
ネーネーいっしょに歌わんね
これも一つの結マールの図

他にもいろいろ もうなんでもありなワケよ!!

↑え〜っ!!?

“マンゴ”だってばもう、やだなー！

セイウチ「ゴの下のこれは精子?」 **カベル**「相変わらず端っこを見るな、お前は」 **セイウチ**「沖縄では別に、てんてんなくても問題ないけどね」 **カベル**「そっちはホーミーだもんな」

ルネッサーンス

国道沿いに、このお屋敷がドーン。「アメ横マーケット」だそーだす。次回は入ってレポートすんね

剛田武《ジャイアン》という男！

カベル「沖縄でも〈ドラえもん〉って、普通にやってた?」 **セイウチ**「やってたよ。ウルトラマンとかは新作と再放送がゴッチャになってワケわかんなかったけど。っていうか〈ジャイアン〉って〈ジャイアント〉だからジャイアンだと思ってない?」 **カベル**「え、違うのか?」 **セイウチ**「ジャイ子の本名は剛田ジャイ子なわけ。変な名前じゃん〈ジャイ子〉って。だから〈やーい、あいつジャイ子のアンちゃんだってよ！〉ってからかわれて、で、〈ジャイ子のアンちゃん〉だからジャイアン。ジャイ子ありきのジャイアンなわけ」 **カベル**「……ありえないだろうと思いつつ、お前が言うと〈そうかも?〉と思ってしまうのが怖いな、このペテン師」 **セイウチ**「まあそれぐらい知ってるわけだね、ドラえもんを」

愛と執念の電光掲示板！ その①「おくつろぎ空間みちしお」9連発！

11:30 ～ 5:00って、まさか朝の5時までじゃねーだろうな！ 「選べるケーキ」も沖縄では「ケーキ」と言い張ってサーターアンダギーやちんすこうを食わせるバアちゃんがいるから要注意だ。そしてケーキの店なのに「みちしお」！

愛と執念の電光掲示板！ その②「本部町営市場」10連発！

電光掲示板も進化したもんだね。個人的には8枚目の瀬底島ピージャーオーラサイ(闘ヤギ)再現に小泉感動した！　紅白かるかんは「始める」ものなのか、冷し中華的に。ごめん、始まっちゃったから今日はダメ (←ゲス女の逃げ口上)

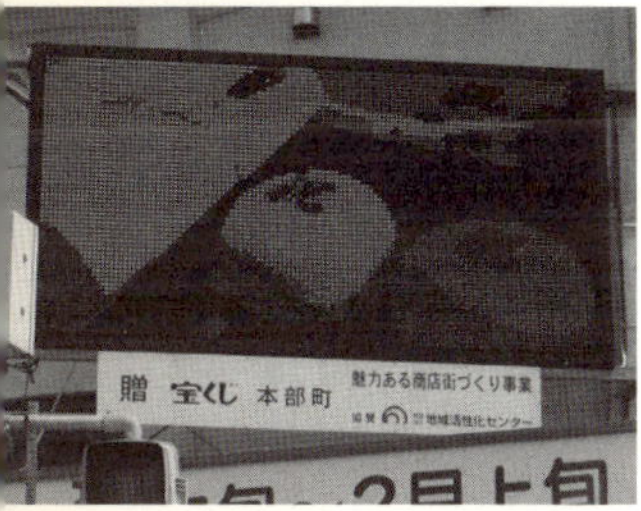

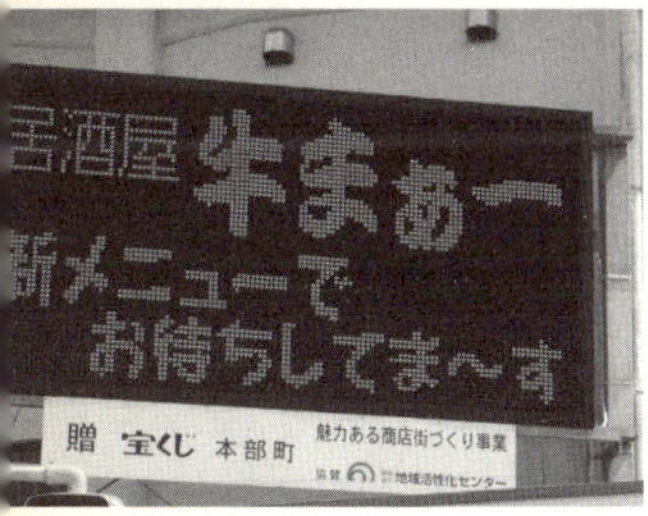

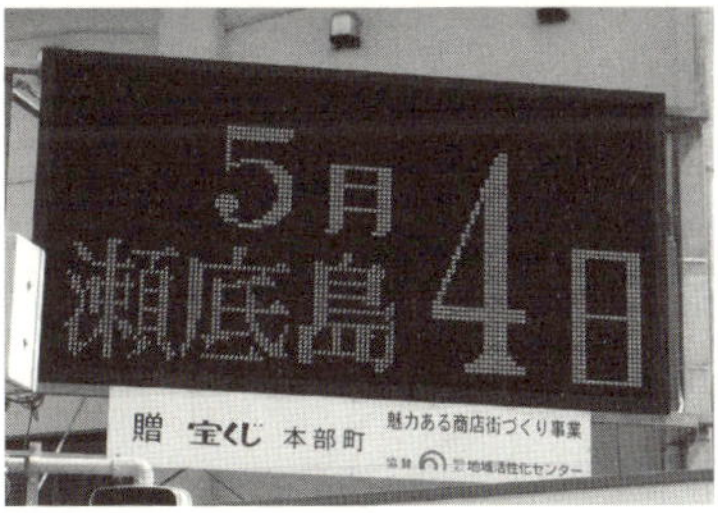

沖縄オバちゃんスペシャル

その① だから忘れたわけサー！

那覇空港で今から飛行機に乗るぴょーん！というタイミングで、それは起こった。俺の前に並んでいたオバちゃんが、搭乗口で突然、地上整理お兄さんに詰め寄り始めたのだ。

「私のバッグ見なかった？」

へ？ お兄さんキョトン。だがオバちゃんはキレ気味に続ける。

「だっから4月26日の飛行機に忘れたわけサー！」

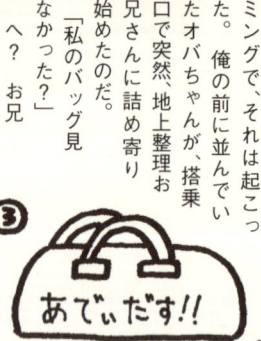

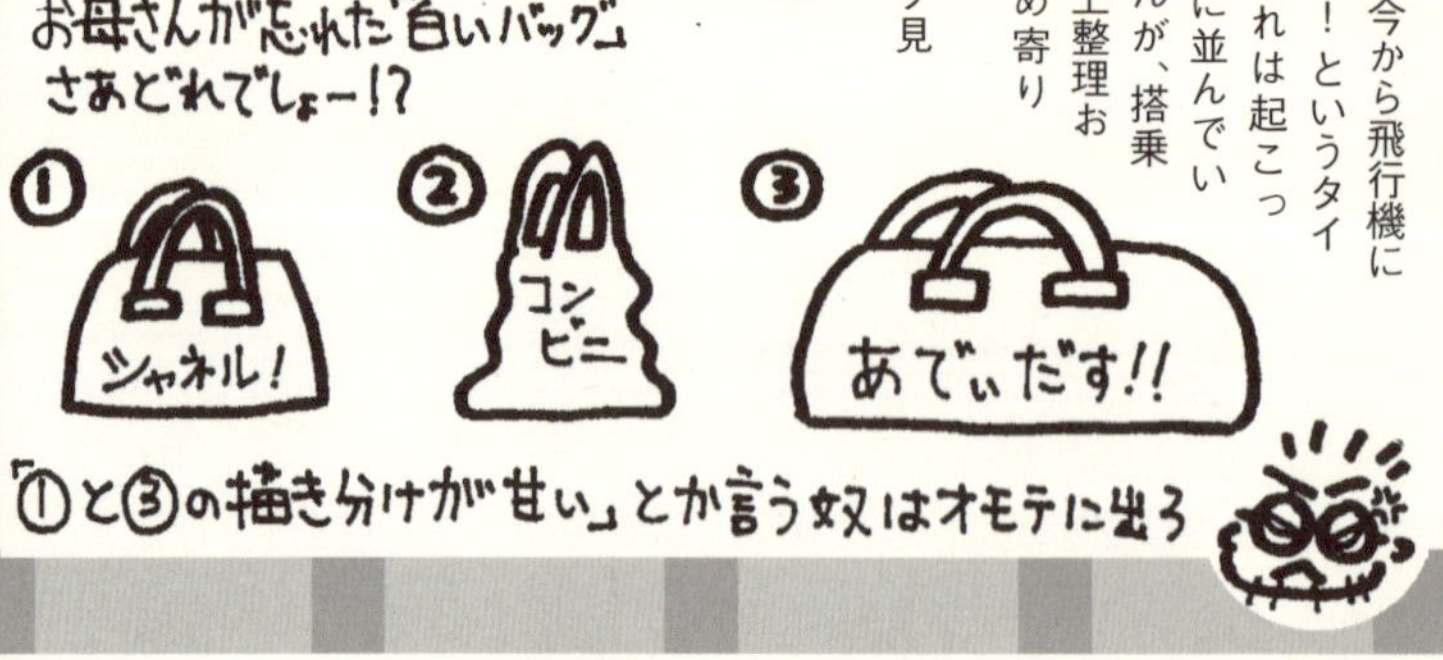
お母さんが忘れた「白いバッグ」さあどれでしょー!?
①
シャネル！
②
コンビニ
③
あでぃだす!!
「①と③の描き分けが甘い」とか言う奴はオモテに出ろ

…この日はもう6月。なんとオバちゃん、1ヶ月以上も前の忘れ物が「機内にあるはずサー」と言い出したのだ！「ぼ、僕に言われてもそれは…」とお兄さんも困惑するが（そりゃそーだ）オバちゃんの耳には入らない！

「アンタの顔も覚えているよー。なかったかね？ 白いバッグ！」「まあ私が乗ったのは、この便ではなかったけどねー！」

じゃあ、あるはずないじゃんワッハッハ！とは言えない微妙な雰囲気の中でなかなか飛行機に乗れず、いつの間にかフライト時刻を過ぎているのだった。母さん、僕のあの白いバッグどうしたんでしょうね。知るか。

その② タモさんのお付きの人

「東京に行ったとき会ったわけよ。まだ有名になる前ね」「サングラスかけてほら、ナントカ爬虫類のマネする人」……それは、タモリさん？

糸満で立ち寄った喫茶店のオバちゃんは、遠い目をして懐かしそうにタモさん遭遇話を続けた。

「オーラ、っていうの？ それは全然なかったサー（コラッ！）。こんな有名になるなら、もっと仲良くしておけば良かったねー」「それでもそのとき、結構偉かったみたいね。なーんか、お付きの人連れていたわー」

え？ イグアナ時代のタモさんに、お付きの人なんていたっけ？

「ほらアレ、漫画描く人！」

……オバちゃん、赤塚不二夫さんはタモさんの「お付きの人」ではありません。それにしても「会った」って、どんな状況で？

「遠くのほうにいて、私は声かけたけど、気づいてくれなかったねー」

それは「会った」とは言わない。と初対面のオバちゃんに、言うわけにもいかないのだったニャロメ。

イグアナ！
オーラがなかったころ
（あー似てねー）

はみだしぶちくんこーなー

ライト点灯のつもりがワイパーが動いちゃって大慌て沖縄のバス運転手オジさん。「あれ？ あれ？」と内側から手で押さえてもワイパーは止まりませんよ！ とオジさん話から始まるかと思ったら、世の中ノット・スウィート（甘くない）。オバちゃん小ネタがたまったんで、今回は沖縄オバちゃんスペシャルだよん！

その③ 白いタイヤキをくれる人

宮古島平良・西里通りの24時間喫茶「レオン」で朝コーヒーを飲んでいたときのこと。ちなみに「レオン」はステーキが美味い。だがテーブルは全てゲーム機、そんな店だ。

「面白いもの見つけたサー！」と叫んで、見知らぬオバちゃんがドバーンと店に入ってきた。手に持ったパックの中には、大量の白いタイヤキ！ 本土で凄い勢いで流行り、凄い勢いで見かけなくなった白いタイヤキ。海を超えるのに時間がかかったのか、宮古島では時間差で、いま流行り出したのだ。

「ホラ食べて。ホラあなたも！」「いいよー俺は、朝から甘いのはー」カウンターに座るオジさん衆とオバちゃんは知り合いのようで、「いらない」というのに強引に、オバちゃんはタイヤキを配っていく。まさか僕のところには来ないだろうなー。

短い
お付き合いでした……
どこに行った？
お前……

と思ったら、来た。

「はいアナタも」と言いながら、ティッシュにくるんだ白いタイヤキを僕の前に置き、オバちゃん一言。

「食べたら色白くなりそうねー」

……そんなわけあるかー！ と突っ込むスキもなく「ああ忙しい」と言って、オバちゃんは店を出ていった。今思えばなぜ流行ったのか、白いタイヤキ。♪白い〜タイヤキに〜変えたのは〜♪ってそれはギター。

その④ 意地でもカメーカメー

凄まじい量の料理を作り「食べなさい食べなさい（カメーカメー）」と薦めまくる「カメーカメー攻撃」は、沖縄オバちゃん最大の得意技だ。

本島北部「みなと食堂」の名物・オムライスを食べに行った。明るいお母さんが作るオムライスは超特大で、山盛りケチャップライスに薄焼き卵をペロンと乗せた姿は、まるで黄色いチョモランマ。そして。

オムライスだけでも巨大なのに、この日はなんと付け合わせにジューシー（沖縄の炊き込みご飯）登場！ ライスの付け合せにご飯って!? でも食べきらないとお母さんが悲しむので、頑張って全部食べた。

パンパンに膨れた腹を押さえ、名護のパーラーへ。お茶だけ飲むつもりだが、ここのお母さんは頼んでいない料理を次々に出すクセがあるので、最初に釘をさした。

「今日は本当に何も食べられません。だから何も出さないでください！」

と言ったのに、ああ言ったのに、なぜ天ぷらを揚げるのだお母さん！ オムライスが口から出そうなのに、ドンと置かれる天ぷらの山！ 仕方ない、持ち帰ってあとで食べよう。

沖縄のおかーさんへ
アンダギー
ビスケット
ハイどーぞ！
はーはい
レモンケーキ
ドンッ!!
ドンッ!!
会話につまると「とりあえずお菓子を出して」場をつなぐのはやめて下さい。
太るから

だが「持ち帰ります」と言うと、お母さんは眉間にピキッとシワを寄せて言った。

「アツアツが美味しいけどね！」

さらにお母さん「これも食べる？」と、天ぷらの隣に葛餅まで並べ始めるのだった。

「食べられません」と言ったのを聞いていなかったのか。そして殺す気か!?

というわけで以上、沖縄オバちゃん4連発でした！

陽気なお店スペシャル

そんなわけで沖縄を例によってさんざん歩いていたら、トンチンカンな店をいーっぱい見つけたから、「陽気なお店スペシャル」お届けしましょーね!

その① 中華ファミレスで昼食を

ファミレスといえば「ガスト」や「デニーズ」かと思ったら沖縄はそうじゃない。自分で自分の店を「ファミリーレストランだけど何か?」って名乗る店が、けっこうあるんだなコレが。

あったよ、本島中北部の金武《きん》町に「中華ファミレス」! 「金武ってタコライスの街じゃないの?」と言うそこのアナタは校庭十周! ちょうど昼飯どきに金武にいたから、ランチを食べに訪ねてみた。

ランチはA・B・Cの3種類、どれも「本日の小皿」つき。Aランチ「魚フライ定食」を頼み、待つ。

普通こういう場合、魚フライはひとつか、多くても2つ。だが。

ひょえーっ、けっこうデカいのが4つ! しかも「本日の小皿」は鶏のから揚げ!

この前出会った
「チキン南蛮定食・ハンバーグ添え!!」
まさかの脇役扱いに
動揺をかくせない

揚げ物に揚げ物を添えて必殺油地獄揚げ物攻め!

隣のテーブルには、工事現場から来たらしい屈強そうなお兄さん4人組。全員仲良くBランチ「カニ玉丼定食」を頼んだら、やっぱり小鉢は鶏のから揚げなのだった。デカかったよカニ玉丼。デカい工事のお兄さんたちが「……うわっ!」と唸るくらいデカかった、うん。

素朴な疑問をひとつ。魚フライって中華か? チーパオラー(中国語で「ゴチソー様」↑あふれ出る知性の泉↑WEBで調べたんだよ!)

その② 森田さんちの丸山パン

本島北部で古いパン屋を見つけてしまった。壁にうっすら「森田パン」の文字。そうか、森田さんかと思いつつ、そこはあまり気にせずパンを買った。

あんパンの袋にデカデカと「小豆入り」の文字が。そりゃアンコにアズキは入っているだろう! と少し驚いたが、本当の驚きはココからだった。

「森田パン」なのに、パン袋に「丸山パン」と書いてある。なんで?

なぜか奇妙に、店のお母さんに聞ける雰囲気じゃなくて、あとでほかの店の人に聞いてみた。

「ああ、昔は近くに〈丸山パン〉もあってね。店を閉

探せば絶対
あるだろーな
「山崎さん」が
やってる
「山崎パン」
山崎パン
山崎さん

はみだしぶちくんこーなー

2012年の沖縄は、台風が何度も直撃! 那覇の農連市場の屋根も一部が飛んでしまい「大変でしたね」と言うと市場のオバちゃん「まあもともと屋根なかったしね」だってどっひゃーん! いろいろあるけど沖縄はたぶん元気だから引き続きヨロシク!

じるとき、森田さんが丸山さんの袋を、そのまま使わせてもらうことにしたんだって」

「まあ営業譲渡ってやつだね！」と、笑って教えてくれたのだった。パンは美味しかった。そして森田パンのお母さんいわく「うちは跡継ぎもいないから、いつまで続くかな」とのこと。パン好きは北部へ急げ！

その③「昭和ビフテキ」の真実

本島某所。スナック風1軒に「ランチ営業中、昭和ビフテキ800円」の貼り紙。素敵、それはどんなステーキなの!?　一味違うタケヤ味噌、ほかの店のステーキとは一味違うのかと思い入ってみた。まだ11時、僕がこの日のお客第1号。

「ちょ、ちょっと待ってねエへへ」

店のオバちゃんは、スーパーで買い物して帰ったばかりのようで、商品を次々に冷蔵庫にブチこむ。とりあえず「昭和ビフテキ」を頼みオバちゃんの動きを眺める。するとオバちゃん、買ったばかりの真空パック千切りキャベツの封を切り、小皿にドサッと盛った。そして業務用サウザンドアイランドドレッシングをドバババ！　まさか、まさか……！

「はいサラダねー！」

だあああっ！　俺が食うのかそれを！　せめて調理（っていうか出して盛ってかけただけ）は俺から見られない場所でやれー！

そんな俺の驚きに全く気づかず、オバちゃんはステーキの調理に取り掛かった。野菜をチョンチョンと切り、肉を焼き、一緒に野菜も焼いて鉄のステーキ皿へ。A1ソースをドババとかけて、ハイ出来上がりー。

普通じゃん！　どこが昭和だビフテキだ!?　かろうじて普通じゃなかったのは、付け合せの野菜がピーマンのみだったこと。少年時代の俺だったら残しただろうな、ピーマン。

それでもこの店、一丁前に地元新聞で紹介されたらしく、オバちゃんは嬉しそうに言った。

「お客さんのおかげねー。お礼にマンション買わなくちゃ」（意味不明）

ちなみに、その店の対面にあったが閉じてしまった俺の行き着け居酒屋の手作り看板が、なぜか店内にあった。もらったのかガメたのか、怖ろしくて聞けたもんじゃない。
※62ページの写真も見てちょんまげ！

その④ メタボ理髪師のドライヤー活用法

コザで入った理容店。俺のカットを担当したお兄ちゃんは……太っていた。トンでもなく太っていた！

チョキチョキチョキ。ふうっ。

チョキチョキ。ふうっ。

太りすぎて、髪をちょい切っては息継ぎしないと立っていられないお兄ちゃん。そんな難儀な髪切りもなんとか終わりシャンプー。お兄ちゃん、ドライヤーのスイッチオン。当然僕の頭を乾かすのかと思ったら。

ブイイーン、ブイイーン、ブイイーン。

……ふうっ。

太りすぎて、ただそれだけの理由で汗だくのお兄ちゃんは（この日は暑くなかった）ドライヤーを「冷風」にセットして、自分の汗を乾かしていたのだった。痩せて出直せ。

以上、「お店スペシャル」でした！

よっ、お疲れ！

いい大人が最後まで読んでんじゃねえよ！　ってゆーワケで、２年ぶりの『沖縄バカ一代』いかがでやんしたっしょーか？　なんか沖縄もさー、再開発ばっかでさー、おバカな看板とかドンドン減ってんだよね。なるべく２年後くらいにパート３出したいんだけど、そんな感じだから少し遅れても待っててくれよな待たせてソーリィ野村のヨッちゃん的に！　あと今回チョメチョメ挿入されてるカマ言葉、全て編集クボタの仕業だから、「えーっ！？　カベルナリアってカマルナリアになっちゃったのー？」なんて心配はゴム用、じゃねーやご無用にしてくれよな！　みんなが忘れたころに、またバカ本出すからよろぴく！　ほんじゃバイナラ！（清六再び）

2013年9月

制作スタッフは前回同様、このオヤジ３人！
編集・デザイン・カマ言葉／窪田和人（林檎プロモーション）
コメント・漫画・メタボ進行／トベ セイウチ
取材・文章・写真・イラスト・題字／カベルナリア吉田

沖縄《おきなわ》バカ一代《いちだい》②

初版発行　2013年9月14日

文・写真　カベルナリア吉田
発行者　窪田和人
発行所　株式会社 林檎プロモーション
山梨県北杜市長坂町中丸4466　〒408-0036
電話 0551-32-2663　Fax.0551-32-6808
MAIL ringo@ringo.ne.jp
印刷・製本　シナノ印刷株式会社
ISBN978-4-906878-23-9

http://www.ringo.ne.jp/
乱丁・落丁の際はお取り替えさせていただきます

カベルナリア吉田

沖縄＆島めぐり紀行ルポライター。急に始めたレスリングのおかげで、整骨院で骨密度を測ってもらったら骨年齢27歳！　タンクトップ姿で那覇のバーに入ったら、客のマッチョ兄ちゃんに「乳首ナメさせて♥」と懇願されるなど男子人気急上昇中！　女子はどーした女子は!?　近著は『沖縄・奄美の小さな島々』（中公新書ラクレ）、『熱い支線』（三栄書房）、『さらにひたすら歩いた沖縄みちばた紀行』（彩流社）、『さすらいの沖縄伝承男』（林檎プロモーション）、『絶海の孤島』（イカロス出版）。ほか『沖縄ディープインパクト食堂』（アスペクト）、『沖縄の島へ全部行ってみたサー』（朝日文庫）など、マンションのローンを払うため本出しまくり！　読売新聞WEB版「Yomiuri online」で街歩きエッセイ『東京ワンデイスキマ旅』連載中。175cm×85kg、O型乙女座なのよアッハ〜ン。